新编高等院校公共基础课程特色教材

当代传媒基础写作
（第二版）

郑燕芳　主编

程爱侠　季蓉　彭翠　副主编

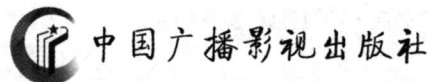
中国广播影视出版社

图书在版编目（CIP）数据

当代传媒基础写作 / 郑燕芳主编. -- 2版. -- 北京：中国广播影视出版社，2022.4
　ISBN 978-7-5043-8814-8

Ⅰ．①当… Ⅱ．①郑… Ⅲ．①新闻写作－高等学校－教材 Ⅳ．①G212.2

中国版本图书馆CIP数据核字(2022)第051910号

当代传媒基础写作（第二版）

郑燕芳　主编

责任编辑	余潜飞　冯　岩
装帧设计	亚里斯
责任校对	张　哲

出版发行	中国广播影视出版社
电　话	010-86093580　010-86093583
社　址	北京市西城区真武庙二条9号
邮　编	100045
网　址	www.crtp.com.cn
电子信箱	crtp8@sina.com

经　销	全国各地新华书店
印　刷	涿州市京南印刷厂
开　本	787毫米×1092毫米　1/16
字　数	400（千）字
印　张	20
版　次	2022年4月第2版　2022年4月第1次印刷
书　号	ISBN 978-7-5043-8814-8
定　价	65.00元

（版权所有　翻印必究·印装有误　负责调换）

前　言

《当代传媒基础写作》自出版以来，受到了业内的一些好评和肯定，在出版社的大力支持和推动下，我们开启了再版修订工作。

从事基础写作教学10余年来，编者深深地感觉到写作教学任重而道远，伴随着新媒体日新月异的发展以及高校教学改革的不断推进，写作课程既迎来了发展的机遇，也面临着越来越大的挑战。作为一名写作老师，在了解目前写作课程面临的新挑战的同时，也要努力推进写作课程的教学改革，以应对新媒体语境下出现的新形势。

一、大学基础写作课程教学面临的挑战

在大学教育中，写作课作为一门基础课程，承担着提高学生语言运用能力、文章鉴赏能力以及写作能力的重任，在课程体系中占有重要地位。然而这门课程的实际开设情况却不尽如人意，普遍存在课程设置中不断挤压基础写作课的课时量，部分学生对该课程的学习不够重视的情况。如何让写作课程在步履维艰中维护自己的生存和尊严，既有赖于大学去功利化、去浮躁化的教学环境的慢慢改善，也有赖于写作课程整体教学效果的不断提高。

通过对自身教学经验的总结以及对相关研究资料的整理归纳，编者认为大学基础写作课程教学效果不尽如人意的原因主要有：

1. 学生写作主体意识的严重缺失

部分学生写作基础差，平时没有练笔的习惯，写作积累严重不足，平时缺乏对生活的观察和体验，写出来的作品千篇一律，缺乏个性。部分学生觉得写作课与自己的专业关系不大，不感兴趣，对写作没有热情。久而久之，对写作的倦怠油然而生，有的学生出于完成任务或应付考试，写完文章，一扔了之。写作课程的教学效果自然可知。

2. 教师教学内容和方法陈旧滞后

在新媒体如此发达的时代，课堂教学中如果还固守着满堂灌的陈旧说教，还沿袭着中学作文教学中的程式化、应试化教学特点，甚至还在命题作文的条条框框中约束限制着学生的创造性思维，在作文评价中还用不变的老眼光评价否定着"新新人类"的一些"奇思怪想"，学生讨厌、恐惧这门课程的结果也可想而知。

3. 新媒体语境下，学生的新型学习生活方式对课堂教学的深刻影响

10年前，手机还只是打电话、发信息的交流工具，现在，智能手机已经实现上网，学生可以通过手机轻松百度、微信、购物，如果没有强大的自控力，没有丰富精彩的教学内容和形式多样的互动教学方法，学生很容易在课堂上被这个精彩的小世界吸引，从而注意力涣散，无心听课；其次，很多课堂知识，学生都可以百度出来，教师如果没有自己的独到见解和深刻的认识领会，是无法让学生信服的。这也就意味着新媒体语境下，学生对智能手机的依赖会对教师的课堂教学产生较大的影响，教师如何让学生的注意力从手机上转移到课堂中，需要下大功夫钻研教学以应对新形势的挑战。

4. 写作教材研发跟不上时代发展

纵观各大高校的基础写作教材，林林总总，层出不穷，但真正适合传媒艺术类院校教学特点，真正体现应用型大学实践教学特色，真正能将理论和实践相结合的写作教材寥寥无几。一本合格的教材应该是充分体现教师一线教学科研成果的结晶，是充分体现理论知识和实践环节相结合的范本，是可以充分体现时代发展特点且案例丰富可供参考的教材，是教师和学生都可以真正用于教与学的实用教材。正是基于教学的实际需要，我们觉得有必要研发一套真正适合应用型大学教学特色的写作教材。

二、本教材特点

在教材编写过程中，如何通过完善教学内容和更新教学方法来提高写作课程的教学效果，增强学生的写作兴趣，并把研究的成果体现在教材编写中是我们一直试图探讨的问题。在数次讨论，几经推敲，反复论证下，最终确定了本教材的写作框架和写作特色。

第一，教材分为上下两编，上编侧重理论知识技能分析，从写作主体的素养、写作文本的建构和写作语言的艺术三个角度进行系统阐释；下编侧重各种文体实践，从文学文体、新闻文体、实用文体三方面进行重点介绍。

第二，教材的格式体例富有创新。主要设置以下几个版块：内容概述、基本概念、类型特点、写作技法、范文精选、范文赏析、思考练习、拓展延伸、推荐阅读、咬文嚼字等。既有理论知识的介绍，也有思考实践的环节，还有范文案例的赏析。"拓展延伸"是为了拓宽学生知识面、培养学生的质疑与创新精神来设置的，"咬文嚼字"是从语言规范和语言艺术锤炼的角度设置的，增强了教材的参考性和阅读性。整体上，教材体例严谨，内容丰富，形式多样。

第三，内容上兼顾传统写作与新媒体写作，兼顾普通院校和传媒院校的教学特色，除了传统基础写作的内容外，还补充了新媒体写作、网络文学写作等相关内容，强调传媒工作者与写作语言的紧密关系。

第四，重视案例分析和实践作业的设置安排。案例选取兼顾经典与新颖，课后练习兼顾拓展思考和实践操作，趣味和创新是一大亮点。

三、写作课堂教学实践活动探索

教材的研发注重理论与实践的结合，注重实践教学的操作性，为了切实提高学生参与热情，增强课堂教学效果，写作教师除了要不断丰富教学内容外，还要不断探索实践教学活动。在这里，结合编者的教学经验，谈谈写作教学实践活动的有效开展。

1. 组建"写作小组"，开展小组创作评比，有效组织课堂实践

由于人数限制，写作课程在做"一对一"的个性辅导方面，操作起来比较难，为了提高效率，并且尽可能地顾及学生个体的因素，以6到8个人一组的"写作小组"来开展相应的写作实践活动不失为一个简单易行、操作性强的方法。写作小组负责一些课堂分组讨论和集体写作训练项目，这种形式有利于小组成员之间互相帮助、提高，也有利于分工合作，提高效率。但同时小组内部要做好以小组长为中心的角色分工，避免人浮于事，降低效率。

2. 结合专业特点，以成果为导向，开展创意写作训练

时下，创意写作方兴未艾，创意写作以作品呈现和实际应用为导向，通过小组讨论与合作，以学生最终呈现的作品质量和应用效果决定他们的课程评分，是一种行之有效的教学方法。如何将写作课与专业进行有效结合，如何设计创意作业，如何指导学生完成高质量的作品是需要教师不断探索的课题。

在编者的教学实践中，曾做过行之有效的实验，譬如针对新闻传播编辑专业的学生，开展"编小报"的写作实践活动，以写作小组为单位，报纸的主题策划、内容编辑、原创文章、排版设计等都由小组成员协作完成。针对中文专业的学生，开展"小说接龙"的活动，小组通过内部讨论确定小说题材、主题、人物、情节等，再通过接龙的形式完成写作。这种形式较大的调动了热爱文学的学生的创作热情，很多小组都呈现出了非常有质量的小说作品。

针对不同专业的特点，结合写作，因材施教，既提高了学生参与的积极性，又锻炼了学生的写作能力。实践证明，这种方法行之有效。

3. 在实用文体教学中，以核心活动带动各种文体的教学演练

对学生来讲，应用文体写作本来是非常实用的一门课程，但因其程式化特点，讲授起来容易枯燥无味，学生学习兴趣也不大。如果通过活动来带动教学环节，教学效果就大有改观。譬如，一个学期的十几个应用文体的教与学，可以通过一个"迎接新生"的系列活动贯穿起来，每个文体都由不同写作小组的同学参与完成，通知、请柬、活动策划书、演讲稿、总结、会议纪要等应用文体都可以贯穿其中,学生通过准备、完稿、课堂汇报、老师点评、重复修改、最终定稿等环节,真正地掌握了各种文体的写作要领。

4. 结合新媒体,倡导开放式作文训练方式和评价方式

在新媒体日新月异的发展中,人们的阅读方式、写作方式已经发生了天翻地覆的变化。学生接收信息的速度可能比老师还要快,接收信息的渠道也更加多样化,同时接纳新观点、新思维的机会也就更多。因此,作文训练和作文评价的方式也要跟随时代步伐,与时俱进。

开放式作文训练方式就是不拘泥于命题作文的条条框框,以某句话、某个话题、某个新闻、某个视频、某个动漫为引子,不限文体,自由表达,自由创作。在这样的自由创作中,可以看到更多富有个性的、真实的、可贵的、有生命力的表达,而不再是在老师的逼迫、限制下所做的不知所云的形式化的表达。

开放式作文评价方式就是不单纯以教师个人的喜好标准来判断、评价作文的优劣,通过写作小组完成的作品,要通过学生的课堂汇报来完成展示,其他写作小组的成员也要在评价中占一席之地,并说出评价原因,结合老师的评价最终完成作业的评定。这样的方式更加客观、合理,并且尊重学生的创作,让学生在实践活动中有所收获,在作业评价中实现自我价值的认同。

5. 融合课程思政元素,互动教学贯穿课堂,提高学生综合素质

写作课是一门综合性很强的课程,文史哲在写作中融会贯通,对学生而言,在互动教学中,也不仅仅是写作技巧的单纯掌握,同时也是对人生感悟的共鸣;在讨论争鸣中,不仅仅是笔头功夫的提高,也是对自己思维能力,口头语言表达能力的锻炼。因此,互动教学要贯穿课堂,以课堂讨论,即兴发言、即兴演讲、课堂辩论等形式出现,可以较好地调动学生课堂思考,激发学生参与课堂活动的热情。同时在教学中,融合课程思政元素,有意识地将作家作品中的真善美传达给学生,并在作品创作中体现社会主义核心价值观。

6. 探索线上线下相结合的教学方式,鼓励创作和发表,建立师生互动沟通的桥梁

疫情期间积累的线上教学经验可以和线下教学紧密结合,建立线上教学资源库,供学生课下自学,线下教学可以适当开展翻转课堂教学,积极探索线上线下相结合的教学方式。

鼓励学生创作,并推荐质量较好的作品刊登发表,也是激发学生创作热情,对作品进行积极评价反馈的有效途径。通过写作小组认真努力完成的高质量的写作实践活动作品,教师可以通过与各院系专业的沟通,将一些优秀的实践成果刊登在院报、校网站、校园微信公众号以及各社团刊物上,甚至公开发表在正式刊物上。

同时,教师要与学生建立畅通即时的沟通桥梁,有效利用电子邮箱、博客、微博、微信、QQ 等工具对学生的作品和疑问做出即时的反馈和评价。

在互动教学中引导学生观察生活，创设情境，体验生活，感悟生活，在充分体验的基础上，激发学生的情感，培养学生观察、思维、表达的能力，习作教学过程轻松愉悦，张弛有度，充满人文情怀，彰显个性色彩，形成以人为本的活动写作教学观。教师真正成为学生习作过程的组织者、合作者和引导者，在师生互动中丰富了情感，生成了智慧，提升了素养，达到了教学相长的效果。

一个传媒工作者的素质尤其体现在写作能力上，作为传媒院校的写作课程，要与时俱进，结合传媒特色，在教学改革、教材编写方面下足功夫，努力培养出基本功扎实，能够适应新时代发展的合格传媒人才。可以说，写作教学改革一直在路上。

郑燕芳

2021 年 8 月于南京

目 录
CONTENTS

上编 知识技能篇

第一章 写作主体的能力 / 3

第一节 观察能力 / 3
第二节 感受能力 / 13
第三节 联想和想象的能力 / 29
第四节 思维能力的培养 / 41

第二章 写作文本的建构 / 50

第一节 材料 / 50
第二节 主旨 / 57
第三节 结构 / 62
第四节 表达方式 / 70

第三章 写作语言的艺术 / 86

第一节 写作与语言 / 86
第二节 写作语言的规范化 / 90
第三节 写作语言的艺术化 / 103

下编 文体实践篇

第四章 文学文体 / 141

第一节 小说 / 141
第二节 诗歌 / 150

第三节 散文 / 157
第四节 影视剧本 / 164
第五节 网络文学 / 172

第五章 议论文体 / 178

第一节 文艺评论 / 178
第二节 影视评论 / 186
第三节 毕业论文 / 193
第四节 申论 / 209

第六章 新闻文体 / 216

第一节 消息 / 216
第二节 通讯 / 224
第三节 新闻评论 / 228
第四节 电视新闻 / 233
第五节 新媒体新闻 / 240

第七章 实用文体 / 247

第一节 解说词 / 247
第二节 广告文案写作 / 253
第三节 调查报告 / 262
第四节 讲话稿与演讲词 / 271
第五节 信函 / 279
第六节 求职简历 / 299

附录 / 306
后记 / 308

上编
知识技能
篇

第一章 写作主体的能力

【本章提要】

　　写作主体即作者，作者在整个写作活动中处于核心位置，通过写作与语言运用，可以展现写作者方方面面的能力，涉及对其整体形象、整体素质的评价。有句话叫：作者的"质量"决定了其作品的质量。作者的"质量"是对一个人的综合评价，里面具体包含了诸多方面的内容，比如一个人的素质、修养、知识、能力等。能力作为一个概念来说，指的是人以掌握和运用知识技能为前提，并用以决定实践活动效率的一种个性心理特征。它是以其综合素质为条件的，因此，人的能力可以说是其综合素质——各方面修养的反映。这一部分我们具体介绍作者的能力，即对一个写作者来说需要具备的聪明才智。

　　在一个人多方面的能力中，与写作活动最直接相关的是观察和感受能力，与文学艺术创作联系紧密的是联想和想象能力，而与议论和应用写作休戚相关的是思维能力。

第一节　观察能力

【内容概述】

　　本节主要介绍观察的概念、观察方法、观察的要求，要重点把握观察要求，灵活运用观察方法，让观察与写作相结合。

【基本概念】

　　生活是创作的源泉。成功的人物塑造源自对生活细致入微的观察和敏锐的感悟。一个出色的写作者，一定也是一位具有超强观察能力的高手，能够随时关注身边的事物，时时了解当下的生活。只有具备这种敏锐的观察能力，才能真正有自己的发现。因此，要学习写作，学会观察是第一步。

　　观察，是指借助人的感官，全面、深入、细致地认识客观事物和现象的知觉过程。

只有通过观察，了解了事物和现象的外部形态和特征，才能进一步透过外在捕捉人物内在的本质特征。写作学上的观察不同于日常所说的观看，它更强调人的各种感官如眼、耳、鼻、舌、身等，有意识地从外界获得直接经验的行为，观察的过程也是作者感知世界并获取写作素材的过程。如余光中的《听听那冷雨》中这样描写雨：

> 听听，那冷雨。看看，那冷雨。嗅嗅闻闻，那冷雨，舔舔吧，那冷雨。雨在他的伞上这城市百万人的伞上雨衣上屋上天线上，雨下在基隆港在防波堤海峡的船上，清明这季雨。

作者不仅看雨、听雨，还去嗅嗅闻闻，甚至用舌头去舔，品尝雨的味道。短短几句话动用了多个感觉器官。显然作者是在积极而主动地观察雨，并且让自己全身心地融入雨中，这样作者才能更加细腻深入又用情地描写属于他的雨。

所谓观察能力就是我们平时所说的眼光敏锐、观察深入，或者眼光独到，别人看不出来的东西，他能看得出来；别人只看到皮毛，他却能深入骨髓、入木三分，我们一般称这些人的观察能力强。著名作家王蒙认为，观察能力是一个写作者基本能力的第一点。他曾说：

> 如果用我所喜欢的语言，观察力不如说是发现力，为什么叫发现力呢？它是指一种从司空见惯的东西之中，发现新事物，发现特别强烈，很奇妙的东西的这样一种能力；是从平淡的生活当中，发现其所有的惊心动魄的或感人肺腑的东西的这样一种能力；是从一些细枝末节当中，发现那些具有重大的时代意义的事物的一种能力，从这些很细小的事物是能够感受到时代的脉搏，能够看到社会生活，能够感到人与人之间的关系发生了变化的征兆。我为什么说是一种发现力呢？因为生活就好像大海一样，我们对生活的认识是不会终结的，我们需要时时刻刻对生活有新的发现。指的就是这种能力。①

人们常说观察就是"用眼睛看"，这种说法虽不确切，但是仍然有一定的道理。因为根据视觉生理学的研究，一个正常人从外界接收的信息有90%以上是从视觉通道输入的。如邓刚在《迷人的海》中对海上日出的描写：

> 一个金红的圆边冒出来，世界变得清晰了；那圆边升腾着，扩展着，变成一大半个金色的圆，于是，大海被煮沸了，火球在升腾，她要剥离和跳出大海的母体，

---

① 王蒙：《关于短篇小说的创作》，《写作》1982年第6期，第5页。

飞向广阔的天穹。大海母亲恋恋不舍地拥抱着这个刚分娩的婴儿不放。于是这金红的圆球的下半部被拉长了,变形了,像一个巨大的、站立的金卵,最后的粘连剥离了,那伸长的下体渐渐收拢,脱开母体,腾地跃向空中,骤然射出万道金线。

作者所描写的海上日出的景象壮美之极,使人有身临其境之感。作者的成功,其首要原因在于充分运用视觉器官感知海上日出的全过程,文中对太阳、大海和天空的描写,包括各种比喻手法的运用均为视觉形象。

但需要注意的是,作为一个写作者,不能简单地把观察等同于观看,除了充分发挥视觉的优势作用,在条件允许的情况下,还应尽可能让多个感官共同参与。在观察一个对象时,如果能积极调动身体的各个感官,做到多侧面、多角度地观察事物,这样描写出来的对象一定是丰富而立体的,也是真切生动的。因此,可以说观察活动是以视觉为主的各种感官的综合活动。

如王小鹰在《雾重》中对雾的描写:

> 天地间只有白茫茫的雾,灰蒙蒙的雾(视觉),湿漉漉的雾,凉丝丝的雾(温度觉)。掬一把,软绵绵的(触觉);吸一口,甜津津的(味觉);踩一脚,轻悠悠的(动觉)。雾从眼前横过,睫毛上挂起一层细的珍珠(视觉);雾从耳边掠过,仿佛母亲低吟着轻缓的催眠曲(听觉);雾在身旁浮沉,身子摇摇晃晃像飘在九重云霄(动觉)。

作者在短短一百来字中,就调动了视觉、味觉、听觉、触觉等多种感官,从多侧面去感知晨雾,从而把人在雾中行的特有感受表现得淋漓尽致,这种艺术效果又是单一的视觉感受所不能达到的。又如莫言在《红高粱家族》中写的"我父亲"在高粱地里奔跑穿梭时的情景:

> 拐进高粱地后,雾更显凝滞,质量加大,流动感少,在人的身体与人负载的物体碰撞高粱秸秆后,随着高粱嚓嚓啦啦的幽怨鸣声,一大滴一大滴的沉重水珠扑簌簌落下。水珠冰凉清爽,味道鲜美,我父亲仰脸时,一滴大水珠准确地打进他的嘴里。父亲看到舒缓的雾团里,晃动着高粱沉甸甸的头颅。高粱沾满了露水的柔韧叶片,锯着父亲的衣衫和面颊。高粱晃动激起的小风在父亲头顶上短促出击,墨水河的流水声愈来愈响。

这段文字几乎用到了所有的感觉器官,有用眼睛看到的"雾团""高粱秸秆""水珠""叶片""墨水河"等;有耳朵听到的"高粱嚓嚓啦啦的幽怨鸣声""水珠扑簌簌落下"的声音、"墨水河的流水声"等;还有嘴巴舌头尝到的水珠的"味道鲜美"以及水珠的"冰凉清爽";雾的"流动""高粱晃动""小风在父亲头顶上短促出击"……丰富多变的事物在人物的面前一一展开,生动又真切,似乎触手可及。

只有善于观察,敏于体验,才能使你笔下的人物神韵独到。极具传神的肖像描写,才能给读者留下永恒的印象。古今中外的文学大师尤其注重对作品中人物肖像的刻画。《三国演义》中"豹头环眼,燕颔虎须"的张飞;《水浒传》中"一双眼光射寒星,两弯眉深如刷漆"的武松;《西游记》中"黑脸短毛,长喙大耳"的猪八戒;《红楼梦》中"一双丹凤三角眼,两弯柳叶吊梢眉,身量苗条,体格风骚,粉面含春威不露,丹唇未启笑先闻"的王熙凤。法国作家雨果在《巴黎圣母院》中描写的敲钟人卡西莫多,"两股和两腿长得别扭极了,好像只有两个膝盖还能够并拢,从前面看去,它们就像刀柄连在一起的两把镰刀。"作者对上述人物形象只是作了简单的勾画,而留给读者的却是永恒的定格和精神财富。这和他们细致入微的观察和敏锐的感悟是密不可分的。

那么,怎样提高一个人的观察能力呢?观察时有哪些具体的方法要求?

【观察方法】

根据不同的分类标准,可以把观察的方法分成很多种。这里我们按照观察时观察者的位置移动来分类,可以分为三种:定点观察、移位观察和全位观察。

一、定点观察

顾名思义,定点是写作者站在一个相对固定的位置观察某个人或事物,如瞻仰中山陵,走过"碑亭"站在下面定点仰望"祭堂",只见一级一级的石阶,共392级,其实每走过几十级石阶即有一面平台,站在下面却看不到。只能仰望石阶级级向上,崇高伟大之景象,令敬仰之情胸中激荡。这种观察方法很常用,在作品中也非常多见,可以用于观察任何一个对象。比如《红楼梦》中通过落座后的贾宝玉描写初入贾府的林黛玉:

> 两湾似蹙非蹙罥烟眉,一双似泣非泣含露目。态生两靥之愁,娇袭一身之病。泪光点点,娇喘微微。闲静似娇花照水,行动如弱柳扶风。心较比干多一窍,病如西子胜三分。

贾宝玉人已坐定,对新来的客人便可以细细打量,从眉目身姿到内在的神韵一一呈现。作家余华在小说《许三观卖血记》中的一段描写:

他们三个人来到了医院的供血室，那时候他们的脸都憋得通红了，像是怀胎十月似的一步一步小心翼翼地走着，阿方和根龙还挑着西瓜，走得就更慢，他们的手伸开着抓住前后两个筐子的绳子，他们的手正在使着劲，不让放着西瓜的筐子摇晃。可是医院的走廊太狭窄，不时有人过来将他们的筐子撞一下，筐子一摇晃，阿方和根龙肚子里胀鼓鼓的水也跟着摇晃起来，让两个人疼得嘴巴一歪一歪的，站在那里不敢动，等担子不再那么摇晃了，才重新慢慢地往前走。

　　作者在写阿方和根龙时，紧紧围绕喝了满肚子水、挑着重物、行走在狭窄的走廊这三个点，写出了人物艰难行进的状态，细细地刻画描摹，使人物形象逼真鲜活。

二、移位观察

　　观察者不是立在一处不动，而是从一个位置转移到另一个位置进行观察，或者不断变换观察的地点，获得观察对象更加丰富完整的形象。如前文提到观察中山陵的石阶，在下面往上看，看到的是数不清的台阶，然而等爬到顶部，走完392级石阶，站在"祭堂"前的大平台上，转过身来再看刚才爬过的石阶，却只能看到一面面平台延展而下，石阶似乎消失了，这样的变化让人称奇，发人深思，也让人格外叹服设计者构思的匠心独运。通过位置的移动实现对观察对象全貌的呈现，这种方法多用在对景物的描写上。如朱自清在散文《桨声灯影里的秦淮河》中这样描写秦淮河夜景：

　　　　从东关头转弯，不久就到大中桥。大中桥共有三个桥拱，都很阔大，俨然是三座门儿；使我们觉得我们的船和船里的我们，在桥下过去时，真是太无颜色了。桥砖是深褐色，表明它的历史的长久；但都完好无缺，令人太息于古昔工程的坚美。桥上两旁都是木壁的房子，中间应该有街路？这些房子都破旧了，多年烟熏的迹，遮没了当年的美丽。我想象秦淮河的极盛时，在这样宏阔的桥上，特地盖了房子，必然是髹漆得富富丽丽的；晚间必然是灯火通明的。现在却只剩下一片黑沉沉！但是桥上造着房子，毕竟使我们多少可以想见往日的繁华；这也慰情聊胜无了。过了大中桥，便到了灯月交辉，笙歌彻夜的秦淮河；这才是秦淮河的真面目哩。

　　这段文字描述了作者乘船经"东关头"到"大中桥"，最后行进到秦淮河的过程，重点描写了大中桥及桥上两边的房屋。人随船动，船移景换，一点点将美如画卷的秦淮河展示在读者面前。

三、全位观察

全位即全方位、多角度、多侧面。写作者从不同的方位、角度进行观察,因此也可称之为多角度、全方位的观察,这种观察方法可以全面立体地观察人或事物,更好地把握观察对象的整体特征。苏轼的《题西林壁》可谓全位观察的佳品:"横看成岭侧成峰,远近高低各不同;不识庐山真面目,只缘身在此山中。"正是这种多角度、全方位的观察而捕捉到的庐山的特点,使短短的四句诗渗透着深刻的哲理,达到了景观与理趣交融的境界。

全位观察也可以不仅仅限于共时的观察,也可以理解为不同时空之间的观察行为。如路遥在小说《人生》中的一段描写:

> 农历六月初十,一个阴云密布的傍晚,盛夏热闹纷繁的大地突然沉寂下来;连一些最爱叫唤的虫子也都悄没声响了,似乎处在一种急躁不安的等待中。地上没一丝风尘,河里的青蛙纷纷跳上岸,没命地向两岸的庄稼地和公路上蹦窜着。天闷热得像一口大蒸笼,黑沉沉的乌云正从西边的老牛山那边铺过来。地平线上,已经有一些零碎而短促的闪电,但还没有打雷。只听见那低沉的、连续不断的嗡嗡声从远方的天空传来,带给人一种恐怖的信息——一场大雷雨就要到来了。

作者描写了夏天的傍晚,一场暴雨即将来临之前,周围环境的变化,从视觉、听觉写到闷热的身体感觉,由近及远,由小到大,写出了整个立体的环境变化,给人身临其境之感。

【观察要求】

一、要细致而全面

观察既要注意从整体上把握对象的特点,同时也不能忽略细节。没有全面观察,不能正确地认识事物之间的互相联系;没有重点观察,不能深入到所研究问题的本质。德国文化巨人歌德曾阐述过"细致的观察"与反映真实的关系:"我早期的风景写生画,以及后来的自然研究,使我长期对自然事物做了细致的观察,逐渐把自然熟悉在心,甚至于最小的细节,所以当我作为一个诗人时,需要什么,它便归我掌握;我不可能很容易地犯了违反真实的过失。"[①] 写文章也是如此,观察时粗枝大叶,就会丢掉生动的能以小

---

① 伍蠡甫:《西方文论选》,上海译文出版社,1979,第468页。

见大的细节，削弱以至丧失了文章的生活真实和艺术真实的价值。而要是观察到并在文章中凸显有着典型意义的细节，写出了形象至微的艺术感受，那当然就会提高全文的真实价值和审美价值。

著名作家莫言先生在他的成名作中篇小说《透明的红萝卜》中这样描写黑孩：

> 墙角上站着一个十岁左右的男孩子。孩子赤着脚，光着脊梁，穿一条又肥又长的白底带绿条条的大裤头子，裤头上染着一块块的污渍，有的像青草的汁液，有的像干结的鼻血。裤头的下沿齐着膝盖。孩子的小腿上布满了闪亮的小疤点。

短短一段文字写出了一个出身寒微的小小少年，"十岁左右"是给读者的整体印象。而作者对黑孩的衣着做了细致入微的观察描写，尤其是对那件又大又脏的裤头，作者更是不惜笔墨，而正是这些细节描写，让读者更深入地了解了黑孩的身世背景。

又如杨绛的《记比邻双鹊》中这样描写喜鹊筑巢：

> 二〇〇四年的早春二月间，故桃树的叶子还没发芽呢。这年的二月二十日，我看见这双喜鹊又在病柏的高枝上筑巢了。这回有了经验，搭第一枝，左放右放，好半天才搭上第一枝，然后飞到胡桃树上又拆旧巢。原来喜鹊也拆迁呢！它们一老早就上工了。我没想到十天后，三月三日，旧巢已拆得无影无踪了。两只喜鹊每天一老早就在我窗外建筑。一次又风雨大作，鹊巢没有掉落。它们两个每天勤奋工作，又过两星期，鹊巢已搭得比鸟笼还大一圈了，上面又盖上个巢顶上层牢牢地拴在柏树高一层的树枝上。我看见鹊儿衔着一根树枝，两脚使劲蹬，树枝蹬不下，才满意。

这段文字描写了一对喜鹊筑巢的过程，作者显然经过长时间、耐心细致的观察，才能记录得这么详细，尤其是最后一句，没有细致入微的观察，很难有如此让人印象深刻的细节。

观察还需要"耐心"。有些对象的特征不易把握，有的经常处在运动、变化之中，例如观察一个性格内向或性格多变的人，都要求有耐心，做到持之以恒，才能准确地捕捉到人物的特征。

二、要能把握对象的特点

观察的主要目的就是掌握对象的特点，只有抓住了对象的独特处，也才能更好地把其描绘表现出来。通过比较观察的方法更容易把握事物的特点。古诗"十五从军征，八十始得归",诗人注意到年少与年衰的巨大差异,写出了汉魏时期封建军阀长年战乱给黎民百姓带来的苦难。杜甫的"朱门酒肉臭,路有冻死骨",观察到唐代安史之乱前夕豪门的穷奢极欲,而老百姓挣扎在饥寒交迫的死亡线上,即"荣枯咫尺异"的巨大反差,诗人写出了社会的黑暗与不公,发人深省。

《红楼梦》中,曹雪芹描写"笑"的场面,也很好地运用了比较观察的方法。

> 凤姐偏拣了一碗鸽子蛋放在刘姥姥桌上。贾母这边说声请,刘姥姥便站起身来,高声说道:"老刘,老刘,食量大如牛:吃个老母猪,不抬头!"说完,却鼓起腮帮子,两眼直视,一声不语。众人先还发怔,后来想一想,上上下下就一齐哈哈大笑起来。湘云撑不住,一口茶都喷出来。黛玉笑岔了气,伏着桌子只叫"嗳哟!"宝玉滚到贾母怀里,贾母笑的搂着叫"心肝",王夫人笑的用手指着凤姐儿,却说不出话来。薛姨妈也撑不住,口里的茶喷了探春一裙子。探春的茶碗都合在迎春身上了。惜春离了座位,拉着他奶母,叫"揉揉肠子"。地下无一个不弯腰屈背,也有躲出去蹲着笑的,也有忍着笑上来替她姐妹换衣裳的……

"上上下下都哈哈大笑起来"写出了笑的共性,作者没有到此搁笔,而是紧接着描绘出了一个个具体的笑,这些"笑"各有自己的特点,这些不同的笑态、笑貌又跟每个人不同的性格、年龄、身份、地位相结合,给读者留下了深刻的印象。

三、观察要与思考相结合

有的作者善于发现别人没有发现的事物,具有很强的观察力,但并非由于其视觉特别敏锐或视网膜构造特殊,而是由于其思维起着决定性的作用。在观察中,作者必然要对观察对象作出分析和评价,因此观察活动实际上是一种渗透了主体意识的思维活动。思维是决定观察水平高低的关键。婴儿和画家眼中的苹果相距甚远,其原因在于前者的思维处于低层次,在婴儿眼里苹果只不过是可以吃的水果而已;而后者的思维却处于高层次,在画家眼中苹果的内涵要丰富得多,不但能吃,而且形状和色彩都有许多值得欣赏之处。如奥地利作家斯蒂芬·茨威格的小说《一个女人的一天中24个小时》这样写"手":

> 那绿呢子四周许许多多的手,都在闪闪发亮,都在跃跃欲试,都在试机思动。所以这些手,各在一个袖筒口窥探着,都像是一跃既出的野兽,形态不一,颜色各异,有的光溜溜,有的拴着指环和叮铃作响的手镯,有的多毛如野兽,有的湿腻盘曲如鳗鱼……这些手……贪婪者的手抓搔不已,挥霍者的手肌肉松弛。老谋深算

的人的两手安静，思前想后的人的手关节跳弹，百般性格都在抓钱的手势里表露无遗……

把对手的动作的描写，与人物的性格及当时人物的心理活动结合起来，外在行为与内在的性格、心理彼此呼应，观察描写浸透了作者的思想与认识，这样的文字才是深入骨髓的，才能让人印象深刻。

鲁迅先生曾说："要学写作，观察是第一课。"要想把人或事物真实生动地呈现出来，不仅需要细心、用心、耐心的观察，还要掌握一定的观察方法，深入思考，时时关注身边的生活。只有坚持不懈地观察，才会积累起丰富的写作素材。

【艺术赏析】

推荐阅读：冯骥才，《快手刘》。

作者回忆了自己童年时期的一段往事，运用对比的方式，通过细致的观察描绘，精心刻画了不同时期快手刘的外貌、动作及神态，描写出了"撂地摆摊卖糖的胖大汉子"快手刘十年前后的巨大变化，人物形象生动鲜活、栩栩如生。这种变化形成的强烈对比让人惊讶、感叹，也让人顿生同情、无奈之感。

【学生习作】

聆听校园

孙静娴

清晨，校园的声音似古诗朗诵。上课进行曲响起，学子们新的一天从此开始。匆匆忙忙的早餐，单车穿行于涌动的人群，鸟儿在枝头雀跃，正在为早读的学子歌唱，一片祥和景象。

下课铃声响起，校园的声音似黄河绝唱，激情迸发、热情奔放。校园学子共同的目的地——食堂。人潮一浪高过一浪，每个人的声音都很高亢，太阳热烈地照耀万物，一如既往，校园烈烈的正午时光。

临近黄昏，校园的声音似百鸟朝凤，热情欢快、高亢嘹亮。人人开心做事、个个冲击梦想。练琴室里琴声悠扬，运动场上你争我抢。对面的教室灯光刚亮，教室里"一二三四、二二三四……"的舞蹈练习声又响。此时的校园最为快乐，充满着繁忙紧张的各种声响，汇聚、融合、回响……

夜晚，校园进入了睡前的轻音乐，看书、默诵、练声、演讲，还有人在开卧谈会，畅谈今后的方向、明天的理想。为了未来更美好，我们每个人都在奋斗、勇闯！为了理想，为了各自美好的希望！

深夜，校园的声音似小桥流水，看似宁静，但却暗流激荡。流水并未停下脚步，一路歌唱。

悄悄地准备、装点着希望，每个人都在向自己的目标靠近，因为我们拥有校园！

【艺术赏析】

这是一篇学生作品，从"清晨""正午""黄昏""夜晚"写到"深夜"，按照时间顺序，写出了校园一天中不同时段的各种声音。通过聆听的方式观察校园，写出了丰富多彩又充满生机与活力的校园生活。条理清晰，视角独特，语言富有节奏感和韵律美。

【思考练习】

1. 选一个固定的地点，可以是房间的窗台、餐厅一角、室外的一条长椅，也可以是高处的露台等，观察五分钟，并记录下所有你捕捉到的内容。

2. 找一个陌生人，注意观察他/她的衣着、长相、表情神态、语言动作等，在此基础上，想象他/她的生活环境、心理状态及性格特点。

3. 结合一幅图片或一幅画作，仔细观察，不漏掉任何一个细节，然后把你观察到的内容描述给另一位同学，最后对照图片或画作，请同学对你的描述给出评价。

4. 选择一个你最喜欢的或印象深刻的影视画面，试着用文字把画面写出来。如果你愿意，可以努力把这样的转写坚持下去。

5. 朱自清先生曾言，"细节就是一言一行之微，一沙一石之细"，也有人说"魔鬼"隐藏在细节中，永远不要忽视任何细节。请同学们分组讨论：怎样有效地把握细节，并通过细节更好地认识整体？讨论结束后，各组将意见汇总，每组选一位代表发言分享。

6. 仔细观察右边的这幅漫画，用简洁的语言概括漫画的内容，并尽可能多地提炼漫画的寓意。

【拓展延伸】

1. "生活是创作的源泉"，这是文学、艺术作家公认的定理。著名教育家、心理学家赞可夫也说："应该打开窗户，让沸腾的社会生活、奇异的自然现象进入学生的脑海，借以丰富学生的感情经验,激发学生的情感表达。"苏霍姆林斯基说:"观察是智能的极重要的源泉。"请同学们结合具体的作品,谈谈对上面几句话的理解。

2. 从你读过的小说中,收集一些描写人物或环境的句子或段落,思考并分析作者所运用的观察及表现方法。

3. 有段话是这样说的,"有的人活着,时间很长,但其实他早就死了,没有新鲜的事情发生,每天重复一样的日子,周而复始直到死去;而有的人生命很短,但却在短暂的时间里,做了好多自己想做的事情,认知了未知的领域,享受了大千的世界动态,经历平淡生活的宁静,这样的生命早已超越了时间界限,每分每秒过得充实且充满希望和热情。"你怎么看待这种说法?

4. 创作来自生活,来自对生活的认识,应该永远保持对这个世界的好奇,以及对生活的热爱。请你每天写250字左右,坚持一个月,记录生活中的小细节、小发现、小惊喜,最后把它们整理出来,拟定一个题目。

5. 对待同样的现象或问题,不同的人总会有不同的认识、态度或评价,请选取一个有争议的话题,或者一个新闻热点,试着从不同的视角,进行分析评价。

【推荐阅读】

[1] 钱钟书:《围城》,人民文学出版社 2015 年版。

[2] 霍达:《穆斯林的葬礼》,北京十月文艺出版社 2015 年版。

[3] 冯骥才:《俗世奇人全本》,人民文学出版社 2019 年版。

[4] 莫泊桑著,赵少侯译:《莫泊桑短篇小说精选》,人民文学出版社 2002 年版。

第二节　感受能力

【内容概述】

本节主要介绍感受的概念、感受的类型以及表达感受的具体方法要求。要了解观察与感受的关系,重点掌握表达感受的方法。

【基本概念】

写文章讲究有感而发,这里的"感"指的是客观现实令写作主体有所触动。有了感受,才能抒发成文。宋人张戒说,"情动于中而形于言"(《岁寒堂诗话》卷上)。人们写文章,对所反映的客观事物总要持一定态度,伴随着某种感情体验,总是有感而作。这种情感也必然会渗透到文章或作品中的人、事、景、物之中去,并通过一定方式表述出来。所以,我们可以把感受理解为人的感觉器官受到客观事物的刺激而产生的一种情感体验活动。感受能力是写作主体那种带有强烈主观色彩的情绪化、意蕴化的复杂而又丰富的个性心理活动。黑格尔《美学》第一卷谈到"情致":

> 情致是艺术的真正中心和适当领域,对作品和对观众来说,情致的表现都是效果的主要来源。情致所打动的是一根在每个人心田都回响着的弦子,每个人都知道一种真正的情致所含的意蕴的价值和理性,而且容易把它认识出来。情致能感动人,因为它自在自为地是人类生存中的强大力量。……人们常说,艺术总要能感动人;一般来说,感动就是在情感上的共鸣……

这就是我们常说的艺术作品的感染力,好的作品能打动人心,唤起读者感情上的共鸣。由此可见,有感而发的"感"对作者、读者和作品都是极为重要的。

【观察与感受】

观察与感受都用到感觉器官,从这一点来说二者有联系,然而,两者的区别更明显。观察侧重于客观方面,着眼于表现客体的具体形貌;感受则侧重于主观方面,着眼于表现主体内在的情感活动。换句话说,观察所要反映的是"物",而感受所要表现的是"情"。感受是在观察的基础上进行的,是观察的进一步深化。如张爱玲在《道路以目》中这样写道:

> 小饭铺常常在门口煮南瓜,味道虽不见得好,那热腾腾的瓜气与"照眼明"的红色却予人一种"暖老温贫"的感觉。
> 人行道上常有人蹲着生小火炉,扇出滚滚的白烟。我喜欢在那个烟里走过。煤炭汽车行门前也有同样的香而暖的呛人的烟雾。

"煮南瓜""生火炉"都是作者观察到的客观存在,而对味道、气味、颜色等的态度却是作者个人的感受。观察和感受经常融为一体,难以截然分开,也有人称之为感知。在写作活动中,感知是作者获得对外界事物整体认识的第一步。这里的感知既有观察所得,也有个体的内在认识。因此,人类的感知是一种十分复杂的心理现象,写作活动要求作者的感知广泛、深刻。这种感知构成一种特殊的"敏感"——直觉,直觉是作者认识外界事物过程中的重要环节,也是写作活动的契机和开端。感知有着明显的个性差异。

感知的个性差异来自作者不同的素质、修养，不同的生活经历和兴趣习惯。

【感受的类型】

关于感受有哪些类型，不同的人会有不同的分类，为便于学习和掌握，我们这里把感受分为感官感受、体验式感受和情感感受三种。

一、感官感受

感官感受主要是由于外界事物作用于人的不同的感觉器官产生的内在情感体验。由于是直接对人的感觉器官产生一定的影响和刺激，感官感受往往表现得更为直接和具体。根据感觉器官的不同，感官感受可以分为视觉感受、听觉感受、嗅觉感受、味觉感受和触觉感受等。其中视觉感受在感官感受中最为常见，日常生活中，人们看到一个人、一处景、一个场面总会有自己的认识和体会，甚至个人的判断。人、景、场面是客观的，如何看待则带有很强的主观色彩。女作家张洁曾说："人和人的眼睛是不同的，每个人的瞳仁，实际上是长在自己的心灵上的，他们只能看见各自心灵上所给予他们的那个界限之内的东西。"由此可见，在文学艺术的观察中，经常是客观与主观的结合，也是情感与理智的结合。

视觉感受的例子很多，如：

> 路上的树已斩尽了，疏疏朗朗地残留着可怜的树根。路显得宽阔了一点，短了一点，天和人的距离似乎更接近了。

上例中，前一句描写路与树的景象，尤其是树的变化显然是看到的，属于视觉的范围。后一句重点写树从有到无，使作者对路有了不同的认识和体会。

除了眼睛，耳朵也会为我们带来很多外界的信息。每天我们都会听到这样那样的声音，嘈杂的、尖利的、清脆的、悦耳的；鸟鸣声、汽车呼啸声、流水声、歌声、吆喝声等等，只要用心，这些声响总会激起你内在的情感波澜。如尤今在散文《我在开罗吃乳鸽》中的一段文字：

> 吃完之后，又等了好一会儿，乳鸽才被送出来。吓！单看那色，已足以引人垂涎了——洁亮的白色瓷盘上，铺着一层厚厚的莞茜菜，翠绿翠绿的；那一只烤得焦黄焦黄的乳鸽，就平平地伏在上面，在柔和灯光的照射下，泛着金黄的油光。我用手撕着来吃，皮既脆又香，肉既嫩又软，味道腌得恰到好处，既不过咸而

失其原味，也不过淡而显露腥味；即连那根小小的骨头，也像被腌过一般，香得不得了！

作者用细致的笔触写出了乳鸽的色、香、味，具体而形象。

我们人类用视觉分辨颜色、形状；用味觉分辨酸甜苦辣咸淡等各种滋味；嗅觉可以辨别羊膻味、烧焦味、香味、鱼腥味和腐朽味等多种气味；触觉可区分软硬、冷暖、光滑粗糙等各种刺激。著名盲人女作家海伦·凯勒在她的《假如给我三天光明》一文中这样写道：

我钟爱地伸手抚摸，感觉到树叶的对称非常精巧，白桦树的肌肤光滑细腻，松树皮粗糙凸凹。春天里我触摸着树枝，满怀热望地寻觅着大自然醒来的第一个征兆——嫩芽。我感触到，花瓣的质地柔软平滑，十分讨人喜爱，片片花瓣巧妙地卷绕成团；于是，大自然的神奇向我展现。有时我把手轻轻放在小树上，运气好的时候，我感到枝头鸟儿尽情欢唱时愉快的颤动，清凉的溪水从我张开的手指间流过，使我欣喜无比……

上文中多次出现"伸手抚摸""触摸""把手轻轻放在""感觉""感触到""感到"，显然是触觉感受在起作用。而且作者的观察非常细致，感受也很细腻独到，不知道的甚至会以为是一个健全人所写。海伦·凯勒作为盲人，她不能观看，但这反而激发了她用全部的身心去感悟大自然的热情。这也告诉我们在观察感受时，感官之间可以互相配合，互相协调，哪怕是其中一个器官受到损害，只要用心感受，也同样可以感受到大自然的丰富和神奇。由此，可以说感官感受就是观察与感受结合的产物。

二、体验式感受

所谓体验式感受可以理解为某一段生活经历带给人的感悟。感官感受更多的作用于人的各个感觉器官，感受的来源可能是片断的、零碎的，随时随地都可以发生的；而体验式的感受则更多地来自一段生活经历之后的切身体悟，这种感受的来源更多是综合的、整体的。我们常说"读万卷书，行万里路"，丰富的人生阅历，自然会带来丰富的内心人生体验。很多诗歌、散文所表达就是作者的某种人生感悟；某些小说中也有作者自己人生经历的影子，甚至完全是个人经历感受的书写。像周国平的《妞妞：一个父亲的札记》写自己不幸夭折的女儿，作家张洁《世界上最疼我的那个人去了》写自己的母亲在生命最后两个月的生活，杨绛的《我们仨》回忆往昔一家三口的生活，都属于这种类型。下面这段文字出自周国平《妞妞：一个父亲的札记》：

看着眼前这个面目全非的妞妞,我知道,是到让她走的时候了。听任她继续遭受这样丑恶的摧残,简直是她的奇耻大辱。

当我这样想着的时候,我忽然意识到,生命是多么无情,它本能地排斥死亡着的躯体,哪怕这躯体是自己的亲骨肉。无论你怎样爱恋你的亲人,为她即将死去悲痛万分,可是一旦她事实上处于垂死状态,而你又不准备立刻与她同死,你的生命本能就会促使你撒手让她离去,在生者和死者之间拉开距离。我无意指责这种十分自然的态度,就像有朝一日当我弥留之际,我也不该指责爱我的人们采取相同的态度一样。

朱自清在《背影》一文中的这段话曾感动无数读者:

我看见他戴着黑布小帽,穿着黑布大马褂,深青布棉袍,蹒跚地走到铁道边,慢慢探身下去,尚不大难。可是他穿过铁道,要爬上那边月台,就不容易了。他用两手攀着上面,两脚再向上缩;他肥胖的身子向左微倾,显出努力的样子。这时我看见他的背影,我的泪很快地流下来了。

感受必须是自己的且与众不同的,才新颖有活力,才能给人深刻的印象,并最终打动人心。对生活中的某些感受,我们经常会说:只有经历了你才能体会。不同的人不同的阅历、体悟,表现出来的感受应该是与众不同的,很多作品也是这些体验式感受的体现。如张爱玲在《童言无忌》中这样写道:

有一个时期在继母治下生活着,拣她穿剩的衣服穿,永远不能忘记一件暗红的薄棉袍,碎牛肉的颜色,穿不完地穿着,就像浑身都生了陈疮;冬天已经过去了,还留着冻疮的疤——是那样的憎恶与羞耻。

这段文字概述了作者童年时期跟穿衣有关的一段经历,以及作者对这段生活经历的切身感受。"憎恶与羞耻"的感觉很难说是具体来自视觉还是触觉,更多的是这段童年的穿衣经历。

感受往往带有很强的主体性和个人色彩,不同的人生经历或心境会导致不同的人物感悟。即使对待同样的事物或现象,也会体现出个人差异。历代文人歌咏"蝉"的作品很多,诗歌领域有被称为唐代咏蝉诗三绝的三首诗歌,分别出自虞世南、骆宾王和李商隐三位诗人。虽都是写蝉,但各自的心境不同、遭遇各异,因此抒发的情感也各不相同。

蝉

虞世南

垂緌饮清露，流响出疏桐。
居高声自远，非是藉秋风。

狱中咏蝉

骆宾王

西陆蝉声唱，南冠客思深。
不堪玄鬓影，来对白头吟。
露重飞难进，风多响易沉。
无人信高洁，谁为表予心？

蝉

李商隐

本以高难饱，徒劳恨费声。
五更疏欲断，一树碧无情。
薄宦梗犹泛，故园芜已平。
烦君最相警，我亦举家清。

"居高声自远，非是藉秋风。"写蝉的声音；"露重飞难进，风多响易沉。"写蝉因自然界的露水和风而受到影响；"本以高难饱，徒劳恨费声。"写蝉的饮食和"费声"。表面上是写蝉，实际上都是在写诗人自己，即所谓的寓情于物、托物言志，朱彝尊誉为"咏物最上乘"。由于作者身世、处境不同，三首诗所表现的情感、蕴涵的意境也迥然不同。虞世南是清雅华贵之蝉，骆宾王是绝望呐喊之蝉，李商隐是窘迫无援之蝉。虽名为咏蝉，实为自咏。

三、情感感受

感官感受、体验式感受比较容易理解，相比较而言，情感感受略显抽象，情感感受不像前两种感受方式更注重感受的具体来源，是某个感官或某段生活经历，情感体验更侧重主体内在的自我体悟，更多的是情感的、情绪的。如余光中的《乡愁》，这种对故土的思念可能是长期以来形成的一种稳固的情感，与具体的感官没有直接的联系，也非简单的经历使然。又如著名作曲家王立平先生回忆当年为1987版电视剧《红楼梦》作曲时说道：

> 作为作曲，那四年我不敢说天天捧着《红楼梦》读，但它确实每时每刻都折磨着我。我想用全部的心血和努力竖一道高墙，让后人听音乐时感受跨越之艰难，但我相信将来肯定有人超越我。
> 我不会再重写《红楼梦》的歌曲了，因为在当初写时我就已经倾尽所有，不是不想写，是无法再写。《红楼梦》音乐不是我凭空想象的，而是在书中苦寻而得，在我心里，曹雪芹如果是作曲家也会这么写。所以我不会参与新版《红楼梦》的音乐制作。

作曲家对《红楼梦》这部作品的情感，促使他主动请缨为电视剧创作歌曲，创作的过程实际上也是他的情感外化的过程，最终形成一个个脍炙人口的音符，为世人所传唱、称赞。

著名作家史铁生在《我与地坛》中对四季有非常精彩的描绘：

> 如果以一天中的时间来对应四季，当然春天是早晨，夏天是中午，秋天是黄昏，冬天是夜晚。如果以乐器来对应四季，我想春天应该是小号，夏天是定音鼓，秋天是大提琴，冬天是圆号和长笛。要是以这园子里的声响来对应四季呢？那么，春天是祭坛上空漂浮着的鸽子的哨音，夏天是冗长的蝉歌和杨树叶子哗啦啦地对蝉歌的取笑，秋天是古殿檐头的风铃响，冬天是啄木鸟随意而空旷的啄木声。以园中的景物对应四季，春天是一径时而苍白时而黑润的小路，时而明朗时而阴晦的天上摇荡着串串扬花；夏天是一条条耀眼而灼人的石凳，或阴凉而爬满了青苔的石阶，阶下有果皮，阶上有半张被坐皱的报纸；秋天是一座青铜的大钟，在园子的西北角上曾丢弃着一座很大的铜钟，铜钟与这园子一般年纪，浑身挂满绿锈，文字已不清晰；冬天，是林中空地上几只羽毛蓬松的老麻雀。以心绪对应四季呢？春天是卧病的季节，否则人们不易发觉春天的残忍与渴望；夏天，情人们应该在这个季节里失恋，不然就似乎对不起爱情；秋天是从外面买一棵盆花回家的时候，把花搁在阔别了的家中，并且打开窗户把阳光也放进屋里，慢慢回忆慢慢整理一些发过霉的东西；冬天伴着火炉和书，一遍遍坚定不死的决心，写一些并不发出的信。

作者对四季的感受，实际上融入了作者15年来对人的生命、对人生、对时间长河、对宇宙的种种思考，以及对亲人的长长的思念。以15年的时间来感悟四季，感悟人生，其情之浓，其感之深是无人可以和他媲美的。史铁生把他对四季的感悟和对人生的感悟写绝了，要超越他有一定的难度。他的情感是多角度，多侧面，全方位的。

【表达感受的方法要求】

"情动于中而形于言。"这种抽象的、难以触及的个人感受、内在情感，通过一定的方式外化出来，让读者感知到，就是抒情。抒情，是文章打动读者、感染读者的重要手段，是直接或间接地抒发内心感情的一种表达方式。抒情是表达情感的最基本、最常用的表达方式，可以直抒胸臆，可以融情感于写人、叙事、写景、议论之中。

一、直接抒情

作者或作品中的人物不借助于其他手段，直接倾吐自己的情感。直抒胸臆，直截了当，表达情感直白、强烈，有很强的感染力。直抒胸臆可以采用呼告的方式，也可以把抒情对象拟人化。这样的抒情直接质朴，往往具有强烈的艺术感染力，多用在诗歌中。如著名的汉乐府民歌《上邪》：

> 上邪！
> 我欲与君相知，
> 长命无绝衰。
> 山无陵，
> 江水为竭，
> 冬雷震震，
> 夏雨雪，
> 天地合，
> 乃敢与君绝！

《上邪》是汉乐府中的一首情歌，表达了女子对爱人的热烈而真挚的感情。开头就用了呼告的手法，直呼上天，情感如火山之喷发，不可遏止。"上邪"，就是现代汉语的"天啊"。这种呼天的往往表达浓烈的感情。窦娥呼天："天也，你错勘贤愚枉做天。"是一种控诉，是对蒙冤受屈的愤怒；而《上邪》女子呼天，则是一种誓言，是对爱情矢志不渝的忠贞！《上邪》情感真挚，气势豪放，感人肺腑，表达欲突破封建礼教的女性的真实情

感,被誉为"短章中神品"。其语言句式短长错杂,随情而布。音节短促缓急,字句跌宕起伏。又如艾青的《我爱这土地》:

> 假如我是一只鸟,
> 我也应该用嘶哑的喉咙歌唱:
> 这被暴风雨所打击着的土地,
> 这永远汹涌着我们的悲愤的河流,
> 这无止息地吹刮着的激怒的风,
> 和那来自林间的无比温柔的黎明……
> ——然后我死了,
> 连羽毛也腐烂在土地里面。
> 为什么我的眼里常含泪水?
> 因为我对这土地爱得深沉……

这首诗最后两句写得朴实平易,却有着惊天动地的撼人力量,表达了作者内心深处对"土地"的那种刻骨铭心、至死不渝的爱,同时也抒发了那个时代华夏儿女共同的心声。结尾总结式地直抒胸臆,既突出强化了诗人的感情,又增加了诗的容量,感人肺腑。

直接抒情还可以让作品中的人物运用内心独白来表现。这在小说、戏剧中用得多一些,因为作者的情感需要借助作品中的人物来表达,尤其是戏剧具有"舞台化"特点,剧中人物更可以直抒胸臆。如郭沫若的历史剧《屈原》第五幕中屈原的内心独白,对风、雷、电的呼唤,对黑暗、邪恶的诅咒,对光明、自由的热烈追求,其实就是作者的心声,只是作者借助屈原之口表达而已,因此我们可以通过作品中的人物来把握作者的情感。

需要注意的是,直接抒情,情感要直率朴实,不可矫揉造作,无病呻吟;要注意节制、适度,不可使用过多,否则会流于空泛。

二、间接抒情

间接抒情跟直接抒情是相对而言的。间接抒情是作者借助其他表达手段以达到抒情目的的一种方式。情感的抒发都需要一个中介,作者的情感往往渗透在叙述、描写、议论之中,隐藏在事、景、理之后,所以情感的表达较为含蓄委婉,富有韵味。根据抒情借助的中介的不同,间接抒情可以分为以下几种:

1. 寓情于事

寓情于事,是借助对事件经过的叙述抒发强烈的主观情感。写人跟叙事往往是分不开的,作者把情感蕴含在对人物的叙写和对事件经过的叙述中,一边叙述一边抒情。正如清代刘大魁所说:"情不可以显出也,故即事以寓情。"这种抒情是情由事生,故叙事不在乎情节与过程的完整,而是截取有意味的片断,在叙述中渗透作者的感情,以寄托作者的情意。叙事类作品中抒写回忆性散文经常使用这种抒情方式。有时运用饱含情感的笔调进行叙述,如朱自清的《背影》,叙述中充满了对父亲的挚爱的亲情。有些叙事散文虽叙述平淡,作者就像话家常一样娓娓道来,而通读全篇之后,却让读者在娓娓道来的叙谈中感受到某种浓烈的情感。如丰子恺的《梦痕》,由左额上的一条疤痕说起,娓娓道出童年的历历往事:由家人围坐做米粉包子到自己吵闹着又吃又玩,到因为印米粉菩萨而跌伤在额上留下疤痕;从五哥哥玩蜈蚣、耍大蛇、结辫子的"恶戏",到做蚕豆水龙、豆梗笛、烛油浇塑等"玩意"。作者文笔平易近人,用机智幽默的笔调,随意抒写平常琐事,字里行间充满了天真烂漫的童年生活的情趣,表达了对童年美好时光的怀念。《梦痕》的片段摘引如下:

> 我的左额上有一条同眉毛一般长短的疤。这是我儿时游戏中在门槛上跌破了头颅而结成的。相面先生说这是破相,这是缺陷。但我自己美其名曰"梦痕"。因为这是我的梦一般的儿童时代所遗留下来的唯一的痕迹。由这痕迹可以探寻我的儿童时代的美丽的梦……
>
> 现在我对这些儿时的乐事久已缘远了。但在说起我额上的疤的来由时,还能热烈地回忆神情活跃的五哥哥和这种兴致蓬勃的玩意儿。谁言我左额上的疤痕是缺陷?这是我的儿时欢乐的佐证,我的黄金时代的遗迹。过去的事,一切都同梦幻一般地消灭,没有痕迹留存了。只有这个疤,好像是"脊杖二十,刺配军州"时打在脸上的金印,永久地明显地录着过去的事实,一说起就可使我历历地回忆前尘。仿佛我是在儿童世界的本贯地方犯了罪,被刺配到这成人社会的"远恶军州"来的。这无期的流刑虽然使我永无还乡之望,但凭这脸上的金印,还可回溯往昔,追寻故乡的美丽的梦啊。

寄情于事不能仅限于客观的交代和陈述,而应该在叙事中处处隐含作者的情感,"我"虽然没有直接抒情,却藏情于叙事的过程中。

2. 寓情于景

寓情于景,就是借助对景物的描写来抒发感情,即借景抒情、情景交融。其特点是移情入景,景语即情语,看似写景,实则抒情。作者把主观情感融入对客观景物的描写之中,使描写对象具有了浓郁的主观色彩。如陶渊明《归园田居》"方宅十余亩,草屋八九间。榆柳荫后檐,桃李罗堂前。暧暧远人村,依依墟里烟。狗吠深巷中,鸡鸣桑树颠"等句,不仅是质朴宁静的田园风光的写照,还蕴含了诗人脱离污浊官场、重归自然生活的怡然自得之情;刘禹锡《乌衣巷》,通过描写昔日繁华热闹、高门甲第毗连的乌衣巷的荒凉冷落,抒发历史变迁如沧海桑田不能预料的感慨,达到"即景生情"的艺术境界。

冰心的散文《笑》可以说是情景交融的典范。文章由看到"苦雨孤灯之后"的"一幅清美的图画",及"安琪儿"的笑和花,联想到同样抱花和带笑的孩子和老妇人,表达了其爱与美的主题。全篇语言凝练明快,清新婉丽,或色彩鲜明,或素缟淡雅,带有浓重的抒情性,给人以如诗如画的美感。

  雨声渐渐的住了,窗帘后隐隐的透进清光来。推开窗户一看,呀!凉云散了,树叶上的残滴,映着月儿,好似萤光千点,闪闪烁烁的动着。——真没想到苦雨孤灯之后,会有这么一幅清美的图画!
  凭窗站了一会儿,微微的觉得凉意侵人,转过身来,忽然眼花缭乱,屋子里的别的东西,都隐在光云里;一片幽辉,只浸着墙上画中的安琪儿。——这白衣的安琪儿,抱着花儿,扬着翅儿,向着我微微的笑。
  "这笑容仿佛在哪儿看见过似的,什么时候,我曾……"我不知不觉的便坐在窗口下想,——默默的想。
  ……………
  这同样微妙的神情,好似游丝一般,飘飘漾漾的合了拢来绾在一起。
  这时心下光明澄静。如登仙界,如归故乡。眼前浮现的三个笑容,一时融化在爱的调和里看不分明了。

寄情于景的写法,关键在于对所描写的对象要有独特、深刻的感受,这样才能情景相生,物我一体,产生特有的艺术魅力。如果要想写好此类抒情性的作品,就要有丰富的情感积淀,在日常生活中注意培养并蓄积情感,做到"登山则情满于山,观海则意溢于海"。

3. 寓情于物

寓情于物,是借助对具体物象的叙写,来寄寓作者的人生感受。这种技法一般选择有特点的事物来寓托情感,或者抓住事物的独特的内在品质,使之人格化;通常用比喻、象征、拟人等手法,借助咏物,曲折委婉地表露情感,使文章蕴含深厚,情深意远。

寓情于物中比较常用的是托物言志这一手段。古代诗歌中有许多托物言志的名篇,如前面提到的唐代《咏蝉》三绝。

"踏花归来马蹄香",表达的是作者"春风得意"的心情;"醉翁之意不在酒",说的是作者"与民同乐"的情怀;"梧桐细雨"抒发的是孤苦凄愁。另外,作者把自己的感情,寄托在具体的物象上,通过对物象的细致刻画,表达作者的志向和情趣以及人生追求,这其实就是我们平常说的"托物言志"。在我们学习文言文中,最能体现这一点的是周敦颐的《爱莲说》和刘禹锡的《陋室铭》,作者通过对"莲"和"陋室"的描写,抒发了自己"高洁傲岸的节操"和"安贫乐道"的情趣。人的情感、志向借助于外物来表现,取决于作者所选取的物与自己想表达的情感、志向有某些相似之处,也与作者自身的身世、处境有关。

散文中寓情于物的佳作也很多。选择什么物象,来寄托哪种志向,要有作者独特的发现,即使是平常的、微小的物象,只要能抒发作者的独特的思想,也是好地作品。此外,要抒情言志,必须正确处理好"情"与"物"的关系。如果离开所咏之物去抒发感情,就必失去依托,则不像咏物;如果太粘于物上,不能自拔,那就不会更好地表达情感。因此关键是不即不离,既要不游离于物,又不要太粘于物。比如杨朔的《荔枝蜜》、茅盾的《白杨礼赞》、巴金的《灯》等,寄情于物,托物言志,做得恰到好处。

4. 寓情于理

寓情于理,是一种附情于理的抒情方法,这种写法是把感情融于议论之中,形成富有情感色彩的议论和具有说服力和感染力的抒情。

余秋雨的《文化苦旅》以凝练简约的语言发思古之幽情,抒发今之感慨,往往寓情于理,情理交融,其思想意境突兀而出,如峰峦般坦呈在读者面前。比如《莫高窟》一文中:

> 莫高窟可以傲视异邦古迹的地方,就在于它是一千多年的层层累聚。看莫高窟,不是看死了一千年的标本,而是看活了一千年的生命。一千年流逝了,而始终活着,血脉畅通,呼吸匀停,这是一种何等永恒的生命!

在这里,莫高窟不再是静止的,而是有以千年计的鲜活的生命,历史也因此处于恒久的运动状态。人文景观与历史内涵融合,碰撞出一片耀眼的艺术火花。

运用寓情于理的方法,要注意理智与情感的融合,以情论理,使抒情成为一种为思想火花所点燃的激情抒写;要层层推进,水到渠成地发掘事物的寓意,避免牵强附会;说理应精警深邃,富于哲理性,这样文章才具有浓厚的感情,有极强的感染力和说服力。

直接抒情与间接抒情也常常结合起来运用。可以在叙事、写景、状物之中或之后直接抒发情怀,也可以以叙述、描写为手段抒情,使事、理、景、物和情交织起来,以增强艺术感染力。

此外,写作者还要注意多深入生活,让自己的感受更加细腻、深入、独特,当然最重要的还是要能把抽象、内在的情感转化为具体的形象。如余光中的散文《塔》：

  他用简单的记忆，回顾小时候的那些暑假，当夏季懒洋洋地长着，肥硕而迟钝的如一只南瓜，而他悠闲如一只蝉。

钱钟书《围城》：

  韩太太虽然相貌丑，红头发，满脸雀斑，像面饼上苍蝇下的粪，而举止活泼得通了电似的。

余光中用形象生动的语言写出了小时候暑假的悠长以及自己悠闲的心理状态，钱钟书在描写韩太太相貌的同时，带出了对她这个人的情感态度。以上两例都用了形象贴切的比喻把抽象的情感、心理形象化了。

海桑《爷爷是个老头》：

  打我记事开始，爷爷就是个老头
  他那么老，好像从来不曾年轻过
  他那么老，好像生来只为了做我的爷爷
  可我从未认真想过他有一天会死
  我总以为，一个人再老，总可以再活一年吧 然而有一天他还是死了，
  就像土垛的院墙
  风雨多了，总有一天会塌下来
  没了。
  完了。
  他的一生我也知道得很少
  他说过一些，我记不大起来
  就像他爱我很多，
  我只是喊他爷爷。

语言平实质朴，却饱含着情感，读起来让人潸然泪下，很容易引起读者的共鸣。
还有史铁生在《我与地坛》中对四季的描述，这些让人拍手称奇，印象深刻的文句无一不是用到了形象化的手法，或比喻，或拟人，或排比等修辞手法。

【范文精选】

《梦，可梦，非常梦》

胡歌

我无助地坐在漆黑的夜里，身体所有的感官都丧失了功能，仿佛回到了娘胎，在等待一个崭新又未知的世界到来。

最先闯入意识的是声波的颤动，刺耳的警笛声将我带回了熟悉又陌生的世间。我茫然睁开双眼，忽明忽暗的蓝色和红色交替着划过我的视野，有一个交警模样的男人疾速向我右方跑去。

顺着他的运动轨迹，我看到了扭曲的高速公路护栏，看到了一群人将一辆似曾相识的黑色汽车围在中间，从尾部的车牌号码，我认出了那正是自己的座驾。我努力组织破碎的记忆，拼命回想或确认之前发生的事情以及此刻身处何境。在我的意识尚未清醒的时候，一股浓烈的血腥味冲入鼻腔，我这才发现自己的右手正紧紧捂着脖子。我试探性地动了一下手指，触摸到的是一道半指深的伤口，鲜血还在不停地往外溢。不知所措的我发现左手正握着手机，拇指似乎还在按着什么。这一切的景象让我感到十分诡异，不知是在做梦还是在拍戏，记忆一片空白，只能感觉到夜风袭来时的丝丝凉意。

出于本能，我开始大喊救命，并且坚定地告诉自己一定要活下去。我的呼叫立刻有了回应，不远处的警察告诉我救护车马上就到，稍感安心的我仍然在支离破碎的记忆里不停搜索，希望可以理出些头绪来。周围的气氛也和我的心情一样越来越紧张，我不断听到有人在大喊大叫，有更多的警车和警察赶到了现场。

我一直在安慰自己这只是一场梦，就像曾经做过的无数个噩梦一样总会有尽头的。然而救护车的到来似乎预示着这远非一场梦那么简单……

"你昨天梦见那天的事了？"

"嗯，醒过来的时候发现没关窗户，冻了一宿。"

"你感到焦虑吗？"

"我感到自己在被虚无劫掠。"

【艺术赏析】

作者胡歌是一位演员，《梦，可梦，非常梦》是一篇散文，记录了2006年他在那场严重车祸后，在车祸现场，生与死的边缘，挣扎求生的本能反应以及第一时间紧急救援的场景。似梦非梦，亦真亦幻间，车祸的惨烈，生命的本能，求生的欲望，读来依然震撼人心。

【学生习作】

理论考试

"深呼吸，不要紧张，没事的，马上就结束了……"我在心里安抚着自己。此刻我正坐在车管所考科目一。周围都是陌生人，面前一台实时摄像头，平时的模拟分也不高，我担忧地攥紧了手心，突然想起要验指纹，我又慌忙地将手往衣服上蹭了蹭。开始考试了，考官在不停地说着话，说了什么倒不得而知，只知他的话像电波一样干扰我快速飞转的大脑，烦躁地又让我紧张起来，深呼吸，调整好自己，又重新投入到考试中去。考场回归了安静，静得都能听见鼠标敲击声和急促的呼吸声。确认交卷的那一刻，感觉肺被捏紧了不敢用力呼吸，一闭眼一咬牙，"咔嗒"提交成功，97分！瞬间松了口气，从漂浮的状态稳稳落了地。

【艺术赏析】

这是一篇课堂习作，要求记录一次印象深刻的情感体验。作者描绘的是驾照考试中理论考试的情景：开考时手忙脚乱的操作，而后努力让自己平静下来，考场的氛围，紧张的情绪，跃然纸上，让人俨然身临其境。心理活动真实自然，语言简洁生动，考试过程完整有序。

【思考练习】

1. 观察与感受有什么不同？请结合自己的经历说说你的理解。

2. 感受往往是内在的、无形的、抽象的，怎么把看不见摸不着的情感体验表现出来呢？你有什么好的方法或建议吗？

3. 在成长过程中，我们总会经历这样那样的事情，开心的、不开心的，生活总难一帆风顺。所以从某种程度上说，困难和挫折也是财富，你怎么看待这句话？

4. 人的情感是丰富、复杂的，比如担心、愤怒、恐惧、失望、遗憾、纠结、无奈、孤寂、庆幸，甚至自卑、迷茫，也会满怀期待、心花怒放、哭笑不得、一见钟情……请选择一种情感体验，并把它描写表现出来。要求：文中不能出现你选择的表示这个情感的词语。

5. 回顾记忆中印象最深刻的人、事或场景，写一篇1000字左右的散文，重点把你的感触写出来。

【拓展延伸】

1. 每个人都会经历困惑、矛盾、苦闷、迷惘等情绪的低谷，当心情低落时，你会有怎样的表现？你会用什么方法让自己尽快走出这样的心境？跟同学们一起讨论分享吧！

2. 请以《成长的代价》为题，写一篇文章，要求运用叙述、描写、抒情三种表达方式，字数不少于100字。

3. "文学创作源于作家独特的生命体验，这种独特的生命体验首先体现着作家对生命意义的认识与理解。每一个作家都是独特的生命个体，生命个性的差异是不争的事实，而且不同的生命历程所形成的个体生命体验，也是他们走向独特的文学创作之路的前提和基础。因为艺术创造的差异源于生命个性的独特。"试着结合你最熟悉的某个作家，谈谈你对这段话的理解。

【推荐阅读】

[1] 张洁：《世界上最疼我的那个人去了》，人民文学出版社2006年版。

[2] 周国平：《周国平散文精选》，长江文艺出版社2013年版。

[3] 毕淑敏：《毕淑敏散文精选》，长江文艺出版社2013年版。

[4] 卡勒德·胡赛尼：《追风筝的人》，上海人民出版社2006年版。

[5] 杨绛：《走到人生边上——自问自答》，商务印书馆2016年版。

【咬文嚼字】

下面是一篇学生的习作，在语言表达、结构安排和主题等方面都存在一些问题，请认真阅读并修改。

再游苏州之情感篇

曾经一个朋友和我说过，坐一趟火车就像读一本书，而这次乘着假期的秋高气爽，打算乘火车再游水乡苏州。火车是西安始发的，车上很拥挤，夹杂着各种各样的气味。有的人在火车上高声嚷嚷：快让开，让开！嗓音已经嘶哑，却还是把脖子伸得高高的，希望前面的人能让出一条通道来，可过道被挤得水泄不通，人们都不太愿意让自己腾空，挤出可怜的一点点缝隙来，不过到站了，那些叫得声嘶力竭的人还是如愿以偿地下了火车……

也许是受到环境的影响，也许是游玩的急切心情。在火车上的时间过得实在是太慢了。不过下了火车以后看见了蓝天白云，听见了熟悉的吴侬软语，一切又是那么亲切和细腻。

古典的站台、护栏，还有好似在向我招手的优雅的路灯，小桥下的水在阳光的照耀下是那么灵动，这一切都幽幽地散发着苏州的人文气息。也使我不知不觉地陶醉于其中，再游苏州让我多了一双发现美的眼睛。

中午的美好时光是和好友石头一起度过的，一日不见，如隔三秋啊。她声情并茂地和我讲了许多老朋友们的生活故事，也勾起了我对那充实而愉快的两年生活，那些曾经遇到过的挫折，似乎已被时间渐渐过滤，留在我心目中的是为工作的执着和好友在困难时刻的鼎力相助。两年中我已渐渐长大……回忆虽然美好，但永远不可能回到过去，逝者如斯。而即将工作的石头又比我更多了一份成熟……人才市场的人山人海和面试官的"严厉拷问"更能让人瞬间长大。无论是多么爱唱 SHE 的《不想长大》，但也不得不长大。

唯一不变的就是变化，两年前刚进校的我和现在的我已经不是一个我了，他们同样也不是。两年时光有 80% 都留给了广播台，和同事们夜游山塘街，每人手里捧着一碗臭豆腐，谈笑风生，每个人都沉浸在温馨的氛围之中，那里的民宅上挂着的红彤彤的灯笼，倒映在水中。那人、那景，都犹如在画里一般。还有宿舍里的人，虽然待在宿舍里的时间并不长，但宿舍的夜却是非常的精彩，为了一件事争得面红耳赤后又哈哈大笑得握手言和。这也许就是宿舍文化。

我和好友都办了苏州的园林卡，曾经说过一定要畅游苏州园林。可是因为种种原因，都没有怎么"畅"过，今天再游苏州，我绝对不能再放过她们（这里用她们是因为我觉得苏州园林像淑女一样）了，我们的第一站是虎丘，记得大文豪苏轼曾说过：来苏州不游虎丘，乃人生一大憾事。在虎丘之中，我们欣赏着真虎丘假剑池的书法。看到了西子曾经垂发照镜的地方，还有每年都会倾斜一定角度的虎丘斜塔。虽然不能进入其中一观，但从它的外观已经能看出它千年的沧桑。虎丘的林荫大道很幽静，我和好友坐在石椅上，享受着自然的恩惠，一辆马车疾驰而过，还有哒哒的铁蹄声，马蹄钉铁钉是一匹马的必经之路，如果没有那短暂的疼痛，以后即便是把蹄磨烂，也走不动。其实人又何尝不是呢？

房屋，树木，沿途的工厂不断地在倒退，火车已经驶出了苏州站。

此行，意犹未尽。

第三节　联想和想象的能力

【内容概述】

本节主要介绍联想和想象的概念、类型，联想与想象的关系，要重点掌握二者的具体类型，并能在写作实践中合理运用。

【基本概念】

联想是指由一种事物想起另一种或几种在思想意识上有联系的事物，是指从一种经验想到另一种或几种经验的心理活动机制，是一种由此及彼的过程。想象是人在已有形象的基础上，在头脑中创造新形象的能力。

想象和联想都是智力的重要内容，也是写作的基础之一。没有想象和联想，也就没有作文，联想、想象是写作的翅膀。联想和想象都是由此到彼的心理过程，比如由一段波浪线，我们可以想到大海的波涛、蜿蜒的小路、学习成绩的起伏不定、音乐跳动的旋律，也可以想到曲折的人生之路……这种从一点出发，利用事物间的相似、相关或相反的横向，或者是过去、现在到未来的纵向联系，由此及彼的思维过程就是联想想象。由此处的一点出发，从多个角度想象到的这个"彼"，可以是具象的直观画面，也可以是抽象的人生哲理。

想象是人在已有形象的基础上，在头脑中创造新形象的能力。这种新形象甚至可能是现实中根本就不存在的事物或形象。想象一般是在掌握一定的知识面的基础上完成的，是一种从无到有的思维过程。想象是在原有感性形象基础上创造新形象的心理过程，本质是一种创造。联想是由一事物想到另一事物的心理过程，在本质上是一种再现。

想象思想方式主要是形象思维，虽然不完全排除逻辑思维，但它的思维方式主要是甚至一直是伴随着具体形象，在文学写作中它的产品是意象和形象。因此它的真实是艺术的真实，有时是幻觉的，有时是夸张的，有时是荒诞的，并不完全都是历史或现实当中曾经出现过的。当然，想象不是文学艺术所独有的，科学技术也需要想象，飞机的发明就与科学家由于飞鸟诱发的想象有关，但这种想象是由已知到未知的设想，虽然现实世界不存在，但未来世界有实现的可能。因此，不妨这样来概括：科学技术是从无到有的求真的想象，文学艺术不仅是从熟悉的升华为陌生的求真的想象，必须还是求美的想象。

想象是把头脑之中已有的表象加工改造形成新形象的心理过程，是思维活动的一种特殊形式的高级认知活动。因此想象的果实——新形象创造的最大特点是新颖奇特，其内容往往出现在现实之前，抑或是现实中从未存在过的东西，这样在一定程度上是超现实的。当然这种在某种程度上超脱现实的意象性的反映无论多么离奇，想象绝非凭空而生，归根结底仍是源于生活，取自以往的经验记忆。因此，可以有意求得，也可在无意间出现。

【联想、想象与写作】

联想、想象并不完全相同，联想是由一个事物想起另一个事物的思维过程，想象则是在原有感性形象的基础上创造新的感性形象的思维过程。康巴乌斯托夫斯基生动地阐述了记忆、联想和想象的关系：

> 想象依据记忆，而记忆依据现实的现象，记忆的积累不是杂乱无章的。有一种规律——联想的规律，或者像罗蒙诺索夫所说的"共同想象的规律"，它把全部的杂乱的回忆，照其相似或时间和空间方面相似进行分类，即概括起来——拉成一条无尽无休，接连不断的锁链，这条联想的锁链便是想象的导线。
>
> 联想的丰富，便标志着一个作家内心世界的丰富。如果内心世界丰富，那么任何一种思想，随便一个题材转眼便会出现生动的轮廓。①

简言之：联想是想象的基础，想象是在联想基础上的扩展和升华。联想是想象的初级阶段，想象是在联想基础上的升华。有了这种丰富的想象和联想，人们就不会拘泥于眼前或已有的人物、事件、景象，就会把当前的和历史的，现实的和未来的，感觉的和幻觉的，都把它串成一条线，或者化合成一个新的晶体，这样就有了艺术的品位。

联想和想象遍及生活的每一个领域，写作的每一个环节也都需要联想和想象，从写作的角度看，联想和想象可以丰富文章或作品的内容，开拓作者思路，审题立意，布局谋篇，推动文章情节发展，人物形象的塑造，细节的设定等都离不开联想和想象。它可以不受时空局限，让思维纵横驰骋，可以连接作者的思想和感受，可以让作者极大地发挥个体创造性，按照自己的思想去塑造艺术形象。所以，要激发自己的思维，发展自己的智力，提高自己的写作水平，就要充分发挥写作者的联想能力、想象能力。

另外，写作中应合理运用联想和想象，既要丰富，又要合理，不可胡思乱想，要符合事物特征，要符合生活逻辑。巴尔扎克说过："想象是双脚站在大地上行进，他的脑袋却在腾云驾雾。"这句话形象地揭示了想象的基本特征——丰富又合理。我们既可以抓住事物间相似、相关、相反的关系，做横向的联想；也可以穷通古今，面向未来，做纵向的联想；甚至可以大胆虚构，超越时空。但是，一定不要忽略了想象的合理性——那就是符合事物的特征，符合生活的逻辑，讲究美感。比如：如果天下了雪，你打开门一看，脱口而出："万紫千红总是春啊！"或者是"这一场大雪像一团火，点燃了我的激情"，这就是明显的不符合事物的特征，不合理的。而如果你说"像一把把的盐撒向空中"，那么缺乏美感。最好的就是："片片柳絮因风起"或者是"千树万树梨花开"。丰富而合理的联想、想象才能真正地为写作插上翅膀。

---

① 康·帕乌斯托夫斯基：《金蔷薇》，戴骢译，上海译文出版社，1981，第164—165页。

【类型特点】

一、联想的类型

联想分为四种类型：相似联想、相关联想、对比联想和关系联想。

1. 相似联想

就是由某一事物或现象想到与它特点或性质相似的其他事物或现象，两个事物或现象间有某种相似性。比如由鸟儿的叫声想起了歌手的歌唱，由蜿蜒曲折的山路想到人生的路等。相似联想反映了事物间的相似性或共性，因此，一些常见的修辞手法如比喻、比拟都属于相似联想，文学作品中运用相似联想的例子比比皆是。如毕淑敏的长篇小说《红处方》中描写一位中年护士长的长相：

> 护士长是50多岁的妇人，脸庞圆圆的，乍一看很慈祥，甚至有些虚瓤，雪白的工作服很紧张地围在身上，好像一只盛满了牛奶的桶。长期不见阳光的室内工作，使她的肤色显出病态的白润，仿佛一直泡在清水里的水仙头。胖人总是给人容易哄骗的印象。总之，对护士长的第一眼判断，往往是不准确的，诱使人放松警惕，以为她是很好糊弄的大妈，克服误差的办法是你盯着她的眼睛看一会儿，就会发现她的目光猫头鹰一般锐利。她的手也暴露她的真性情，骨骼粗大，力度和敏捷蕴藏其中。

作者通过相似联系，在对人物的描写中多次使用比喻，使人物形象鲜明，具体可感。钱钟书曾经说过："比喻是学辞藻的特色。"有人曾粗略统计，《围城》这部23万余字的小说中，仅比喻就多达700多处，几乎页页有比喻，段段有比喻，简直到了无所不喻的地步，堪称比喻修辞的百花园。这里略举两例：

> a. 鸿渐没法推避，回脸吻她。这吻的分量很轻，范围很小，只仿佛清朝官场端茶送客时的把嘴唇抹一抹茶碗边，或者从前西洋法庭见证人宣誓时的把嘴唇碰一碰《圣经》，至多像那些信女们吻西藏活佛或罗马教皇的大脚指，一种敬而远之的亲近。
>
> b. 物价像吹断了线的风筝，又像得道成仙，平地飞升。公用事业的工人一再罢工，电车和汽车只恨不能像戏院子和旅馆挂牌客满。……贫民区逐渐蔓延，像市容上生的一块癣。政治性的恐怖事件，几乎天天发生，有志之士被压迫得慢慢像西洋大都市的交通路线，向地下发展。

《围城》中的比喻新奇巧妙，形式多样，还经常使用一连串形象的比喻，使得幽默讽刺的艺术效果更加突出。类似的例子在书中还有很多，它们构成了《围城》博喻的一大特色。

2. 相关联想

相关联想，则是由一个人或事物想到在空间或时间上相接近的另一个人或事物，因此相关联想又称为"接近联想"。比如提起家，总会让人想到可以依靠、值得信赖的家人，有温暖的被窝、可口的饭菜，有父母家人的支持、鼓励。又譬如，"爱屋及乌"，因爱其人，推及对其人住宅屋顶上的乌鸦也爱，这是空间接近所致，而"每逢佳节倍思亲"则是因为时间的接近产生的联想。以上的联想之所以产生，是因为这些人或事物间彼此都关联，我们称之为相关联想。运用相关联想，可以使文章的内容充实、丰满，散文写作讲究形散神聚，经常运用相关联想。如中国台湾作家刘墉的散文《当我们年轻时》：

> 有一位女学生，长得挺漂亮，又能说善道，却年过三十五岁，还没个主。
> ……
> "养不起！"
> 记得我大学时代的一个同学，在跟他女朋友吹的时候，也说过同样的话。
> 那时候大家都穷，我这位同学因为把师大发的"公费"都拿去买油画材料，所以尤其穷。跟女朋友约会，不敢往电影院、"纯吃茶"跑，每次都朝植物园里钻。
> ……
> 也使我想起自己谈恋爱的时候。
> 那时节，我还住在违章建筑区，父亲过世，留下的一点积蓄，吃得差不多了。
> ……
> 突然想起小时候听大人聊天，偷偷说某同事的太太，原来是上海某大舞厅的舞小姐。
> 那时候，我才七八岁，却不知为什么，记得这么清楚。
> ……

刘墉的这篇散文使用了四个不同时空的生活材料，四个故事都与女性的爱情婚姻有关，因此，很自然地联系在了一起。

意识流小说是现代派小说的一个重要类型，与传统小说讲述故事的方式不同，意识流小说故事叙述不是按时间顺序依次直线前进，而是随着人的意识活动，通过自由联想来组织故事。故事的安排和情节的衔接，一般不受时间、空间或逻辑、因果关系的制约，往往表现为时间、空间的跳跃、多变，前后两个场景之间缺乏时间、地点方面的紧密的逻辑联系。如王蒙的意识流小说《春之声》，开篇写道：

咣的一声，黑夜就到来了。一个昏黄的、方方的大月亮出现在对面墙上。岳之峰的心紧缩了一下，又舒张开了。车身在轻轻地颤抖。人们在轻轻地摇摆。多么甜蜜的童年的摇篮啊！夏天的时候，把衣服放在大柳树下，脱光了屁股的小伙伴们一跃跳进故乡的清凉的小河里，一个猛子扎出十几米，谁知道谁在哪里露出头来呢？谁知道被他慌乱中吞下的一口水里，包含着多少条蛤蟆蝌蚪呢？闭上眼睛，熟睡在闪耀着阳光和树影的涟漪之上，不也是这样轻轻地、轻轻地摇晃着的吗？失去了的和没有失去的童年和故乡，责备我么？欢迎我么？母亲的坟墓和正在走向坟墓的父亲！

由车的颤抖、人的摇摆联想到了童年的摇篮；由摇篮想到童年时和小伙伴在河里游泳的情景，又想到童年生活的故乡，故乡的父亲母亲。乍一看所写内容不断变换，似乎毫无章法，仔细一看实际上是有章可循的，这里可循的章就是事物间的相关性。

相似联想强调事物间的相似性，而相关联想重在事物间有某种关联。有时二者比较接近，因此，朱光潜认为："这两种联想有时混在一起，例如看到菊花想起陶渊明，一方面是接近联想，因为陶渊明常做菊花诗；一方面也是类似联想，因为菊花有高人节士的气概，和陶渊明的性格很类似。"①

3．对比联想

由一个事物或现象想到性质或特点相反的事物或现象，我们称之为对比联想。如由高山想到流水，由黑暗想到光明，忆苦而思甜，都是因对比关系引起的联想。修辞中的对比、映衬、反语就是运用对比联想的结果。如荀子的《劝学》："锲而舍之，朽木不折；锲而不舍，金石可镂。"由舍之、不折，想到其反面不舍、可镂。王夫之言："'昔我往矣，杨柳依依；今我来思，雨雪霏霏。'以乐景写哀，以哀景写乐，一倍增其哀乐。"②道出了反衬的联想效果。通过对比联想，把两种相对应的事物对照比较，可以使形象更鲜明，感受更强烈，加强文章的艺术效果和感染力。这在文学创作中是很常用的一种表现手法，尤其在诗歌创作中多用对比，像臧克家的《有的人》，通过活与死的对比；骑与俯的对比；石头与野草的对比来突出主题。顾城的《一代人》"黑夜给了我黑色的眼睛，我却用它来寻找光明！"卞之琳的《断章》"你站在桥上看风景，看风景的人在楼上看你，明月装饰了你的窗子，你装饰了别人的梦。"这些诗歌都是通过对比联想，让诗歌语意更凝练，意蕴更丰富。

4．关系联想

关系联想说的是事物之间存在着某种相互联系、相互影响、相互作用的状态。比如：由部分想到了全体，从个别留守子女的艰难，想到打工群体的社会问题；由原因想到结

---

① 朱光潜：《朱光潜美学文集》第一卷，上海文艺出版社，1982，第85页。
② 王夫之：《薑斋诗话笺注》，人民文学出版社，1981，第10页。

果，李清照的《如梦令》："昨夜雨疏风骤，浓睡不消残酒。试问卷帘人，却道：'海棠依旧'。'知否？知否？应是绿肥红瘦。'"① "绿肥红瘦"即为诗人由"雨疏风骤"之因，想到的结果之象。

联想的丰富离不开我们丰厚的生活体验和知识的积累，离不开认真的思考，所以，我们平时既要留意生活中的见闻，又要探索其所蕴含的道理。

二、想象的类型

想象是在原有感性形象基础上创造新形象的心理过程，本质是一种创造。联想是由一事物想到另一事物的心理过程，在本质上是一种再现。写作中，作者运用想象可以在原有材料的基础上，创作出没有经历过的，甚至是现实中根本就不存在的事物或形象。爱因斯坦说："想象力比知识更重要，因为知识是有限的，而想象概括着世界上的进步，推动着进步，并且是知识进化的源泉。"

想象依照自发与自觉的角度，可分为无意想象和有意想象。

无意想象属于没有预期目的和意图，没有主动要求去想什么，是随心所欲的一种想象。人的梦境和幻觉，由人的本能欲望，诸如饥、渴、性所引发的想象均是如此。

有意想象则是按照一定的目的和意图，属于自觉性的想象。这种想象与写作的关系很是密切，又可以分为再造想象、创造想象和幻想三类。

1. 再造想象

顾名思义，再造想象就是在原有形象的基础上进行再创造，再创造的基础可以是语言文字的介绍描绘、图片或其他相关资料的示意，在头脑中创造出新形象的过程。比如，根据历史资料和图片资料创作历史题材的小说、散文或影视作品，因为具体的人物和事件都已成为过去，必然需要通过再造想象，补充相应的细节。当下，根据文学作品改编的影视剧越来越多，影视作品的改编，也可以看成是在原著作品基础上的再创造，这些都必须依靠再造想象完成。纪实文学的写作当然也离不开写作者想象力的发挥，但恐怕有不少笔墨属于由现成的文字材料，或说第二手材料而形成的再造想象。如周国平《妞妞：一个父亲的札记》，书中周国平记录了自己的女儿妞妞一岁半的短促一生，写下了女儿妞妞的可爱和可怜，他和妻子在死亡阴影笼罩下抚育女儿的爱哀交加的心境，在摇篮旁的思考。如余秋雨在《道士塔》中描写道士王圆篆粉刷墙壁破坏壁画的情景：

---

① 胡云翼：《宋词选》，上海古籍出版社，1978，第185页。

> 王道士每天起得很早，喜欢到洞窟里转转，就像一个老农，看看他的宅院。他对洞窟里的壁画有点不满，暗乎乎的，看着有点眼花。亮堂一点多好呢，他找了两个帮手，拎来一桶石灰。草扎的刷子装上一个长把，在石灰桶里蘸一蘸，开始他的粉刷。第一遍石灰刷得太薄，五颜六色还隐隐显现，农民做事就讲个认真，他再细细刷上第二遍。这儿空气干燥，一会儿石灰已经干透。什么也没有了，唐代的笑容，宋代的衣冠，洞中成了一片净白。道士擦了一把汗憨厚地一笑，顺便打听了一下石灰的市价。他算来算去，觉得暂时没有必要把更多的洞窟刷白，就刷这几个吧，他达观地放下了刷把。

在《道士塔》中，作者既写出了王道士作为文物破坏者与文物出卖者的身份，破坏了敦煌的壁画，破坏了敦煌的雕塑，是敦煌的罪人；又写出了王道士的无奈。出身农民的他，为生活所迫，当了道士，为了改善居住环境，粉刷房子，塑造天师灵官，在他看来，一切都是再自然不过的事了。为了写活王道士这个人物，作者通过想象来尽可能还原历史上的真实人物。

又如 2017 年 2 月 23 日第四届新少年作文大赛中，来自浙江省杭州学军中学的王宁同学的《马云，你听我说》获得高中组一等奖。她用续写《红楼梦》的方式，虚拟了红楼梦里的几位人物进行网购的故事。下面是开篇的几个段落：

> 话说宝玉于潇湘馆中正与黛玉谈笑间，只见宝钗款款地走了进来，宝玉见宝钗进来，笑道："宝姐姐，你也来看看，林妹妹近日也不似从前那般哭丧着脸惜春伤时的，只是捧着个手机傻笑。我道元春姐姐从宫里赐下各人的手机，也真真是有了妙用罢。古人有'烽火戏诸侯，千金买一笑'之说，况且又是林妹妹的笑，哪怕万金，也是值得的。"宝钗笑道："又杜撰了，前一句倒是有的，后一句只怕是你房间里的晴雯闹出的'撕扇子作千金一笑'罢了。林妹妹有福了，将来是有个林妹夫要万金买你一笑的呢。"黛玉听宝钗如此打趣她，羞得双颊绯红，扑上去拧宝钗的嘴，道："看我不撕烂你的嘴。"
>
> 二人笑闹一番，仍复坐下。宝钗道："不知妹妹在手机上得了何趣，这般高兴？"黛玉含笑，只不言。宝玉道："不知姐姐用过那手机淘宝不曾？那里面的东西，真真个是叫人眼花缭乱的，价又公道，且不消买办在中周旋。竟是可以在闺阁之中一点一划，便有小厮将货品从各地传了过来的。你说新奇不新奇？"黛玉笑道："你又呆了。不晓得宝姐姐家是做生意的，那皇家的东西，皆是经她家之手，好歹宝姐姐也是个伶俐人，怎得就不知这手机淘宝？只怕她支付宝里的钱，竟要比园中姐妹的加起来还多了罢。"说着，便拿起一个小弩，细细赏玩。

宝钗拍手笑道："正是了，别是巧了罢？你这斝我看了倒眼熟，想是前番在妙玉栊翠庵里你我吃茶用的颁爮斝？（páo jiǎ 一尊葫芦形的玉斝）"黛玉笑道："我哪有那么多钱，这是高仿的，前番才在淘宝上买的。可怜我一个女儿家，又早没了爹娘，哪里来的闲散钱。纵然是老太太心疼，平日不过赏了几两银子，也没个银行卡，可以绑定那支付宝的。前番在淘宝上见了这个，喜欢得不得了，还是托紫鹃找来旺家的代购的。那来旺家的精得很，多收许多银子。"说着便想起自己没个爹娘寄人篱下的委屈，便以帕拭泪。

宝钗见黛玉落下泪来，道："我此番来，正是想给你送点杏犀来的，与那爮斝正凑得一对。前番想买了一并送你，谁知那斝那么畅销，竟是售罄了。"便命莺儿将一个礼盒端上来呈于黛玉前。又道："我也并没有比你强的，父亲没得早，纵多一个哥哥，那呆儿你也是知道的。只多着一个母亲，她也是认了你作干女儿的，又有什么差？"黛玉才渐渐止了哭。

演员创造人物的过程中，导演有时要求他写出所塑造人物的传记和体验人物情感性格的手记，大约也是根据剧作来书写的再造想象的语词产品。不过，再造想象与创造想象的划分，从创作心理活动概念上可以这样界定，但在实际写作过程中却很难分清其界限的所在。比如文学名著改编为影视剧，从概念意义上考究属于再造想象的范畴，但在叙事方面、人物方面，如果改编者没有创造性的想象（抑或称之为对原著的创新性的诠释），那么这个改编定然是败笔。

2. 创造想象

创造想象更强调从无到有的创造过程，它不依赖现成的资料，而是根据自己头脑中原有的记忆表象，独立创造出新形象的心理过程。这是根据写作者主体所感知的记忆表象，进行提炼、加工、独创而成的新颖的形象。艺术创作的过程除了再创造，也离不开创造性的想象，从某种意义上说，离开了创造想象，也就没有了文学和艺术。现在有的电视剧编导过分强调原生态、生活化，有的甚至说要是把故事片拍成纪录片就好了，这不能不说是对艺术想象力在创作中实现审美价值重大作用的低估，甚而至于是一种否定。莫泊桑说得好："现实主义作家如果是一位艺术家，他就不是给我们一幅现实生活的平庸的照相，而是给我们一种比现实更完整、更深刻、更有说服力的想象。"[①] 如雨果在《巴黎圣母院》里塑造的卡西莫多：

那个四面体的鼻子，那张马蹄形的嘴巴，那只被茅草似的棕色眉毛所堵塞的细

---

① 张耀辉：《文学名言录》，湖南文艺出版社，1986，第197页。

小左眼，那只完全被一个大瘤所遮盖的右眼，那上下两排残缺不全、宛如城堡垛子似的乱七八糟的牙齿，那沾满浆渣、上面露着一颗象牙般大门牙的嘴唇，那像开叉似的下巴，特别是笼罩着这一切的那种表情，狡黠、惊愕、忧伤兼备。

卡西莫多一个被父母遗弃在巴黎圣母院门前的畸形儿，是雨果名著《巴黎圣母院》里的一个十分重要的人物，他有着丑到极点的相貌：几何形的脸，四面体的鼻子，马蹄形的嘴，参差不齐的牙齿，独眼，耳聋，驼背，难听而忠厚的声音……雨果用极其夸张的手法又极富想象力地把一个世界文学中外貌最丑的人物形象生动地展现在了读者的面前。

3. 幻想

这是纯属受个人愿望支配的某种向往和追求的形象浮现。它不同于幻觉，幻觉是没有外界刺激的虚幻产物，有时是知觉障碍的病态反映；它也不同于再造想象，再造想象是由已有的语言、音像符号所诱发；它与创造想象有相似之点，即都是个性化的、都是超现实的，但它不必经过那么复杂的创造性行为就可以显现，而且若是它符合生活规律那就是理想，反之则是梦想和空想。积极幻想发挥，对写作者来说也是有益的。浪漫主义流派的作家，当他不满或反抗现实时，其逆反心理就会使他生发出幻想的境界，郭沫若的《天狗》就是把自己幻化为毁灭旧世界的一切并毁灭旧我的一切的天狗。当然这以焕发着激情的语词形象表现时，也是在幻想基础之上的创造想象的成品。

如晚清小说家陆士谔幻想小说《新中国》，全书以梦为载体，作者化身"陆云翔"，以第一人称描述了自己梦中所见：上海的租界早已收回，法庭律师皆为华人，马路异常宽广，洋房鳞次栉比。最为神奇的是，他写道：那年"万国博览会"在上海浦东举行，为了方便市民前往参观，在上海滩建成了浦江大铁桥和越江隧道，还造了地铁。为造地铁，还发生了不同意见的争执，有说造在地下，有说要造高架，争论到最后，定下造地下电车隧道。"把地中掘空，筑成了隧道，安放了铁轨，日夜点着电灯，电车就在里头飞行不绝。"还有"一座很大的铁桥，跨着黄浦，直筑到对岸浦东。"《新中国》结尾，陆云翔被门槛绊一跤跌醒，才知是一场梦。妻子说"这是你痴心妄想久了，所以才做这奇梦。"而他却说"休说是梦，到那时真有这景象也未可知。"时至今日，这一切果然成真。身在积贫积弱的旧中国，陆士谔的梦更多地寄托着对未来的"渴望"和"希冀"。陆士谔的嫡孙陆贞雄认为，"祖父更多的是靠他睿智的头脑、渊博的知识、丰富的想象以及对中国综合国力的准确估计，然后层层推理，最后才构想出这个百年奇梦的"。

目前，科学幻想小说以及科幻电影也是用幻想的形式，表现人类在未来世界的物质精神文化生活和科学技术远景，其内容交织着科学事实和预见、想象。它的情节不可能发生在人们已知的世界上，但它的基础是有关人类或宇宙起源的某种设想，有关科技领域（包括假设性的科技领域）的某种虚构出来的新发现。

写作者只有充分发挥联想和想象的能力，才能将思想开掘得更广阔、深远，才能使形象焕发出奇幻和瑰丽的色彩，正如雨果所言的："想象就是深度。没有一种精神机能比想象更能自我深化，更能深入对象，这是伟大的潜水者。"①

【思考练习】

1. 课上空出10分钟，请同学放飞大脑，自由联想，并把所有想到的内容全部记录下来，尽量不要停笔思考，不用刻意，也无须考虑语言和逻辑，单纯记录思维的流动。完成后，同桌互换阅读，看看彼此都写了哪些内容，不同的内容间是否存在一定的联系？

2. 请任选一组词语，发挥想象力，编写一个小故事。

A. 明星　头发　火车站

B. 广场　父亲　电影票

C. 枪声　女孩　小吃店

D. 情侣　欺骗　小木屋

要求：所选词语须是故事的关键词，有集中明确的主题，围绕故事核，情节完整紧凑。

3. 为下面的小故事续写一句话，作为故事的结尾。要求续写三种不同风格的结局，一个悲伤的，一个幽默的，一个富有教育意义的。

聪明的驴子

在战争时期，一个士兵牵着驴去牧场吃草。此时敌人突然进犯，使他惊慌，他试图用各种方法促使驴子快跑，但都是枉然。"敌人朝我们来了。"他说。

"敌人来干什么？"驴子问，"他们要在我背上放一对篮子，而不是像你这样放一个？"

"不，"士兵回答，"这并不可怕。"

"那为什么？"驴子不解。

士兵："……"

4. "一个夏日傍晚，她从医务室走出。这时，一个模糊的身影从远处匆匆而来……"请以这句话开篇，讲述一个让人略感意外的温情故事。

【拓展延伸】

1. 找一篇不错的短篇小说，试着把它改编成剧本，有条件的话最好能把它拍成微电影。

---

① 薛进官：《名言大观》，文化艺术出版社，1988，第278页。

2. 阅读微型小说《鞋架》，并在此基础上展开想象，重新构思并补充故事情节。要求：故事情节完整，构思巧妙，语言表达流畅、生动。

鞋架

床似乎太高，于是床下摆了个鞋架。鞋架是用几块木板钉成的，极简陋。

春：鞋架上，摆着一双大号解放鞋，鞋上有破洞，散发着难闻的臭味儿。

夏：鞋架上，并排着两双鞋，一双是大号解放鞋，一双是红色高跟鞋。解放鞋打了补丁也不再那么臭，高跟鞋几乎没有什么异味儿。

秋：鞋架上，并排摆着两双鞋，一双是红色高跟鞋，一双是中号黑皮鞋。高跟鞋很整洁，似乎还有股香水味儿，黑皮鞋油光锃亮，属于挺时髦的那种。

冬：鞋架上，摆着一双大号解放鞋，鞋上有破洞，散发着难闻的臭味儿。

3. "演员对剧中角色人物把握的准确程度和发挥高度直接影响到戏剧艺术感染力和艺术水平高低。演员只有通过琢磨角色，准确把握好角色人物性格，才能演好角色人物，塑造出生动感人的人物形象。总结起来，演员塑造人物形象的工作不外乎两个方面：一是理解人物；二是体现人物。理解人物是体现人物的前提而体现人物则是理解人物的结果。"（陈关奎《演员对角色的再创造——基于二者矛盾统一的分析》）请结合相关影视作品，谈谈你对上面这段话的理解。

4. 2015年，科幻作家刘慈欣凭借《三体》摘得雨果奖最佳长篇小说奖；2016年，中国科幻女作家郝景芳凭借《北京折叠》获得雨果奖最佳中短篇小说奖。连续两年中国作家的获奖不仅仅让科幻这个原本小众类型文学成为当今社会的热点话题，也让科幻文学产业的发展现状受到广泛关注。刘慈欣说，科幻文学作品能引导读者特别是青少年读者对科学产生兴趣，开拓他们的视野，激发他们的想象力和创新精神。你都读过哪些科幻小说？请结合看过的科幻作品谈谈你对科幻作品的理解。

【推荐阅读】

[1] 余光中：《余光中精品文集》，安徽人民出版社1999年版。
[2] 王蒙：《王蒙代表作》，黄河文艺出版社1990年版。
[3] 普鲁斯特著，李恒基等译：《追忆似水年华》，译林出版社2008年版。
[4] 张爱玲：《张爱玲经典小说集》，北京十月文艺出版社2013年版。
[5] 严歌苓：《金陵十三钗》，北京联合出版公司2013年版。

第四节　思维能力的培养

【内容概述】

本节主要介绍思维的概念、思维与语言、思维与写作的关系、思维的类型特点、思维训练的方法。

【基本概念】

思维是人的大脑在感知、表象、概念（脑中所想事物）的基础上，通过分析、综合、判断、推理，间接地、概括地反映客观事物特征和规律的心理活动。我们常说的概念、判断和推理是思维的基本形式。无论是学生的学习活动，还是人类的一切发明创造活动，都离不开思维，思维能力是学习能力的核心。思维能力是人接受、加工、储存和输出信息的能力，思维能力包括理解力、分析力、综合力、比较力、概括力、抽象力、推理力、论证力、判断力等能力。它是整个智慧的核心，参与、支配着一切智力活动。

思维是智力和能力的核心，智力和能力的层次主要体现在思维水平上。俗话说一个人聪明不聪明，有没有智慧，主要就看他的思维能力强不强。要使自己聪明起来，智慧起来，最根本的办法就是培养思维能力。思维品质体现在思想的深刻性，思维的敏捷性、灵活性、创造性等方面。因此衡量一个人思维能力的水平，可以考量其思想的深刻程度，思维的敏捷度、灵活度和创造性几个方面。

思维和语言密切相关，思维必须借助于语言来进行，语言是思维的工具，思维要靠语言来表达。具体来说，一个人的思维水平决定着一个人语言表达的准确度、语言的深刻性以及语言的艺术化。反过来，思维越有条理，语言表达越清楚；思维越周密，语言表达越全面；思维越深刻，语言表达越有深度；思维越灵活，语言表达越新颖活泼。

如因出演《金陵十三钗》中"玉墨"一角而成名的倪妮在接受记者采访时曾这样回答。

记者：你的意外成功会引起许多女孩子的遐想和渴望。

倪妮：我觉得做演员特别占便宜，因为电影里只看到我一个人。其实能让我有今天，是那些银幕的导演、老师、工作人员的功劳，是他们在帮助我，让我成为玉墨。当演员是特别不容易的一件事情，你需要有知识、有文化，需要有一颗低调敏感的心。表演的时候不要有杂念，全身心地投入角色当中。能演电影是可遇不可求的事，我劝女孩子们不要过多地想这些。

> 记者:"玉墨体"的流行会不会让你突然意识到自己真的已经是一个明星了,真的是一个受大家关注的人了?
>
> 倪妮:我觉得没有。我现在除了接受采访之外,生活还跟原来一样,上网、看电影、睡觉,就跟普通人是一样的,我没有觉得我是"谋女郎",我是明星。"谋女郎"只是一种说法,是对导演的一种肯定,对导演的一种尊重,并不能代表我就已经达到了一个高度。我只是新人,对新人而言更多的是需要磨炼,需要努力。

这两段回答非常巧妙地回答了记者的问题,也巧妙避开了陷阱,条理清楚,简洁明了,又谦虚礼貌,没有敏捷的思维和清晰的思路是很难做到的。

【思维与写作的关系】

思维和写作的关系密切。写作既是一种语言训练,也是一种复杂的思维训练,写作行为正是思维的内部语言转化为外部语言的活动过程,这一过程是人的多种心理能力,包括观察力、记忆力、思维力、想象力等的综合体现,其中,思维力是写作能力的核心与关键。具体表现在以下两方面:

首先,思维是写作主体与客体沟通的桥梁。在写作活动中,作者必须首先通过自身的观察、体验、记忆从客观世界搜集、积累写作素材。然后把这些信息存储到大脑,同时经过大脑对信息的加工处理——思考,形成认识和判断。随后经过实践检验、反馈、比较、修正等一系列思维活动,深化对客体的理解,得出对客体的本质认识。其次,思维是写作能力结构的支柱。一个写作者,应该具备多种能力要素,如思维要素、素养要素、禀赋要素、技术要素等。在写作活动中,这四方面的因素发挥着"合力"的作用,其中任何一种能力的缺失,都不可能使作者写出较好的文章。但是,在这四种相互联系的要素中,思维要素自始至终控制其他要素的运用和发挥,没有思维力作支撑,其他要素的作用就无从谈起。

有时作者会说不知道写什么,或者总也写不好,这主要是因为写之前没有想清楚,没有想好。思维状态、思维品格决定着写作状态和文本品格。写作能力的培养和提高必须首先立足于思维能力的培养和提高,写作方法的掌握和运用,也首先是思维方法的掌握和运用。

爱因斯坦说:"要是没有能独立思考和独立判断的有创造能力的人,社会的向上发展就不可想象。"大量的实践证明,写作教学的重点,应放在写作能力的培养上,而思维训练则是写作能力培养的中心环节。因此,要提高写作水平,培养学生的个性化写作能力,就要加强思维训练,尤其是个性化创新性思维训练。

【类型特点】

依据不同的分类方法，思维可以分成多种类型。根据思维的方向，可以把思维分为聚合思维和发散思维，正向思维和逆向思维；根据思维的创新成分的多少，可以分为常规思维和创新思维；根据思维过程中是以日常经验还是以理论为指导，可以分为经验思维和理论思维。钱学森先生在他主编的《关于思维科学》一书中为思维立"学"，就提出过一种三分法："思维学又可以分为抽象（逻辑）思维学、形象（直感）思维学和灵感（顿悟）思维学三个组成部分。"[①]

一、形象思维

所谓形象思维主要是用直观形象和表象思考解决问题的思维。其特点是形象性、完整性和跳跃性。形象思维是用表象进行分析、综合、抽象、概括的过程，它的基本单位是表象。当人们利用已有的表象解决问题时，或借助于表象进行联想想象，通过抽象概括构成一幅新的形象时，这种思维过程就是形象思维。所以，利用表象进行思维活动、解决问题的方法，就是形象思维法。文学作品中典型形象的塑造，画家绘画，建筑师设计规划建筑蓝图等都是形象思维的结果。在学习中，不管哪一学科，不管是多么抽象的内容，如果得不到形象的支持，如果没有形象思维的参与，都很难顺利进行。所以我们学习各门课程时，既要运用抽象思维法，也要运用形象思维法。形象思维不仅以具体表象为材料，而且离不开鲜明、生动语言的参与。

形象思维的特点是：

1. 形象性

具体形象是形象思维最基本的特点。形象思维所反映的对象是事物的形象，通过具体可感的图形、图像或形象性的符号来表达。形象思维的形象性使它具有生动性、直观性和整体性的优点。

2. 非逻辑性

形象思维不像抽象思维那样，对信息的加工一步一步、首尾相接地、线性地进行，而是可以调用许多形象性的材料，综合在一起形成新的形象，或由一个形象跳跃到另一个形象。它对信息的加工过程不是系列加工，而是平行加工，是平面性的或立体性的。

3. 粗略性

形象思维对问题的反映是粗线条的，对问题的把握是大体上的，抽象思维可以给出精确的数量关系。所以，在实际的思维活动中，往往需要将抽象思维与形象思维巧妙结

---

① 杜福磊：《中国写作学理论研究与发展》，中央编译出版社，2004，第129页。

合，协同使用。

4．形象性

想象是思维主体用已有的形象形成新形象的过程。形象思维并不满足于对已有形象的再现，它更致力于追求对已有形象的加工，而获得新形象产品的输出。所以，形象性使形象思维具有创造性的优点。这也说明了一个道理：富有创造力的人通常都具有极强的想象力。

对写作者来说，形象思维始终伴随着人或事物的具体形象，形象思维的能力在叙事文体和抒情文体里起着重要的作用。但是，在议论文和说明文中，这种能力的发挥也有助于文章的鲜明、生动，应用文写作也不妨渗透着形象思维，也可以穿插着情感性、形象性的笔墨。作为文体理论这可谓新说，不过作为写作现象，却是古已有之，唐代骆宾王的《为徐敬业讨武曌檄》，是古代应用文，其中给武则天的"蛾眉""狐媚"的形象绘制得何等生动。

二、抽象思维

抽象思维也称逻辑思维。抽象思维是对客观现实进行间接的、概括的反映的过程。抽象思维是思维的高级形式，其特点是通过分析、综合、抽象、概括等方法协调运用，从而揭露事物的本质和规律。从具体到抽象，从感性到理性认识必须运用抽象思维方法。抽象逻辑思维的基本单位是概念，人们通过概念进行判断和推理。抽象逻辑思维是人类特有的思维形式，是人类思维的基本方法。在学习、生活和工作中，人们大量地使用抽象思维盘点和解决各种问题。

对写作者来说，是舍弃事物的个别属性和直观表象，运用抽象的概念进行判断、推理，而概括其本质特征和规律的心理活动过程。有些文体，诸如议论性的、实用性的、新闻性的、说明性的等，主要须具备逻辑思维的能力，方可驾轻就熟。就是文学性的文体，也常说在形象塑造中要揭示社会生活的本质，要符合生活的逻辑、感情的逻辑，这里面也需要逻辑思维的介入。逻辑思维的基础是要把握形式逻辑的规律，那就是要正确地运用概念、判断和推理，善于提出问题，善于分析问题，善于解决问题。具体的表现，就是具有分析、综合、比较和概括的能力。只有通过分析，认识才能深入；只有通过综合，认识才有结果。写作活动的每一种行为，都需要运用分析和综合的方法，无论是材料的取舍，主题的提炼，结构的安排，可谓概莫能外。这样写作者才能全面深入地做到对客观事物，不仅是静止的真实性的反映，而且是运动中的规律性的反映，从而能够敏锐地认识到现实生活发展中的新事物的生命力；不仅是孤立的真实性的反映，而且是对立统一的规律性的反映，从而能够深刻地揭示事物在一定的条件下向其反面转化的真理。

逻辑思维能力的提高，可以增强写作和语言的表达效果，增强说服的力量，以至于感动的力量也是与文章的逻辑力量成正比的。

三、灵感思维

灵感思维也称顿悟思维。对写作者来说，这是在逻辑思维和形象思维的过程中突发的创造性思想的闪光，之所以又称为顿悟，是因为它有时是已有的经验和多次失败的产物。灵感虽有突现性，但却是写作者深广的观察体验而积累的果实，是心中久有而生，而绝非心中无有可现。不过，写作者在一般情况下对此没有察觉，那是因为有时它在人的无意识里，虽有语词形式，但却是模模糊糊的、时断时续的、残缺不全的，形不成整体的意象和完整的思想；有时它甚至沉没在人的潜意识里，没有通过语言区，因此梦境生发灵感就是这种心理现象进入无意识又升华为显意识的反映。为什么说写作者要捕捉灵感，要抓住灵感，就是因为它既有突发性，又有速灭性，即转瞬即逝。换句话说，它有时能够从潜意识和无意识突进到显意识，也可以从显意识化为无意识以至于沉没到潜意识，这就是所谓的意象遥化。因此写作者，且不说要在灵感进入显意识时疾速地以语词形式将其记载下来，就是在无意识阶段，就是几个词语，就是一两个残句，也要视为宝贵的记忆，切莫丢弃在遗忘的角落，因为它很可能是激发灵感的契机，是敷演成光彩夺目意象的火种。

通过郭沫若的名诗《凤凰涅槃》的创作经历，可以领悟什么是灵感以及如何把握灵感。他做了如此生动的回忆：

> 《凤凰涅槃》那首长诗是在一天之中分成两个时期写出来的。上半天在学校的课堂里听讲的时候，突然有诗意袭来，便在抄本上东鳞西爪地写出了那诗的前半。在晚上行将就寝的时候，诗的后半的意趣又袭来了，伏在枕上用铅笔只是火速地写，全身有点作寒作冷，连牙关都在打战。就那样把那首奇怪的诗写了出来。那诗是象征着中国的再生，同时也是我自己的再生。诗语的定型反复，是受着华格纳歌剧的影响，是企图着诗歌的音乐化，但由精神病理学的立场上看来，那明白地是表现着一种神经性的发作，那种发作大约也就是所谓"灵感"（inspiration）吧？[①]

从诗人郭沫若这段有声有色的描述，令人深切地感受到灵感的火花闪现时的那种创造形象的活跃性、专注性、紧迫性和冲动性。正是由于灵感的突发性和偶发性，生活积累和艺术储备不足的写作者常常抓不牢，或者拈来了一丝火星却无从创造出完整的形象，

[①] 郭沫若：《郭沫若论创作》，上海文艺出版社，1983，第204—205页。

因而极容易把灵感神秘化。如果郭老没有那么深厚的人文修养，没有对社会现实那么深切的关注和体验，也就产生不了如此神思跃动的灵感，也就不会留下如此不朽的杰作。

【思维训练】

　　写作训练必须围绕思维训练进行。形成良好的思维状态、培养良好的写作思维品格，就要解决思维障碍，引导学生积极思考，鼓励他们进行创造性的思维活动。人的思维不只是一种天赋的能力，这种能力必须加以发展和锻炼。写作训练立足于开发主体的思维能力是符合人的思维规律的，所以加强思维训练是提高写作能力与水平的根本出路。

　　思维训练应从以下几方面入手：

　　第一，思维的准确性训练。观察认识任何一个对象，不能只是停留在事物的外部形式上，而是要从多个角度、多个方面观察思考，准确把握事物变化的动态过程。只有这样，我们才有可能拓展主体更广阔的思维空间，才有可能接近客体的"真实"，从事物的多维关联和整体性上去把握事物的特征，扩大生活视野和思维向度，增强对事物的"立体"认识能力，才有可能避免片面简单的认识和判断。如要描写一位处在家庭变故中的孩子，他的经历、处境以及内在的心境，都是作者需要考虑的。

　　第二，思维的逻辑性训练。形式逻辑和辩证逻辑都是必须遵循的思维规则。相对于辩证逻辑，形式逻辑的静态范畴更容易掌握一些。由于辩证逻辑使用的是动态范畴，要求从事物的广泛联系和不断发展中去认识事物，使思维处于一种开放的状态，这样才能不断激发思维的活力，避免思想的偏激和僵化。如叙述一件事情，如球赛、车祸等。要求精练、准确、突出要点。

　　第三，思维的独创性训练。写作本身就是一种创造性活动，它是对世界的真切发现和认真发言。我们要鼓励学生的新发现、新认识，哪怕这些发现和认识还存在某些不足，但总比千人一腔的八股文章有活力、有生气。如描述一幅画，改写一篇小说等，尽量显示出与众不同的见解和构思。

　　第四，思维的深刻性训练。思维的深刻性指思维具有洞察力，思想深刻，善于深入问题的实质与核心，争取认识与揭示事物发展的规律，或者准确预知事物发展的过程。写作中主题的提炼，标题的拟定，观点的总结，都可以考察写作者的思维深刻与否。

　　另外思维的形象化训练，它要求把抽象概念转化为形象事物，比如举例说明什么是"尴尬"，什么事能令人"哭笑不得"，什么事"有伤大雅"，什么问题叫人"百思不得其解"等。思维训练与写作的过程紧密联系，因此，思维训练可以在写作训练的每一个环节进行。

【思考练习】

　　1. 请围绕"我想／不想长大"，列出十条理由。

2. 请运用形象思维的方式，选取意象创作诗歌《一天》。

3. 当清晨的第一缕阳光照耀在非洲的大草原上，羚羊会对自己说："快跑！否则你会被狮子吃掉。"狮子会对自己说："快跑！否则你会饿死在这里！"请以这个小故事进行三分钟的演讲。

4. 请以"红包可以代替礼物吗？"为题，在班级内组织同学开展一场小型辩论。

5. 关于青春，有很多不同的说法：有人认为，青春是一本仓促的书，我们流着泪一读再读；青春是梦想的翅膀，在最美好的年华启航；青春像一座山，背负一路感伤；现在，青春是用来奋斗的，将来青春是用来怀念的。张爱玲女士在《十八春》里也曾说过，"对于三十岁以后的人来说，十年八年不过是指缝间的事；而对于年轻人而言，三年五年就可以是一生一世。"你眼中的青春是什么样？请具体说说你对"青春"的看法。

【拓展延伸】

1. 观察下边的漫画，为其拟定标题，并配上一段 100 字左右的解说词。

2. 请以"锁"为题构思一篇小说，简要列出小说的故事情节、人物信息，概括小说的主题。最后统计全班同学共有多少种不同的构思。

3. 到目前为止，《奇葩说》已经完成了第七季，它旨在寻找华人华语世界中，观点独特、口才出众的"最会说话的人"。有人说它有着自己独特的魅力，在这个节目里不只是幽默搞笑，它还是不同观点和思想之间的碰撞，同时也是个人口才和实力的比拼，更是情商和智商之间的较量。另外，《奇葩大会》《脱口秀大会》等综艺节目也很有热度，请思考：为什么这些辩论及说话类的栏目能在今天赢得那么多观众的喜爱？

4. 有人说，"思维是飘忽即逝的心理现象，思维只有与语言文字融合为一，才能实现'有意思'创造。语言文字具有无限的组合能力，我们不要辜负了汉语之美。"你能把你现在的所思所想清晰流畅又生动形象地记录下来吗？

5."在互联网影响下，当代青年大学生的思维方式程度不同地受到网络信息及其传播方式的影响。碎片化思维就是其中一个表现。适应多媒体图像、声音和文字立体型表达方式，产生了读图效应；适应微博、微信等自媒体的影响，产生了局部认知主导效应，这些效应在青年大学生观念中的表现就是碎片化思维。从认知历史来看，碎片化思维是感性思维、片面思维和简单思维。其影响一方面是青年大学生对情感、意志的理解，另一方面也对传统的以历史叙事、理性推演和整体性分析为依托的思想政治教育提出了挑战。"你怎么理解上面这段话？谈谈碎片化思维的影响。

【推荐阅读】

[1] 熊培云：《自由在高处》，新星出版社2011年版。
[2] 梁文道：《常识》，文化艺术出版社2016年版。
[3] 毕淑敏：《我很重要》，漓江出版社2013年版。

【咬文嚼字】

从下列句子中找出有语病的句子，并修改：

1. 虽然他们惯于玩弄权术，但最终都逃脱不掉被权力本身的残酷玩弄。
2. 我们同去看了电影《泰坦尼克号》，讲述了一个缠绵悱恻的爱情故事。
3. 本单位计划生育工作受到表彰，因此，我们决心让我们出版的图书质量更上一个台阶。
4. 天津租界的洋楼，作为近代史上一个独特的社会现象，很值得我们认真研究。
5. 在"文革"时期的歌曲中，《远飞的大雁》是抒情性最强的曲目之一。
6. 我们要不断改进缺点和错误，提高应考能力。
7. 面对对方高大的个头，我不但不害怕、不畏缩，而是奋起反抗。
8. 没有纸张的大量供给和印刷技术的发展，就没有现代报纸的产生。
9. 全国各民族人民举国上下同庆党的"十八大"召开。
10. 只有刻苦学习，就可以考取重点中学。
11. 成功者在设定想要达到的目标时，先得找出设定这些目标的理由来说服自己。
12. 钻研数学课题，除了要有一定的智慧外，更要有毅力和考虑问题的新角度。
13. 夜，黑得伸手不见五指。我深一脚浅一脚地摸索着前进。忽然，我清楚地看到远处树林中有一个人影。——我要找的人正在那儿！
14. 赛后，十一个泰达队的球员上台领了奖。
15. 我发现，这篇小说的作者正是我少年时期的朋友张大明写的。
16. 作者从不同角度对时下这个既流行又不确定的所谓小资群体做了全面而细腻的描述。

17. 这个印刷厂每印刷十万册书，过去需十天，现在只要五天就能完成，时间缩短了一倍。

18. 几年前，国际象棋冠军卡斯帕罗夫被超级计算机程序 Deep Blue 击败，曾让人怀疑人脑是否最终会被机器打败和控制。

19. 她舞姿蹁跹，富于优雅、柔美、激昂和感染力。

20. 在激烈的市场竞争中，我们所缺乏的，一是勇气不足，二是谋略不当。

（《咬文嚼字》2003 年第 6 期）

第二章　写作文本的建构

【本章提要】

　　文章作为一个完整的精神产品，是由一定的内容要素和形式要素构成的。文章的内容要素有材料、主旨，文章的形式要素有结构、表达等。在文章中材料是血肉，主旨是灵魂，结构是骨架。这些要素缺一不可，共同建构起文章。

第一节　材料

【内容概述】

　　材料，是指作者在社会生活中积累、摄取的事实现象、理论根据或情感材料，是构成文章的基本要素。"材料是基础，材料是血肉"。材料工作分三个阶段：取材阶段、选材阶段和用材阶段。取材要广，选材要严，用材要活。

【材料的含义】

　　材料是一个总称，不同类型的材料还有其特殊称法。议论文中的材料叫论据；从文献书籍中收集而来的未经加工的事实和道理，称为资料；文学创作中，未经加工处理的原始材料，被称为素材；被写入文学作品的材料，我们称之为题材。

　　不同类型的文章，对材料的要求也有差异。叙述性文章，一般以感性材料为主，大多是完整的生活图景；抒情性的文章，通常也是感性材料，但往往选择最能发人深省的生活片段，一般没有完整的事件；论说性的文章，以理性材料为主，大多是比较概括的事实或理论依据。

【材料的作用】

　　材料是构成文章的基本要素。人们常说："材料是基础，材料是血肉。"这句话即是对材料的重要作用的概括。

材料是基础。材料常常是触发写作动机、形成思想观念、确立作品主旨的基础。写作，作为一项艰辛的精神劳动，是需要一定动机的。所谓动机就是指引发并维持整个写作过程的动力。1933年夏，沈从文与夫人张兆和去青岛崂山游玩，在一条溪水边，看到对岸一位十五六岁的少女，穿一身孝服，在岸边焚烧纸钱，之后又从溪水里拎起一桶水向山中走去。沈从文对张兆和说："我准备依照她写一个故事给你看。"这个故事正是现代文学史上的名篇《边城》。形只影单的崂山少女的形象成了沈从文写作《边城》的催化剂。作家叶圣陶说："我只觉得有了一个材料而不曾把它写出来的当儿，心里头好像负了债似的，时时刻刻全想到它，做别的工作也没有心思。于是只好提起笔来写。"可见材料有时直接引发作家的创作。苏联作家高尔基说："由于令人苦恼的贫困生活对我的压力，还因为我有这样多的印象，使得我不能不写。"

写作动机的产生常常来自材料所显示的某种意义与作者内心需求的吻合。当代作家余华在谈到他的代表作品《活着》时，说了这样一段话："正是在这样的心态下，我听到了一首美国民歌《老黑奴》，歌中那位老黑奴经历了一生的苦难，家人都先他而去，而他依然友好地对待世界，没有一句抱怨的话。这首歌深深打动了我，我决定写下一篇这样的小说，就是这篇《活着》，写人对苦难的承受能力，对世界乐观的态度。写作过程让我明白，人是为活着本身而活着的，而不是为活着之外的任何事物所活着。我感到自己写下了高尚的作品。"[①] 美国民歌《老黑奴》不仅引发了作者的创作，同时也令作者豁然开朗，找到了埋藏于内心的东西。可见材料也往往促成作者思想观念的形成，成为作品确立主旨的基础。

材料是血肉。材料是作者表达情感与思想的物质形态，是作品感染力与说服力的主要来源。文学作品需要形象和事件来表达情感与思想，而论说性作品需要论据来证明观点。当代作家王安忆说："（小说是）个人的心灵世界，这个世界有着另一种规律、原则、起源和归宿。但是筑造心灵世界的材料却是我们所赖以生存的现实世界。"[②] 可见，来自于现实世界的材料是作者表达内心世界的素材。王安忆在谈及她的著名小说《长恨歌》时曾提到，在报上看到一则新闻，一位原上海小姐去世。于是，想写一部以此为背景的小说，表达她对上海以及曾经一段时期的上海之理解。

我们来看一段《长恨歌》中对女主人公王琦瑶的描写：

> 王琦瑶是典型的上海弄堂的女儿。每天早上，后弄的门一响，提着花书包出来的，就是王琦瑶；下午，跟着隔壁留声机哼唱"四季调"的，就是王琦瑶；结伴到

[①] 余华：《活着》，南海出版公司，1998，第3页。
[②] 王安忆：《小说家的十三堂课》，上海文艺出版社，2005，第1页。

电影院看费雯丽主演的"乱世佳人",是一群王琦瑶;到照相馆去拍小照的,则是两个特别要好的王琦瑶。每间偏厢房或者亭子间里,几乎都坐着一个王琦瑶。王琦瑶家的前客堂里,大都有着一套半套的红木家具。堂屋里的光线有点暗沉沉,太阳在窗台上画圈圈,就是进不来。三扇镜的梳妆桌上,粉缸里粉总像是受了潮,有点黏湿的,生发膏却已经干了底。樟木箱上的铜锁银亮的,常开常关的样子。收音机是供听评弹,越剧,还有股票行情的,波段都有些难调,丝丝拉拉地响。王琦瑶家的老妈子,有时是睡在楼梯下三角间里,只够放一张床。老妈子是连东家洗脚水都要倒,东家使唤她好像要把工钱的利息用足的。这老妈子一天到晚地忙,却还有工夫出去讲她家的坏话,还是和邻家的车夫有什么私情的。王琦瑶的父亲多半是有些惧内,被收伏得很服帖,为王琦瑶树立女性尊严的榜样。上海早晨的有轨电车里,坐的都是王琦瑶的上班的父亲,下午街上的三轮车里,坐的则是王琦瑶的去剪旗袍料的母亲。王琦瑶家的地板下面,夜夜是有老鼠出没的,为了灭鼠抱来一只猫,房间里便有了淡淡的猫臊臭的。王琦瑶往往是家中的老大,小小年纪就做了母亲的知已,和母亲套裁衣料,陪伴走亲访友,听母亲们唱叹男人的秉性,以她们的父亲作活教材的。

这段引文关于旧上海的生活细节十分丰富。成长于上海的王安忆对上海人以及上海人的生活非常了解,假如没有多年的素材积累,作者是无法写出如此地道的上海味道的。丰富的材料,让作者所要表现的"上海弄堂的女儿"有血有肉。

【材料的选择】

材料工作事实上分三个阶段:取材阶段、选材阶段和用材阶段。取材阶段是指作者通过亲身经历、体验观察获取直接素材,或通过调查访问、阅读等手段获取间接素材。选材阶段指作者对获取的素材经过集中、提炼、加工、改造之后,根据自己的写作意图选入文章。用材阶段指作者经过运思,通过语言表达及疏密详略处理等写作技巧,将选取的材料具体应用到文章中去。材料工作对整个写作过程非常重要。精当的选材,是成就一篇好作品的必要条件。那么,怎样才算是精当的选材呢?

首先,选材应当"以少驭多"。

取材必须尽可能多,而真正写到文章中的材料则必须少。一方面,选材要舍得"忍痛割爱",我们写到文章中的材料可能还不到所掌握材料的1/10。另一方面,这十分之一的"一",是建立在"十"的基础之上的。

老舍先生在谈到怎样写小说时这样说:"那足以引起我们注意,以至想去写小说的故事或人物,不过是我们主要的参考材料。有了这点参考之后,我们须把毕生的经验都拿出来作为参考,千方百计地来使那主要的参考丰富起来,像培植一粒种子似的,我们要把水分、温度、阳光……都极细心地调处得适当,使它发芽,长叶开花。""我们所要写的也许是短短的一段事实。但是假若我们不能详知一切,我们要写的这一段便不能真切生动。在我们心中,已经替某人说过一千句话了,或者落笔时才能正确地用他的一句话代表出他来。有了极丰富的资料,深刻的认识,才能说到剪裁。我们知道十分,才能写出相当好的一分。小说是酒精,不是掺了水的酒。大至历史、民族、社会、文化,小至职业、相貌、习惯,都须想过,我们对一个人的描画才能简单而精确地写出。"[①] 老舍有一个中篇小说《月牙儿》,作品以月牙儿为线索,以散文化的调子讲述了一个生活在城市底层的单纯的女孩儿由于社会的黑暗、人情的冷漠,无奈地堕落风尘的悲惨故事。女主人公与始终陪伴她的月牙儿形影相吊,文章情景交融,凄清动人又发人深省。《月牙儿》达到了很高的艺术成就,是文学史上公认的优秀小说。老舍先生在谈到这部作品时曾提到,"月牙儿"的故事其实来源于自己的另一部长篇小说《大明湖》,这部长篇的唯一手稿在日军轰炸商务印书馆时化为齑粉,之后,老舍抽取《大明湖》中的故事写了《月牙儿》。《月牙儿》可以说是《大明湖》的精华版,是"十"当中的"一"。老舍也认为这可能正是《月牙儿》成功的重要原因。

其次,选材要从自己最熟悉的生活入手。

写作其实是一个感性过程,即使是写作论说类的文章,也需要感性的参与。俄罗斯作家冈察洛夫说:"我只能写体验过的东西、我思考过和感觉过的东西、我清楚看见过和知道的东西。"只有那些"体验过""思考过""感觉过"、观察过的东西才更容易被灵感所激活。有些同学在平时的生活中,不注意观察体悟,不思考,不感受,以至于思想贫乏,情感体验不丰富,材料匮乏自然很难写出好文章。

文艺理论家布瓦洛在《诗艺》中说:"在选材的时候,务必选你们力能胜任的题材,多多斟酌一下哪些是捐得起来的,哪些是捐不起来的。假如你选择的事件是能力范围之内的,自然文辞流畅,条理分明。"文学作品、论说性作品、实用文体的写作均是如此,没有经过深刻体验或充分研究、透彻理解的材料是用不好的。王安忆有一部长篇小说《天香》,取材于明代的上海,描绘了明代上海大户申家的几代兴衰。王安忆擅长写上海,各个阶层的上海人她都写得很好。可是她毕竟没有在明代生活过,明代的上海人想什么、做什么、如何生活……所有材料只能从书籍当中找。由于材料的缺乏和生疏,一支原本摇曳生姿、游刃有余的笔此刻却显出些许生涩。可见选材出了问题,连名家也会失手。

再次,选材要贴切、典型。

要依据写作目的,选取最贴合主题,符合文章体裁,最具代表性的材料。报告文学

[①] 老舍:《我怎样写小说》,文汇出版社,2009,第392页。

作家何建明有一部曾赢得广泛关注的长篇报告文学《中国高考报告》,作者经过多年深入广泛的调查采访,对"高考"——这一场中国百姓最为关注的"战争",进行了全景式的扫描。文章既有对22年来高考大走势的梳理,更有对当下千万学子临考状态的细致描摹。作者在"后记"中说,为这部作品他曾采访过"近百个家庭、几十所学校和数百名学生",足迹遍布全国,取得了大量第一手采访资料。文章的第三章"目击高考现场"中,作者选取了以下材料,来表现高考的"战争"氛围:北京全城戒严、南方洪水灾区机动船接送考生、为高考入住宾馆的工薪家庭、考场门外救护车随时待命、考生的临场"血书"、考场上的作弊与反作弊、考试结束后的"焚书坑包"。作者在众多的采访材料中选取了最典型、最能反映高考紧张氛围的材料,以至于每一个经历过高考的人,读到这些情节都仍然觉得惊心动魄、心有余悸。鲁迅先生说"选材要严,开掘要深",我们最终选入文章的材料要能够"以一当十"。

最后,选材要客观、真实。

纪实类、论说类、实用类文体,不能不顾事实,更不能全凭主观好恶随意篡改、编造材料。有些作者为了科研成果,随意编造实验数据;有些作者为了轰动效应,故意以偏概全,甚至胡编乱造。这些都是有违写作者良知的做法。2008年,北京奥运会之前,某电视台曾经报道过一则假新闻《纸做的包子》,由于正值奥运前夕,这则新闻造成了非常恶劣的影响。后经调查,新闻内容纯属子虚乌有。对纪实类的作品来说,真实就是生命。

处于信息时代的我们,利用网络采集信息非常方便。但对网络上搜集的材料,我们尤其要注意甄别。因为网络信息不像正规出版物那样经过比较严格的把关,往往鱼龙混杂,真假难辨。

虚构类作品的选材也应当符合历史的真实、生活的真实和人性的真实。电视剧《悬崖》的编剧全勇先在谈到该剧的创作时说:"真实是《悬崖》的创作基础。无论是事件,还是每个人的情感和行为,都有深刻的逻辑和行为依据。"

当年的腥风血雨,残酷和悲壮屡屡让我震撼。这些震撼来自真实,来自史料中那些貌似无心,却掷地有声的对真相的描述。而我们现在关于东北的影视和小说作品,大都是不可靠的、造作的。一部分缘于僵硬的历史观,一部分缘于作者对那个时代的缺乏了解。于是,作为该剧的编剧,我要写一部特殊背景下的情感故事,一部以人性的真实为出发点的谍战故事。

要寻求诗意的表达方式,要用现实来表达诗意,而不是刻意地、造作地表达。细节的真实、逻辑的真实、情感的真实,是该剧不懈的追求。

【材料的使用】

一、安排次序

文章是个有机体，恰当的材料应该放在恰当的位置上。记叙类的文章中，安排材料的次序主要根据文章结构或表现主旨的需要，可以是纵式、横式或穿插式。论说类的文章中，材料的安排主要由逻辑顺序决定。

二、详略得当

材料进入文章，并不是平分秋色，而是有详有略的。详略由作者的写作意图、文章的主旨以及材料的特性等所决定。一般而言，记叙类的文章中，具体生动表现力强的材料，应当详写。议论类的作品中，事实材料一般以概述的形式出现，不宜细写、详写。对读者熟悉的、易懂的材料，我们常常略写，而对读者陌生的或难以理解的材料，我们可以详写。

三、灵活运用

材料的使用要灵活。应当根据文章的具体情况，采用多种方法，多副笔墨来处理材料，使之成为文章的有机组成部分。在论说类的文章中，引用材料，可以节录，也可以转述；可以先叙后议，也可以夹叙夹议。在记叙类和抒情类的文体中，材料的使用更是灵活多变。杨绛在《记钱钟书与〈围城〉》中说："钟书从他熟悉的时代、熟悉的地方、熟悉的社会阶层取材。但组成故事的人物和情节全属虚构。尽管某几个角色稍有真人的影子，事情都子虚乌有；某些情节略具真实，人物却全是捏造的。"她举到几个例子，比如"苏小姐也是个复合体。她的相貌是经过美化的一个同学。她的心眼和感情属于另一个；这人可一点不美。走单帮贩私货的又另是一人。苏小姐做的那首诗是钟书央求我翻译的，他嘱我不要翻得好，一般就行。苏小姐的丈夫是另一个同学，小说里乱点了鸳鸯谱。结婚穿黑色礼服，白硬领圈给汗水浸得又黄又软的那位新郎，不是别人，正是钟书自己。因为我们结婚的黄道吉日是一年里最热的日子。我们的结婚照上，新人、伴娘、提花篮的女孩子、提纱的男孩子，一个个都像刚被警察拿获的扒手。"再比如，"李梅亭途遇寡妇也有些影子。钟书有一位朋友是忠厚长者，旅途上碰到一个自称落难的寡妇；那位朋友资助了她，后来知道是上当。我有个同学绰号'风流寡妇'，我曾向钟书形容她临睡洗去脂粉，脸上眉眼口鼻都没有了。大约这两件不相干的事凑出来一个苏州寡妇，再碰上李梅亭,就生出'倷是好人'等妙语奇文。"杨绛最后总结说,"真人实事的一鳞半爪,经过拼凑点化,创出了从未相识的人,捏造了从未想到的事。"可见,材料进入文章需要作者创造性的"拼凑点化",不是生搬硬套,也不是简单的"复制粘贴"。

【艺术赏析】

推荐阅读:毕飞宇,《大雨如注》。

灵动的语言表达与深沉的追问自然融合,应该是短篇小说艺术的理想模样。毕飞宇的《大雨如注》几乎就是如此。

关注教育现状、带着给学生减负意愿的小说已经足够多,但像《大雨如注》这样别具高致的作品,实属难得。被家长和老师的愿望注满了头脑的孩子,肯定不止书中提到的中学生姚子涵一个人,但在形象上看,姚子涵只是她自己。她不是那种已被人们写得烂熟了的叛逆者,她大致服从家长的安排,基本上是个听话懂事的乖女儿;她也不是任师长摆布的木偶人,是自尊和活力在克制中蓬勃生长的少女。也就是说,姚子涵是一个正常的好学生。而她的反常来自两场有着必然联系的暴发:球场雨中的开心至极,脑炎昏迷醒来后的奇异表达——只说英语。母语本能与记忆的丢失,这比使小性子报复家长可怕得多。这样的故事,也比直击"教育问题"的怨诉更富有骨韧筋绵的言外之意。

灵动其表深沉其里,这样的品质追求,可贵而稀缺。因为呆滞的表情和轻浮的主题在一起的小说,真是不少。

【思考练习】

1. 请简述材料对文章的重要作用。
2. 材料的选择要注意哪些问题?
3. 材料的运用要注意哪些问题?

【拓展延伸】

1. 在以下选题当中任选一个,利用课余时间通过调查、阅读、网络搜索等手段广泛搜集材料,然后在班内开一个讨论会。

选题1:中国电视新闻类节目现状

选题2:中国网络购物现状

选题3:中国电影现状

选题4:中国手机支付现状

2. 请就"大学生阅读现状"这个问题列一个调查提纲,在同学中展开调查,写成报告并在课堂上进行讨论。

【推荐阅读】

[1] 余华:《活着》,作家出版社1998年版。
[2] 王安忆:《长恨歌》,人民文学出版社2003年版。

第二节 主旨

【内容概述】

作者在说明问题、发表主张或反映社会生活现象时,通过文章全部内容所表现出来的写作意图和基本思想被称为文章的主旨。主旨是文章的灵魂,也是统帅。文章的主旨要正确、深刻、集中、新颖。作品的主旨,是作者通过一定的生活体验、知识积累和反复思考,所形成的基本观点或见解。

【含义和作用】

所谓主旨,是指作者在说明问题、发表主张或反映社会生活现象时,通过文章全部内容表现出来的写作意图和基本思想。主旨可以是作者的思想,也可以是某种意念、意趣、情绪、思绪、感情、诗意、情致……总之,它是文章所包含的那个最主要的、统摄全篇的"东西"。在议论类和部分记叙类文章中,它可能是中心思想、评价、判断。在抒情类和一些记叙类的文章中,它可能是某种情感、情绪、感受。在说明类文章中,它可能是被说明的事物及其特征、功用等。

谈到主旨的作用,我们通常这样概括:"主旨是灵魂,主旨是统帅。"

主旨是灵魂。主旨的正确、深刻与否,往往是衡量文章好坏、判断文章价值高低的重要准绳。唐代诗人杜牧在《答庄充书》说:"凡文以意为主,以气为辅,以辞采章句为之兵卫。"古人说的"意"也就是我们今天所讲的主旨。主旨是文章的灵魂和生命,没有好的立意,再优美的辞藻也只能是没有灵魂的躯壳。"诗言志,词言情",写作最终是借助"辞采章句",表达心中所想、心中所感。

主旨是统帅。主旨在文章的各要素中处于纲领和统帅的地位,它决定了材料的取舍、结构的安排、详略的处理、语言的表达等,它渗透于文章的字里行间,达到无处不在的境地。没有主旨的文章,好比没有统帅的军队,只能是一盘散沙。主旨规范"总体",制约"全局",贯通首尾。

【主旨的特点】

主旨具有主观性和客观性。

主旨具有主观性。它是作者对现实生活、客观事物的看法和评价。当代作家莫言说:"作家是靠作品说话的,作家的写作不是为了哪一个党派服务的,也不是为了哪一个团体服务的,作家写作是在他良心的指引下,面对着人的命运,人的情感,然后做出判断。""作家不是为人民去写作,应该作为人民中的一员去写作。"写作是在表达作者对世界独特的认知、理解和感受,带有强烈的个人色彩。面对同样的材料,不同的作者由于气质、性格、思想、世界观、思维方式、情感体验、文化背景和时代背景的差异,可能会解读出不同的意义。例如,中国传统诗歌在表现秋天的时候往往以"悲秋"为主题,所谓"自古逢秋悲寂寥",中国诗人笔下的秋多与"萧瑟""悲凉"等景况相连。如杜甫的《登高》:

> 风急天高猿啸哀,渚清沙白鸟飞回。
> 无边落木萧萧下,不尽长江滚滚来。
> 万里悲秋常作客,百年多病独登台。
> 艰难苦恨繁霜鬓,潦倒新停浊酒杯。

但西方诗人笔下的秋却与我们大相径庭。这是奥地利诗人里尔克的《秋日》:

> 主呵,是时候了。夏天盛极一时。
> 把你的阴影置于日暮上,
> 让风吹过牧场。
>
> 让枝头最后的果实饱满,
> 再给两天南方的好天气,
> 催它们成熟,
> 把最后的甘甜压进浓酒。
>
> 谁此时没有房子,就不必建造,
> 谁此时孤独,就永远孤独,
> 就醒来,读书,写长长的信,
> 在林荫路上不停地徘徊,
> 落叶纷飞。

同样是秋天，同样是漂泊感和孤独感，与《登高》中那个沉郁悲凉的杜甫不同，里尔克的漂泊充满激情。

主旨又具有客观性。这是由于主旨根基于材料，一定的材料总是蕴含着一定的客观实在的意义。比如，对鲁迅的小说，虽然不同时代与文化背景的读者会有不同的解读，但其中所蕴含的"具有现代意识的中国知识分子反对封建文化传统，争取人的解放和民族的解放"的意义是客观存在的，不因时代、意识形态、文化背景的变迁而变化。

【主旨的要求】

主旨要正确、深刻、集中、新颖。

主旨要正确。文章、作品反映客观事物和主观意识应当没有偏颇和错讹，符合客观事物本来面貌，或能引人向上，或能陶冶性情。当代作家莫言在接受采访时说，他要用他的故事来歌颂真善美，揭露和鞭挞假恶丑。由于各类文章的功能不同，主旨正确往往表现为不同的含义，如记叙类文章和文学作品，一般表现为某种正确的思想、健康的情感或审美的价值；大部分议论文，一般表现为正确的观点和主张，或体现某种客观的真理；而说明文和科学论文，则大多表现为某种科学的信息和事物的规律。

主旨要深刻。正确不一定深刻，主旨深刻是作品质量的重要因素。所谓深刻是指文章要挖掘事物本质，展现作者最深层的经验。2007年的诺贝尔文学奖得主多丽丝·莱辛说："当你诚实的分享某种你的深层体验时，它就会触动读者……"。多丽丝·莱辛所谓的"深层体验"即指作者在现实生活中的某种深刻认识。

主旨要集中。文章无论短长，都只能有一个主旨，只表达一个中心或只论述一个基本观点。清代文学家刘熙载说："凡做一篇文，其用意俱要可以一言蔽之。扩之则为千万言，约之则为一言，所谓主脑者是也。"可见主旨需要高度集中。但对一些多线索并行的长篇小说，可能在正主旨之外，还存在副主旨。要使主旨集中，关键在于写作的目的要单纯，即一篇文章只有一个目的、一个意图。这就要求在动笔之前，对所选用的写作材料进行认真的分析和开掘。从材料中提取出本质相通、意义接近的思想，并以此作为文章的核心，贯穿到底。这样，才有可能最大限度地达到写作目的，使文章发挥出较大的社会作用。尤其是初学写作的人更应该先从单一主题入手，就一个问题、一个倾向、一个观点、一种态度进行描述或议论。

主旨要新颖。主旨要具有创新性，要不步前人后尘，不落窠臼，不写人人笔下皆有的东西。清代剧作家李渔说："新也者，天下事物之美称也。而文章一道，较之他物，尤加倍焉。"

【主旨的形成】

作品的主旨，是作者通过一定的生活体验、知识积累和反复思考，所形成的基本观点或见解。主旨的形成过程一般有以下三种情况。

一、广泛采集，研究得之

在写作任务确定以后，作者可以采用调查、采访、实验、考察文献检索等方法采集素材，之后对各种材料进行分析、综合、归纳和整理，探求其中蕴含的意义，并形成主旨。生物学家达尔文酝酿学术论著《物种起源》，苦心研究了23年才最终形成其主题，自然界里生物的进化是以存优汰劣的自然选择为基础的。达尔文说："无论我观察到什么，都感受到一种想理解和说明一切的强烈愿望。"

当代作家莫言在《我为什么要写〈红高粱家族〉》中谈道：在一次文学创作讨论会上，作者当众夸下海口："小说家的创作不是要复制历史，那是历史学家的任务。小说家写战争——人类历史进程中这一愚昧现象，他所要表现的是战争对人的灵魂扭曲或者人性在战争中的变异。从这个意义上讲，即便没有经历过战争的人，也可以写战争。""为了证明自己观点的正确，我必须马上动笔，写一部战争小说。"之后，作者首先浏览了"文革"以前战争题材的小说和电影，接着又调查了自己家乡抗战时期的史实，最终形成了自己独特的构思："战争无非是作家写作时借用的一个环境，利用这个环境来表现人在特定条件下感情所发生的变化。"

二、长期积累，孕育得之

正确、深刻、具有创见性的主旨，往往是作者长期积累，认真思考的结果。当代作家余华说："只有写作，不停地写作才能使内心敞开，才能使自己置身于发现之中，就像日出的光芒照亮了黑暗，灵感这时候才会突然来到。"余华所说的"不停地写作"的过程，正是积累、思考和孕育的过程。

高晓声在谈及创作《陈奂生上城》的体会时说，他在农村生活了二十多年，陈奂生的材料，也不是有意去搜集的。和李顺大一样，是时时处处听到、碰到的，而且反复不断地加深着印象，觉得他的遭遇有普通意义。曹雪芹创作《红楼梦》，托尔斯泰创作《复活》都是经过多年的积累而写成的。

三、灵感触发，顿悟得之

当某种素材所显示的意义与作者内心需求相吻合的时候，灵感便诞生了。灵感仿佛一根导火索点燃了你内心潜在的记忆、经验和情感。灵感的产生看似偶然，实则必然，它是内心情感、经验积累到一定程度的产物。剧作家曹禺说："有时候,我被一个人或一件事所震动,在心里激起一种想写的欲望,这大概就是所说的灵感吧。"当代作家王汶石说："作家在生活阅历中,积累了大大小小数也数不清的人和事,经验和积累了各种情感,产生和积累了丰富的生活思想（这最重要的一点常被初学者忽视）,它们像燃料似的保存在作家的记忆里和情感里,就像石油储存在油库里一样,直到某一天,往往由于某一个偶然的机遇（比如听了一个报告,碰到某一个人,和某人的几句闲谈,甚至于只是到了一个新地方或旧地重游,等等）,忽然得到了启发（人们通常把这叫作灵感）,它就像一只擦亮了的火柴投到油料库里,一切需用的生活记忆都燃烧了起来,一切细节都忽然发亮,互不相关的事物,在一条红线上联系了起来,分散在各处的生活细节,向一个焦点上集中凝结,在联系和聚集的过程中,有的上前来,有的退后去,有的又消失,有的又出现,而且互相调换位置,有的从开头跑到末尾,有的从末尾跑到中腰……"王汶石将这种"忽然得到的启发"（灵感）比作擦亮了的火柴,它激活你潜在的记忆、情感和思想,形成文章的主旨。王汶石所讲述的这个过程正是灵感顿悟的过程。

主旨的形成依赖于作者在生活中的积累、思索、调查、研究,当积累到达一定的程度,一个偶然的契机下,我们被某件事触发,豁然开朗,灵感到来,主旨形成,文思泉涌。

【推荐阅读】

  1. 汪曾祺,《职业》。
  2. 汪曾祺,《职业》自赏。

【思考练习】

  1. 请举例阐释"主旨是灵魂,主旨是统帅"的含义。
  2. 如何理解主旨具有主观性?
  3. 请举例说明主旨具有客观性。

【拓展延伸】

  1. 从下列词语中选出三个关键词,展开想象,找到词与词之间的关系;写一段话,这段话中要包含你所选择的三个关键词,并带有一定的隐喻色彩,蕴含一定的哲理。

  路／时间／鞋
  旅程／福佑／蜗居
  林间小道／饥饿／灵魂
  目标／冰／渴望

2. 请从以下材料中提炼出三个切合材料的、深刻、新颖的主旨。

　　一次在取汽车钥匙时，李嘉诚不慎掉落了一枚 2 元硬币。硬币滚到车底，如果车一开动，就会掉入下水道。李嘉诚及时蹲下拾取。一名印度籍值班员见到了，立即代他拾起。李嘉诚给了他 100 元的酬谢。李嘉诚对此的解释是："如果我不拾这 2 元钱，这钱便会从世上消失。而 100 元给了值班，值班便可将之用去。我觉得钱可以用，但不可以浪费。"

3. 请同学们自行阅读莫言获得诺贝尔文学奖以后在瑞典斯德哥尔摩所做的演讲《讲故事的人》的结尾部分，作者用三个小故事隐晦地表达了得奖后对外界诋毁的看法，请提炼这三个小故事的主旨。

第三节　结构

【内容概述】

　　结构，指文章的组织形式和内部构造，结构是文章的骨架，结构服从主旨的需要，主旨也必须借助结构得以充分地表达。文章的结构应当完整和谐、严谨自然又曲折变化。结构的主要环节包括理顺线索和组织顺序。此外，我们还要考虑文章的前后统贯，首尾圆合，这个环节包括过渡与照应，开头与结尾。

【结构的含义】

　　结构，指文章的组织形式和内部构造，也叫"布局""格局"或谋篇。刘勰在《文心雕龙》中对结构的作用有这样的论述："何谓附会？谓总文理，统首尾，定与夺，合涯际，弥纶一篇，使杂而不越者也。若筑室之须基构，裁衣之待缝缉矣。"结构使文章内容统一，使材料连缀成一个统一的整体。

　　主旨是文章的灵魂，材料是文章的血肉，结构就是文章的骨架。确立了正确的主旨，选定了典型的材料，还不能构成文章。如果不能按照清晰的思路将材料有条理地组织起来，材料只是散沙乱石，而不是房屋建筑。日本作家小林多喜二说："正如'结构'两个字的字间含义是盖房子一样，不管你的材料有多么优良，不管你的目的有多么高尚，如果盖得不好，摇摇晃晃，结果是毫无用场的。"① 可见，结构与立意、选材的关系是相互依存，密不可分的。结构要服从主旨的需要，为表现主旨服务，同时，主旨也必须借助结构才能得以充分地表达。主旨、材料属于内容的范畴，结构则属于形式的范畴。别林斯基说："没有内容的形式或没有形式的内容，都是不能存在的。"② 黑格尔指出："内容和完全适合内容的形式达到独立完整的统一，因而形成一种自由的整体，这就是艺术的中心。"③

【 结构的要求 】

一、完整和谐

一篇文章或作品，应当是高度统一的有机整体，要求布局和谐、完整匀称。文章的开头、结尾，各个层次、段落既相对独立，又相互依存不可分割。茅盾说："既然是架子，总得前、后、上、下都是匀称的，平衡的，而且是有机性的。匀称是指架子的局部美和整体美。"④ 如果结构中出现割裂、疏漏、顾此失彼或残缺破碎，都会影响文章的整体美，使文章失去和谐感。结构要讲究剪裁，要分清主次，详略得当。

二、严谨自然

严谨，指的是结构布局的精严细密，无懈可击，体现在思想上和组织上严密。自然，指的是结构布局的顺理成章，没有刀砍斧削、生搬硬套、牵强附会的痕迹。正如苏轼在《文说》中所说："吾文如万斛泉涌，不择地而出。在平地，滔滔汩汩，虽一日千里无难。及其与山石曲折，随物赋形而不可知也。所可知者，常行于所当行，常止于不可不止，如是而已矣。" 如风行水上，自然成文。例如余光中的《乡愁》，四个段落构成回环往复的旋律，严谨自然，完整和谐，表达了作者深沉的忧思。

> 小时候
> 乡愁是一枚小小的邮票
> 我在这头

---

① 小林多喜二：《小林多喜二选集》，人民文学出版社，1958，第68页。
② 别林斯基：《别林斯基文学论文选》，上海译文出版社，2000，第125页。
③ 黑格尔：《美学》第二卷，江苏人民出版社，2011，第46页。
④ 茅盾：《茅盾论创作》，上海文艺出版社，1980，第178页。

母亲在那头；

长大后
乡愁是一张窄窄的船票
我在这头
新娘在那头；

后来呵
乡愁是一方矮矮的坟墓
我在外头
母亲在里头；

而现在
乡愁是一湾浅浅的海峡
我在这头
大陆在那头。

三、曲折变化

文章结构如同音乐一样，要有曲折变化。朱熹说过："文须错综见意，曲折生态。"结构曲折变化是表现形式美的一个重要方面。

利用节奏的快慢曲直形成的基调与变化，可以加强作品的感染力。节奏感可以利用布局的变化、材料安排的疏密、不同场面的错落出现、描写景物的浓淡、表达方法的转换和多种句式变化等方面来体现。

【结构的主要环节】

一、理顺线索

文章或作品中将全部材料贯穿为一个有机整体的内在脉络称为线索。线索如同链条一样，将文章所要表现的人、事、景、物联系统一起来。我们要从复杂的材料中选最能体现客观对象本质联系的事物作线索，这样才能使文章的结构脉络贯通，头绪清楚。刘熙载在《艺概·文概》中说："唯能线索在手，则错综变化，唯吾所施。"线索正是表现主题的轨迹。如果理不出线索，结构就会混乱，主题也难以表现。文章的线索常见的有以下几种：

1. 以中心事件为线索

叙事型作品常常以事件为中心。例如何建明的报告文学作品《中国高考报告》，围绕高考这一中心事件，串联起社会、家庭、学校、学子等方方面面的材料，表现全社会对高考病态的狂热与焦虑。

2. 以人为线索

叙事型作品中以人物为线索也很常见。例如余秋雨的《遥远的绝响》，以"竹林七贤"为线索展现一个时代的风姿。

3. 以物为线索

如史铁生的《我与地坛》，以地坛公园为线索，表现人生的绝望与超越。唐敏的《女孩子的花》以水仙花为线索表达自己的爱情观。

4. 以情感为线索

例如朱自清的《荷塘月色》、席慕蓉的《透明的哀伤》皆是以情感、心绪为线索。

5. 复线或多线

也有一些作品多线或双线并行。例如古典长篇小说《红楼梦》中，"家亡"与"人散"两条线索交织并行，贯穿全篇。

二、组织有序

文章是由若干部分组合成的一个整体，材料按什么方式进行组合安排，实际上是个顺序问题。材料从头至尾怎样组合，也就是段落、层次的安排与衔接的问题。

段落，这里指自然段，是组成文章最基本的独立单位，它具有明显的换行标志。段落反映出作者在行文中的间歇与停顿，在内容上表现出文章逐步展开的步骤，在形式上显示出文章最基本单位的组织次序。每个自然段表达的内容要单一、完整。段与段之间既相对独立，又有一定的内在联系。

层次，指的是文章表达客观事理的意义单位和表现次序，反映了作者思维活动的进程。一般来说，一个层次，也就是通常所说的"部分""大段"，常由若干段落（即自然段）构成，因此，层次衔接的次序也就是文章的组合顺序。所谓文章的总体布局，指的就是通篇层次的安排组合，这是结构文章中关键的一环。常用的安排层次的方式，即结构方式有以下几种：

1. 时间顺序

写人记事离不开时间观念，按照客观事物发生、发展和结束的过程，以时间推移的顺序来安排结构，是叙事类文章或作品常用的结构方式。例如王安忆的小说《叔叔的故事》,选择了主人公人生的三个阶段:20世纪50年代被打成"右派";80年代初重新写作,成为年轻作家的偶像;80年代中期以后,年轻作家崛起,新的写作方式和理念风行,无法适应新时代的困惑与失落。按时间顺序,揭示一代中国作家的特殊经历,作品脉络清晰,有条不紊。

2. 空间顺序

这种方式随着视点、观察角度的变化,按空间方位的转换来安排层次,这种结构方式有时暗含着时间顺序,只不过不明显罢了。

沈从文的《春游颐和园》就是按空间顺序进行结构的游记散文。作者将颐和园分为五个大部分来写:进门以后的建筑群→长廊、排云殿、佛香阁→湖中孤岛景色→后山一带建筑遗址→以谐趣园为中心的建筑群,随着视点的变化一路行文,层次非常清晰。

3. 逻辑顺序

按照材料的性质分类来安排层次,是一种并列展开的横式结构。在叙事类的文章中,可以不同的人或事并列,相并列的各部分必然有一定的内在联系。在议论、应用一类的文章中,这种结构方式应用更多。调查报告《扎扎实实的速度》分别从调整工业布局、发挥科技人员的作用、不断提高管理水平三个方面总结了湖北襄樊市发展工业生产的经验,也是按逻辑顺序安排层次的横式布局。

4. 认识顺序

它是以认识或感情的发展变化来安排文章的层次,多以"我"的认识发展作为线索进行结构,时间、空间观念不明显。如贾平凹的散文《丑石》,就是以"我"和乡亲对丑石的认识变化作为顺序的,对丑石,开始是嫌弃、讨厌,等到天文学家发现并搬走以后,人们都很惊奇,最后才真正认识到了丑石的价值。

5. 推进顺序

这种方式围绕中心观点安排层次,内容步步深入,递进展开多用于议论性文章。这是一种纵式结构。如苏洵的《六国论》即采用了层层深入的推进顺序展开议论。

三、统贯圆合

文章的骨架基本搭好,组合的顺序也理顺,接着就要考虑文章的前后统贯,首尾圆合,这个环节包括过渡与照应,开头与结尾。

(一)过渡和照应

1. 过渡

过渡和照应是结构中的有机组成部分之一,它是使文章联结紧凑,前后呼应的手段。

过渡指上下文之间的衔接和转换，具有搭桥接榫、承上启下的中介作用。

文章的哪些地方需要过渡呢？

(1) 内容的开合处

文章内容由总到分，或由分到合时需要过渡。如胡耀邦的《坚持两分法，更上一层楼》，是对电影界的一篇讲话。文章在肯定电影界取得的成绩的同时，指出个别作品、个别同志还存在着比较严重的缺点和错误，"主要的问题无非是两条"，然后从两方面进行分叙，这是由总到分。末尾，文章写道："总之，为着我们国家的利益，人民的利益，我们一定要振作精神，奋发图强，准备进行持久而艰苦的努力。"这是由分到合。

(2) 内容的转换处

文章的内容由一层意思转入另一层意思，这两个相邻层次、相邻段落之间需要过渡。如王英琦的散文《有一个小镇》，写了三个人物。文章在回忆了徐大爷之后，转入第二个人物时是这样过渡的："我的朝天小辫子长得长了，大表嫂硬把我带到小镇上一个叫二秃子的家去剪"，很自然地转到二秃子这个人。二秃子写完之后，又插入一个过渡段："负疚的心情使我一连数日没有去二秃子那里，这期间却和小梅——一位比我小两岁，俊眉秀眼卖五香豆的小姑娘成了莫逆之交。"巧妙地过渡到写第三个人物——小梅姑娘。两次过渡，自然、巧妙。

叙述方式变换时也需要过渡。如，由倒叙转顺序，由顺叙转插叙时往往靠过渡实行转换。

如臧克家的《老舍永在》，开头写悼念老舍被迫害至死的悲愤心情，接着用"他不在我们眼前，却永远在我们心上"两句话过渡到对老舍先生的回忆，接着叙说了与老舍几十年的交往，由议论抒情转入叙述描写。

2. 照应

照应是指文章的前后呼应、关照。李渔在《闲情偶寄》中说："每编一折，必前顾数折，后顾数折，顾前者欲其照应，顾后者欲其埋伏。"这段话对一般文章也是适用的。讲究照应，文章前面要做好交代，或埋下伏笔；这样才能前后贯通，使文章内容严谨。

照应的两种方式：

(1) 上下文照应

如陆文夫的小说《小贩世家》中，多次出现小贩朱源达挑馄饨担子时用的竹梆子，这个竹梆子作为穿缀物贯穿小说始终，前后多次照应，它既联系着人物命运的变化，又使小说的结构更加紧凑。

(2) 首尾照应

如萧红的散文《春意挂上了树梢》开头处写道："三月花还没有开，人们嗅不到花香"，结尾处写道："夜的街，树枝上嫩绿的芽子看不见，是冬天吧？是秋天吧？但快乐的人们，不问四季总是快乐；哀哭的人们，不问四季也总是哀哭！"既点明主旨又照应开头。

（二）开头和结尾

开头和结尾是文章的有机组成部分，具有不可忽视的特殊作用。元人乔梦符有"凤头、猪肚、豹尾"之说，明谢榛在《四溟诗话》中指出："起句当如爆竹，骤响易彻，结句当如撞钟，清音有余。"都强调了开头、结尾在文章结构中的地位。

1. 开头

开头犹如戏剧的序幕，音乐的定调，目的在于抓住读者、吸引读者读完全文。我们常说万事开头难，写文章也一样，开头常常叫人费尽苦心。开头要把握两点：一是文章从什么地方开头，也就是从什么角度切入；二是如何开，用什么方法开。

常见的开头方法有以下几种：

（1）单刀直入，开门见山

开头或揭示全文内容，或交代写作动机。如《阿房宫赋》的开头："六王毕，四海一，蜀山兀，阿房出。"写出了秦统一六国的气势，阿房宫规模之宏伟，建筑之艰难。这四句开头，总领全文，紧扣题旨，开宗明义。

（2）写景抒情，渲染气氛

用描写环境和抒发情感开头，烘托渲染气氛，引出所要叙说的人和事，这是一种偏重于定调的开头。例如村上春树《挪威的森林》的开头：

我今年三十七岁。现在，我正坐在波音七四七的机舱里。这架硕大无比的飞机正穿过厚厚的乌云层往下俯冲，准备降落在汉堡机场。十一月冷洌的雨湮得大地一片雾蒙蒙的。穿着雨衣的整修工、整齐划一的机场大厦上竖着的旗、BMW 的大型广告牌，这一切的一切看来都像是法兰德斯派画里阴郁的背景。唉！又来到德国了。

阴郁的景象加上随后出现的阴郁心情，这个开头为整部作品蒙上的忧伤、低沉的色彩。

（3）奇句突起，发端突兀

这种开头奇降突起，出人意料，吸引读者非往下读不可。如张贤亮的《土牢情话》，开篇第一句写道："我震惊了：虽然我知道她没有死，但我仍然震惊了。"语言强烈而动人，将读者牢牢抓住。

2. 结尾

"头难起，尾难收"。结尾同开头一样，也是困难的。"编笆编篓，全靠收口"，结尾是写作中的最后一环，结尾的好坏对文章有相当的影响，不能虎头蛇尾。

常见的结尾方法有以下几种：

（1）归结全文，篇末点题

例如余光中《听听那冷雨》的结尾："前尘隔海。古屋不再。听听那冷雨。"既总结全文（对故土的怀念），又篇末点题。语言简洁，具有很强的收束力。

（2）抒发情怀，余味无穷

如郁达夫的散文《故都的秋》的结尾："秋天，北国的秋天，若留得住的话，我愿把寿命的三分之二折去，换得三分之一的零头。"情感真挚、深厚，回味悠长。

（3）蕴念哲理，发人深思

如雷抒雁的散文《蚕》这样结尾："从此，她便记住了这一切，她把这些告诉了子孙们：你们织的茧，得你自己去咬破！蚕，就是这样一代一代传下来。"

（4）戛然而止，干净利落

这就是我们常说的煞尾如截奔马，干脆利索。

如徐迟的散文《黄山记》，记叙游览黄山的观感，全文分四个部分，情感炽热，文采飞扬，结尾处却不枝不蔓，"这是何等的公园，这是何等的人间！"恰到好处，不需要更多的言语了。

以上是几种主要的开头和结尾方式，实际上不止这些，具体运用时，要根据主题的需要和文体的特点灵活掌握。

【艺术赏析】

推荐阅读：阿乙，《杨村的一则咒语》。

《杨村的一则咒语》表达了作者阿乙对底层现状的忧思。小说结构精妙，两条线索交织，展现出来的是那个"咒语"逐步应验的过程，隐藏起来的是对农民工在外艰难生存的理性分析，最后国峰的死成为虚幻宿命与真实宿命的交点。在这两条线索的各自发展中，作者从不经意处着笔，反映了乡村紧张的警民关系，人性的真诚与虚伪、善良与邪恶，以及这个世界的错综复杂，人情冷暖，使得情节真实而丰盈。

【思考练习】

1. 文章的线索通常有哪几种类型？请联系自己的阅读举例说明。
2. 文章的结构安排通常有哪几种顺序？请联系自己的阅读举例说明。
3. 请举例阐明文章的开头方法和结尾方法。

【推荐阅读】

[1] 张爱玲：《流言》（散文集），北京十月文艺出版社2006年版。

[2] 余秋雨：《文化苦旅》，东方出版中心2001年版。

[3] 余光中：《记忆像铁轨一样长》，山东文艺出版社1997年版。

第四节　表达方式

【内容概述】

所谓表达是用语言将构思好的文章表达出来。表达方式是文章的形式要素，表达方式主要有叙述、描写、抒情、议论和说明五种。它们分别承担着不同的表达任务。

【表达方式：叙述】

一、叙述的含义

叙述是对事物发展过程（包括人物经历、出身）的交代和陈述，它负责回答发生了什么，进行着什么和存在着什么的问题。叙述是使用频率最高、最基本的一种表达方式。记叙类文章介绍人物经历、事件经过，议论类文章提供事实依据，说明类文章介绍对象发生发展的演变过程，实用类文章介绍工作情况、工作过程，都离不开叙述。

二、叙述的种类

叙述可分为概括叙述和具体叙述。

所谓概括叙述是指对人物事件简括地介绍，只求给读者一个概要的印象。譬如，以下这段文字选自《红楼梦》第二十三回，作者概括地叙述了宝玉搬进大观园之后的闲逸生活，"读书""写字""弹琴下棋""斗草簪花"等情节自会在后文细细展开：

> 闲言少叙，且说宝玉自进园来，心满意足，再无别项可生贪求之心，每日只和姊妹丫鬟们一处，或读书，或写字，或弹琴下棋，作画吟诗，以至描鸾刺凤，斗草簪花，低吟悄唱，拆字猜枚，无所不至，倒也十分快意。

所谓具体叙述是指对人物事件进行详尽地介绍，力求给人切实生动的印象。例如：

> 宝玉又看了一回黛玉钓鱼，一回又俯在宝钗旁边说笑两句，一回又看袭人等吃

螃蟹，自己也陪他饮两口酒。袭人又剥一壳肉给他吃。黛玉放下钓竿，走至座间，拿起那乌银梅花自斟壶来，拣了一个小小的海棠冻石蕉叶杯。丫鬟看见，知他要饮酒，忙着走上来斟。黛玉道："你们只管吃去，让我自斟，这才有趣儿。"说着便斟了半盏，看时却是黄酒，因说道："我吃了一点子螃蟹，觉得心口微微的疼，须得热热的喝口烧酒。"宝玉忙道："有烧酒。"便令将那合欢花浸的酒烫一壶来。黛玉也只吃了一口便放下了。

这段文字选自《红楼梦》第三十八回。作者详尽地叙述了宝黛的一段日常生活。呈现在我们面前的是细心体贴的宝玉，精致任性的黛玉以及他们优雅富足的生活。

三、叙述的顺序

1. 顺叙

按照人物的经历或事件发生发展的先后顺序进行叙述。顺叙的好处是有头有尾、条理清楚、次序井然、明白晓畅。顺叙要注意处理好详略、主次的变化，避免写成罗列式的流水账。

2. 倒叙

把事件的结局或事件中最突出的片段提到前面来叙述。倒叙有利于制造悬念吸引读者，但应避免"故弄玄虚"，对一些事件跨度小，情节单纯的事件不宜采用倒叙。

我今年三十七岁。现在，我正坐在波音747的机舱里。这架硕大无比的飞机正穿过厚厚的乌云层往下俯冲，准备降落在汉堡机场。十一月冷冽的雨溽得大地一片雾蒙蒙的。穿着雨衣的整修工、整齐划一的机场大厦上竖着的旗、BMW的大型广告牌，这一切的一切看来都像是法兰德斯派画里阴郁的背景。唉！又来到德国了。

这时，飞机顺利着地，禁烟灯号也跟着熄灭，天花板上的扩音器中轻轻地流出BGM音乐来。正是披头士的"挪威的森林"，倒不知是由哪个乐团演奏的。一如往昔，这旋律仍旧撩动着我的情绪。不！远比过去更激烈地撩动着我、摇撼着我。

为了不叫头脑为之迸裂，我弓着身子，两手掩面，就这么一动不动。不久，一位德籍的空中小姐走了过来，用英文问我是不是不舒服，我答说不打紧，只是有点头晕而已。

"真得不要紧吗？"

"不要紧，谢谢你！"我说道。于是她带着微笑离开，这时，扩音器又放出比利乔的曲子。抬起头，我仰望飘浮在北海上空的乌云，一边思索着过去的大半辈子里，自己曾经失落了的。思索那些失落了的岁月，死去或离开了的人们，以及烟消云散了的思念。

　　在飞机完全静止下来，人们纷纷解开安全带，开始从柜子里取出手提包、外套时，我始终是待在那片草原上的。我嗅着草香、聆听鸟鸣，用肌肤感受着风。那是在一九六九年秋天，我就要满二十岁的时候。

上面这段文字是日本当代作家村上春树的《挪威的森林》的开头部分，作者以"我今年三十七岁"为时间立足点，回述十八年前的往事，是典型的倒叙。这里的倒叙制造了悬念，同时也给作品蒙上了一层忧郁感伤的色彩。

3. 插叙

在主要事件的叙述过程中插进另外有关事件的叙述。例如：

　　有班公子哥儿，家里喂了几头好马，偶然高兴出城来跑上一趟马。在这种春光明媚的时候，轻衫侧帽，扬鞭花间柳下，目击马嘶芳草的景况，那是多么快活呢！在这班公子哥儿里头，有位姓金的少爷，却是极出风头。他单名一个华字，取号燕西，现在只有一十八岁。兄弟排行，他是老四，若是姐妹兄弟一齐论起来，他又排行是第七，因此他的仆从，都称呼他一声七爷。他的父亲，是现任国务总理，而且还是一家银行里的总董。家里的银钱，每天像流水般地进来出去。所以他除了读书而外，没有一桩事是不顺心的。这天他因天气很好，起了一个早，九点多钟就起来了。在家中吃了一些点心，叫了李福、张顺、金荣、金贵四个听差，备了五匹马，主仆五人，簇拥着出了西直门，向颐和园而来。

上文是张恨水的《金粉世家》中的一段，在叙述的过程中，作者插入了一段对金燕西家世背景的介绍。

4. 补叙

在叙述中或叙述的末尾，对情况或事件作某种解释、说明或交代。补叙是一种具有特殊作用的插叙。补叙可以补充、丰富、深化原叙述，使之更为严密、圆合，具有立体感。补叙应紧扣前文，文字简洁。下文节选自一则消息，在叙述的过程中，作者补叙了事件原因：

　　【晨报广州专讯】"20、40、80……"前日，在深圳航空公司由深圳飞往乌鲁木齐的ＺＨ9843航班上，空姐临时充当拍卖师，不断地重复着旅客的竞价。原来，为了减少旅客长时间飞行而感到枯燥和疲劳，深航在长途飞行过程中推出了10元机票拍卖会。

前日，在深圳至乌鲁木齐的航班上，拍卖的是深圳至桂林的机票，全价是660元，拍卖之日起旅客在一年之内可以使用。……

平叙，即对同时发生的多件事进行分别的、平列的叙述。传统说法叫作"花开两朵，各表一枝"。平叙便于叙述纷繁复杂、同时并进的事件。

四、叙述视角

文章里的叙述视角通常有这样几种：第一人称视角、第三人称视角、一三人称交叉视角、第二人称视角。

1. 第一人称视角

讲述"我"或"我们"经历的事件或见闻。在非虚构类文章中，这个"我"，一般是作者自己。但在虚构性作品中，"我"通常不是作者自己，而是作品中的一个人物。例如："我正坐在电脑前打字，突然，我听到一个奇怪的声音，我站起身来，想去看个究竟……"这个叫作"我"的人物正在讲述故事，他是人物，同时也是叙述者。使用"我"作为视角讲述故事，容易造成一种与人物关系密切的感觉，而且对作者和读者均是如此。

2. 第三人称视角

从旁观者的视角出发，叙述"他"或"他们"的事。例如："他正坐在电脑前打字，突然，他听到一个奇怪的声音，他站起身来，想去看个究竟……"叙述者不出现在作品中，而是作为一个"全知全能"的旁观者讲述事件。因此，第三人称视角也被称为"全知"视角。第三人称视角在叙述上比第一人称视角更为自由。

3. 一、三人称交叉视角

有些作品，视角在第一和第三人称之间转换。例如：

一九三九年古历八月初九，我父亲这个土匪种十四岁多一点。他跟着后来名满天下的传奇英雄余占鳌司令的队伍去胶平公路伏击日本人的汽车队。奶奶披着夹袄，送他们到村头。余司令说："立住吧。"奶奶就立住了。奶奶对我父亲说："豆官，听你干爹的话。"父亲没吱声，他看着奶奶高大的身躯，嗅着奶奶的夹袄里散出的热烘烘的香味，突然感到凉气逼人，他打了一个颤，肚子咕噜噜响一阵。余司令拍了一下父亲的头，说："走，干儿。"

天地混沌，景物影影绰绰，队伍的杂沓脚步声已响出很远。父亲眼前挂着蓝白色的雾幔，挡住他的视线，只闻队伍脚步声，不见队伍形和影。父亲紧紧扯住余司令的衣角，双腿快速挪动。奶奶像岸愈离愈远，雾像海水愈近愈汹涌，父亲抓住余司令，就像抓住一条船舷。

父亲就这样奔向了耸立在故乡通红的高粱地里属于他的那块无字的青石墓碑。他的坟头上已经枯草瑟瑟，曾经有一个光屁股的男孩牵着一只雪白的山羊来到这里，山羊不紧不忙地啃着坟头上的草，男孩子站在墓碑上，怒气冲冲地撒上一泡尿，然后放声高唱：高粱红了——日本来了——同胞们准备好——开始开炮——

这是莫言《红高粱》的开头部分。虽然在作品中出现了第一人称代词"我"，但是这段仍然是第三人称视角，作者站在旁观者的角度，讲述"祖辈"的传奇经历。之后作者开始转换视角：

有人说这个放羊的男孩就是我，我不知道是不是我。我曾经对高密东北乡极端热爱，曾经对高密东北乡极端仇恨，长大后努力学习马克思主义，我终于悟到：高密东北乡无疑是地球上最美丽最丑陋、最超脱最世俗、最圣洁最龌龊、最英雄好汉最王八蛋、最能喝酒最能爱的地方。生存在这块土地上的我的父老乡亲们，喜食高粱，每年都大量种植。八月深秋，无边无际的高粱红成汪洋的血海。高粱高密辉煌，高粱凄婉可人，高粱爱情激荡。秋风苍凉，阳光很旺，瓦蓝的天上游荡着一朵朵丰满的白云，高粱上滑动着一朵朵丰满的白云的紫红色影子。一队队暗红色的人在高粱棵子里穿梭拉网，几十年如一日。他们杀人越货，精忠报国，他们演出过一幕幕英勇悲壮的舞剧，使我们这些活着的不肖子孙相形见绌，在进步的同时，我真切感到种的退化。

在这一段中，作者很自然地过渡到了第一人称视角。让作为后辈的"我"站出来发表感想，表述对祖先以及高密东北乡的理解和情感。这种一、三人称交叉叙事的方式，既方便了作者的叙述，又能带给读者亲近感和真实感。

4. 第二人称视角

使用"你"进行叙述。例如："你正坐在电脑前打字，突然，你听到一个奇怪的声音，你站起身来，想去看个究竟……"使用"你"能让读者更多地感觉到自己参与到了事件中。但第二人称的使用也有风险，它可能会让读者觉得作者咄咄逼人，过于强势。第二人称视角不太常用。下面是中国台湾作家龙应台的《中国人，你为什么不生气》，这篇文章在有些段落使用了第二人称视角：

> 我看见摊贩占据着你家的骑楼，在那儿烧火洗锅，使走廊垢上一层厚厚的油污，腐臭的菜叶塞在墙角。半夜里，吃客喝酒猜拳作乐，吵得鸡犬不宁。
> 你为什么不生气？你为什么不跟他说"滚蛋"？
> 哎呀！不敢呀！这些摊贩都是流氓，会动刀子的。
> 那么为什么不找警察呢？
> 警察跟摊贩相熟，报了也没有用；到时候若曝了光，那才真惹祸上门了。
> 所以呢？
> 所以忍呀！反正中国人讲忍耐！你耸耸肩、摇摇头！
> 在一个法治上轨道的社会里，人是有权利生气的。受折磨的你首先应该双手叉腰，很愤怒地对摊贩说："请你滚蛋！"他们不走，就请警察来。若发觉警察与小贩有勾结——那更严重。这一团怒火应该往上烧，烧到警察肃清纪律为止，烧到摊贩离开你家为止。可是你什么都不做；畏缩地把门窗关上，耸耸肩、摇摇头！（本文源自豆瓣网）

【表达方式：描写】

一、描写的含义

描写是把客观事物具体形状、情态描绘出来，再现给读者的一种表达方式，它重在形状情态的再现、刻画，经常与叙述结合使用。

二、描写的种类

依据描写的对象不同，通常把描写分为人物描写、环境描写、场面描写、细节描写。

1. 人物描写

人物描写即对人物进行描写。人物描写又可分为肖像描写、行动描写、言语描写、心理描写。

（1）肖像描写是对人物外部形态，包括容貌、体态、神情、衣饰的描写。肖像描写要抓住人物主要特征,不要巨细无遗、面面俱到,写"形"更要写"神",要通过肖像的刻画揭示出人物的身份、性格、遭遇。下文是《围城》里对苏文纨的一段肖像描写:

> 那个戴太阳眼镜、身上摊本小说的女人,衣服极斯文讲究。皮肤在东方人里,要算得白,可惜这白色不顶新鲜,带些干滞。她去掉了黑眼镜,眉清目秀,只是嘴唇嫌薄,擦了口红还不够丰厚。假使她从帆布躺椅上站起来,会见得身段瘦削,也许轮廓的线条太硬,像方头钢笔划成的,年龄看上去有二十五六,不过新派女人的年龄好比旧式女人婚帖上的年庚,需要考订学家所谓外证据来断定真确性,本身是看不出的。

(2) 行动描写是对人物行为、举止、动作的描写。行动描写是刻画人物的主要手段,通过行动描写我们可以揭示人物的心理状态及性格特征。

(3) 言语描写,即对人物的语言进行描写,包括对话和独白。"言为心声",好的语言描写不仅能交代故事情节,渲染环境气氛,而且还能再现人物动作情态,揭示人物思想性格。下文是《红楼梦》第二十回中的一段对话:

> 湘云道:"他再不放人一点儿,专会挑人。就算你比世人好,也不犯见一个打趣一个。我指出个人来,你敢挑他,我就服你。"黛玉便问:"是谁?"湘云道:"你敢挑宝姐姐的短处,就算你是个好的。"黛玉听了冷笑道:"我当是谁,原来是他。我可哪里敢挑他呢?"

简单的几句对话,一段小儿女间的斗嘴,将三个女孩子(黛玉、湘云、宝钗)的关系,黛玉和湘云的个性都展现在读者面前,生动有趣,如闻其声,如见其形。

(4) 心理描写,即对人物内心世界和思想活动的描绘、展示。心理描写可以把笔触直接深入人物内心,描述人物多层面的意识活动。常用以下几种手法:

① 心理剖析。作者以旁观者的视角介入式地对人物心理活动进行客观描述。如小说《围城》中对方鸿渐失恋之后的心理描写:

> "那最好!不要提起我,不要提起我。"鸿渐嘴里机械地说着,心里仿佛黑牢里的禁锢者摸索着一根火柴,刚划亮,火柴就熄了,眼前没看清的一片又滑回黑暗里。譬如黑夜里两条船相迎擦过,一个在这条船上,瞥见对面船舱的灯光里正是自己梦寐不忘的脸,没来得及叫唤,彼此早距离远了。这一刹那的接近,反见得暌隔的渺茫。鸿渐这时只暗恨辛楣糊涂。

② 内心独白。即以第一人称说出自己的心里话,直接袒露内心。例如话剧《雷雨》中周蘩漪的这段独白:

> 周蘩漪(把窗户打开,吸一口气,自语)热极了,闷极了,这里真是再也不能住的。我希望我今天变成火山的口,热烈烈地冒一次,什么我都烧个干净,那时我就再掉在冰川里,冻成死灰,一生只热热地烧一次,也就算够了。我过去的是完了,希望大概也是死了的。哼,什么我都预备好了,来吧,恨我的人,来吧,叫我失望的人,叫我忌妒的人,都来吧,我在等候着你们。

③ 梦境幻觉。梦幻是现实生活在人类深层心理镜面上的折射,是经过伪装的潜意识。梦幻内容看似虚幻荒诞,却是开启人类潜意识大门的钥匙。借助对梦幻的描绘,我们可以抵达人类意识的深处。如残雪的《山上的小屋》将现实和梦幻加以混淆,创造出一个梦魇般的世界,以此对应人物焦灼、孤独、痛苦的内心世界:

> 在我家屋后的荒山上,有一座木板搭起来的小屋。
> 我每天都在家中清理抽屉。当我不清理抽屉的时候,我坐在围椅里,把双手平放在膝头上,听见呼啸声。是北风在凶猛地抽打小屋杉木皮搭成的屋顶,狼的嗥叫在山谷里回荡。
> "抽屉永生永世也清理不好,哼。"妈妈说,朝我做出一个虚伪的笑容。
> "所有的人的耳朵都出了毛病。"我憋着一口气说下去,"月光下,有那么多的小偷在我们这栋房子周围徘徊。我打开灯,看见窗子上被人用手指捅出数不清的洞眼。隔壁房里,你和父亲的鼾声格外沉重,震得瓶瓶罐罐在碗柜里跳跃出来。我蹬了一脚床板,侧转肿大的头,听见那个被反锁在小屋里的人暴怒地撞着木板门,声音一直持续到天亮。"

那个被困在"山上的小屋"里的人正是作者自己的灵魂,而永生永世也清理不好的抽屉则象征着永远杂乱无章、不被尊重的人生。

2. 环境描写

包括自然环境描写和社会环境描写。自然风景是人类重要的审美对象,无论诗歌或散文皆可单独成篇。如唐代张志和的《渔歌子》:

> 西塞山前白鹭飞,桃花流水鳜鱼肥。青箬笠,绿蓑衣,斜风细雨不须归。

小说中的自然环境描写常常成为故事的衣装,情节的有机组成部分。如老舍在《怎样写小说》里谈道：

> 我们写风景也并不是专为了美，而是为加重故事的情调，风景是故事的衣装，正好似寡妇穿青衣，少女穿红裤，我们的风景要与故事人物相配备——使悲欢离合各得其动心的场所。小说中一草一木一虫一鸟都须有它的存在的意义。一个迷信神鬼的人，听了一声鸦啼，便要不快。一个多感的人看见一片落叶，便要落泪。明乎此，我们才能随时随地地搜取材料，准备应用。当描写的时候，才能大至人生的意义，小至一虫一蝶，随手拾来，皆成妙趣。

社会环境描写是对人物活动和事件展开的时代背景和人物生活环境的描写。如汪曾祺《受戒》中对民国时代的江南小城的描绘：

> 过了一个湖。好大一个湖！穿过一个县城。县城真热闹：官盐店，税务局，肉铺里挂着成边的猪，一个驴子在磨芝麻，满街都是小磨香油的香味，布店，卖茉莉粉、梳头油的什么斋，卖绒花的，卖丝线的，打把式卖膏药的，吹糖人的，耍蛇的……他什么都想看看。舅舅一劲地推他："快走！快走！"

3. 场面描写

场面描写即对特定时空条件下人物活动的总体描绘。场面描写要注意两个问题：一是处理好"点"和"面"的关系，既要突出重点人物，又要顾及整体状况；二是要安排好描写顺序，或以空间位移进行视觉扫描，或以时间先后表现感知过程。要做到层次分明，条理清晰。如《红楼梦》第四十回，贾母在大观园宴请刘姥姥时的场面：

> 贾母这边说声"请"，刘姥姥便站起身来，高声说道："老刘，老刘，食量大似牛，吃一个老母猪不抬头。"自己却鼓着腮不语。众人先是发怔，后来一听，上上下下都哈哈的大笑起来。史湘云撑不住，一口饭都喷了出来；林黛玉笑岔了气，伏着桌子嗳哟；宝玉早滚到贾母怀里，贾母笑得搂着宝玉叫"心肝"；王夫人笑得用手指着凤姐儿，只说不出话来；薛姨妈也撑不住，口里茶喷了探春一裙子；探春手里的饭碗都合在迎春身上；惜春离了座位，拉着他奶母叫揉一揉肠子。地下的无一个不弯腰屈背，也有躲出去蹲着笑去的，也有忍着笑上来替他姊妹换衣裳的，独有凤姐鸳鸯二人撑着，还只管让刘姥姥。

这段场面描写有总有分，点面结合，事多不乱，条理清晰。

三、描写的方式

1. 直接描写和间接描写

直接描写也称正面描写,是最常用的描写方法,即将笔触直接指向描写对象,正面描绘其特征状貌。

间接描写也称侧面描写,即不直接描写所要描绘的对象,而是通过对其他人或事物的变化来映衬、烘托主要描写对象。如《陌上桑》中这段对秦罗敷惊人美貌的描写,即采用了间接描写的方法:

> 行者见罗敷,下担捋髭须。
> 少年见罗敷,脱帽著帩头。
> 耕者忘其犁,锄者忘其锄。
> 来归相怨怒,但坐观罗敷。

2. 白描和细描

白描原为中国画技法名,指单用墨色线条勾描形象而不施彩色的画法,有时略敷淡墨作为渲染,源于古代的"白画"。借用到文学中指使用简练的笔墨,不加烘托地刻画出鲜明生动的形象。不求细致,只求传神,往往用几句话,几个动作,画龙点睛地揭示人物的精神世界。

"秃儿。驴……"阿Q历来本只在肚子里骂,没有出过声,这回因为正气忿,因为要报仇,便不由的轻轻的说出来了。

不料这秃儿却拿着一支黄漆的棍子——就是阿Q所谓哭丧棒——大踏步走了过来。阿Q在这刹那,便知道大约要打了,赶紧抽紧筋骨,耸了肩膀等候着,果然,拍的一声,似乎确凿打在自己头上了。

"我说他!"阿Q指着近旁的一个孩子,分辩说。

拍!拍拍!

在阿Q的记忆上,这大约要算是生平第二件的屈辱。幸而拍拍的响了之后,于他倒似乎完结了一件事,反而觉得轻松些,而且"忘却"这一件祖传的宝贝也发生了效力,他慢慢的走,将到酒店门口,早已有些高兴了。

这段文字以极其洗练、传神的笔法，勾勒出阿Q的愚昧可怜和假洋鬼子的飞扬跋扈。鲁迅是擅用白描手法的作者，在《作文秘诀》中鲁迅提道：

> 白描却没有秘诀。如果要说有，也不过是和障眼法反一调：有真意，去粉饰，少做作，勿卖弄而已。
>
> 我力避行文的唠叨，只要觉得够将意思传给别人了，就宁可什么陪衬拖带也没有。中国旧戏上，没有背景，新年卖给孩子看的花纸上，只有主要的几个人（但现在的花纸却多有了背景了），我深信对于我的目的，这方法是适宜的，所以我不去描写风月，对话也决不说到一大篇。

细描原指国画技法，即工笔描绘法，讲求工整、细致、纤毫毕露。后借用到文学中指对描写的事物进行逼真的、细致入微的精雕细刻。如《红楼梦》中对王熙凤相貌的描写：

> 这个人打扮与众姑娘不同，彩绣辉煌，恍若神妃仙子：头上戴着金丝八宝攒珠髻，绾着朝阳五凤挂珠钗，项上戴着赤金盘螭璎珞圈，裙边系着豆绿宫绦，双衡比目玫瑰佩，身上穿着缕金百蝶穿花大红洋缎窄袄，外罩五彩缂丝石青银鼠褂，下着翡翠撒花洋绉裙。一双丹凤三角眼，两弯柳叶吊梢眉，身量苗条，体格风骚，粉面含春威不露，丹唇未起笑先闻。

3. 客观描写和主观描写

客观描写指将主观感情降到零度，客观、写实、不动声色的描写。如刘震云《一地鸡毛》中对小林鸡毛蒜皮的琐碎生活的描写：

> 小林家一斤豆腐变馊了。一斤豆腐有五块，二两一块，这是公家副食店卖的。个体户的豆腐一斤一块，水分大，发稀，锅里炒不成团。小林每天清早六点起床，到公家副食店门口排队买豆腐。排队也不一定每天都能买到豆腐，要么排队的人多，排到，豆腐已经卖完了；要么还没排到，已经七点了，小林得离开豆腐队去赶单位的班车。

主观描写指在描写中融入个人情感或情绪，让客观景物变成个人内心情感的载体。如杜甫的诗句："感时花溅泪，恨别鸟惊心。"

【表达方式：抒情】

一、抒情的含义

抒情是指作者或文章作品中的人物主观感情的表现和抒发。好的抒情必然是真情实感的抒发，必然是发自内心的感动，不得不表达的冲动，而非虚假的情感。伟大的抒情都是伟大的真实情感之表现。

二、抒情的方式

1. 直接抒情

也称直抒胸臆，即把内心强烈的感情不加掩饰地直接表达出来。直接抒情显得朴诚真切，震憾人心，适用于抒发强烈而紧张的感情。例如李白的《将进酒》，全篇采用直接抒情的方式表达，情感强烈而直露。直接抒情有戏剧化的倾向，这种独白形式的抒情更多出现在诗歌和戏剧中。

2. 间接抒情

即不直接抒发内心的情感，而是通过叙述、议论、描写等方法抒发。间接抒情显得含蓄婉转，富有韵味，感染力强。事实上任何语言都是表现情感或情绪状态的，因此，抒情可以和任何一种表达方式相结合。

（1）叙事抒情，即抒情和叙事相结合。例如，王维的《送别》：

> 下马饮君酒，
> 问君何所之。
> 君言不得意，
> 归卧南山陲。
> 但去莫复问，
> 白云无尽时。

白云无尽，足以自乐。白云是永恒的，而眼前的喧嚣繁华却是空幻。作者借叙述表达了对归隐生活的向往，对永恒之宁静的追寻。

（2）描写抒情，即抒情和描写结合。例如，汪曾祺《受戒》的结尾部分：

英子跳到中舱，两只桨飞快地划起来，划进了芦花荡。芦花才吐新穗。紫灰色的芦穗，发着银光，软软的，滑溜溜的，像一串丝线。有的地方结了蒲棒，通红的，像一枝一枝小蜡烛。青浮萍，紫浮萍。长脚蚊子，水蜘蛛。野菱角开着四瓣的小白花。惊起一只青桩（一种水鸟），擦着芦穗，扑鲁鲁鲁飞远了。

充满生机的水乡景物，轻快的语言节奏，表达了初恋的纯净与无邪。

（3）议论抒情，即在议论中抒情，常见于议论文。在诗歌中也有应用，如北岛的《回答》：

> 卑鄙是卑鄙者的通行证，
> 高尚是高尚者的墓志铭，
> 看吧，在那镀金的天空中，
> 飘满了死者弯曲的倒影。

作者借议论抒发了对时代的愤懑和省思。将冷峻的反讽、浓郁的悲愤和炽热的感情结合在一起。

（4）说明抒情，即在说明的同时抒情。例如：

12秒91，他实现了一次伟大的跨越，100年来的记录成了身后的历史，十重栏杆不再是东方人的障碍，因为中国有刘翔，亚洲有刘翔！这个风一样的年轻人，他不断超越，永不言败，代表着一个正在加速的民族。他身披国旗，一跃站在世界面前。

这段《感动中国》的解说词，将说明和抒情结合在一起，既说明了刘翔的主要功绩，又升华了刘翔的形象。

【表达方式：议论】

一、议论的含义

议论就是摆事实、讲道理，析事论理，发表自己观点和意见的表达方式。人类的思想，来源于人类对客观世界的认识与思维，理论性思维的特点是抽象与概括。

二、论证的方法

基本的论证方法主要有以下三种：

1. 归纳论证

归纳论证即由个别到一般，用事例证明观点的论证方法。运用归纳法需要注意两点：首先，所举事例要典型；其次，要对事实加以分析。例如李斯的《谏逐客书》，首先提出观点："臣闻吏议逐客，窃以为过矣。"接着列举了秦缪公、秦孝公、秦惠王、秦昭王大胆使用客卿取得政治上的成功的史实，得出结论"由此观之，客何负于秦哉"。

2. 演绎论证

演绎论证即由一般到个别，由已知一般原理推导出个别事物的新的结论的方法。演绎法的理论依据往往来源于经典著作、科学定理以及名言警句等。

3. 类比论证

类比论证即将两类某些属性相同或相似的事物放在一起比较，从而得出结论的论证方法。其特点是从个别到个别。例如苏轼的诗句："宁可食无肉，不可居无竹。无肉令人瘦，无竹令人俗。"

除了以上三种基本论证法之外，常用论证法还有引证法、比较法、分析法、反证法、归谬法，等等。

【表达方式：说明】

一、说明的含义

说明是对客观事物进行解说或对抽象事理进行阐释的一种表达方式。说明的表达讲求科学、客观、简明、准确，切忌主观、随意。

二、说明的方法

常用说明方法有以下几种：

1. 定义说明法

用简明的语言对某一概念的本质特征作规定性说明。下定义能准确揭示事物的本质，是科技说明文常用的方法。例如："叙述是对事物发展过程（包括人物经历、出身）的交代和陈述，它负责回答发生了什么，进行着什么和存在着什么的问题。"（见本章）

2. 诠释说明法

对事物的性状、特征、成因、功用等多种属性进行概括解说的说明方法。是定义说明的具体化，常和定义说明法结合使用。

3. 分类说明法

将被说明的对象，按照一定的标准划分成不同的类别，一类一类地加以说明。

【艺术赏析】

请同学们自行阅读迟子建的《简朴生活回忆录》。这是一系列回忆20世纪70年代生活的散文,作品主要采用叙述和描写两种手法,用从容沉静、清新优美的笔调,描绘了记忆中的孩提时代的东北乡村。风格细腻、隽永,情感绵长、深沉。

【艺术赏析】

推荐阅读:法布尔,《昆虫记》。

法国作家、昆虫学家法布尔的《昆虫记》既是一部文学巨著,也是一部昆虫百科。法布尔拥有科学家的精神,"哲学家一般的思想,美术家一般的视角,文学家一般的笔触"。作者将专业知识与人生感悟熔于一炉,娓娓道来。字里行间洋溢着对生命的尊重与热爱。

【思考练习】

1. 请比较叙述与描写这两种表达方式的不同。
2. 请举例说明叙述视角的转换会带来怎样的表达效果。
3. 请列举你熟悉的论证方法和说明方法。

【拓展延伸】

1. 请模仿老舍先生的《小传》为自己写作一则小传。

　　舒舍予,字老舍,现年40岁,面黄无须。生于北平。3岁失怙,可谓无父;志学之年,帝王不存,可谓无君。无父无君,特别孝爱老母,布尔乔亚之仁未能一扫空也。幼读三百千,不求甚解。继学师范,遂奠教书匠之基。及壮,糊口四方,教书为业,甚难发财,每购奖券,以得末彩为荣,示甘于寒贱也。27岁发愤著书,科学哲学无所懂,故写小说,博大家一笑,没什么了不得。34岁结婚,今已有一男一女,均狡猾可喜。闲时喜养花,不得其法,每每有叶无花,亦不忍弃。书无所不读,全无所获并不着急,教书做事均甚认真,往往吃亏,亦不后悔。如此而已,再活40年也许能有点出息。

2. 请回忆一个你非常了解的地方,可以是你的故乡,也可以是你曾经住过的地方。想象一下那个地方是什么样子。请描写这个地方,用许多具体的细节把这个地方描写得逼真生动,让读者有身临其境之感,字数不少于200字。

3. 阅读下文,从"我的室友"的角度重述这个故事。

我的室友是一个非常小气的吝啬鬼。她从不跟大家分享任何东西。有一次，只是因为我去和一个帅哥约会时没征得她同意就穿了她最好的衣服，她就冲我疯了似的大喊大叫。当时她不在家，而那个帅哥恰好这时候约我出去，所以我穿了她的衣服，碰巧我穿着比她穿着要好看得多。我和帅哥喝得烂醉如泥，他希望大家穿着衣服游个泳。我哪好拒绝呢？所以她乏味的衣服被我弄湿了，还沾上了泥巴。她喝了点酒，现在突然变成了偏执狂，坚持说衣服无法清洗，而且彻底毁了。她居然想让我搬出去，就为了件破衣服，真是个疯子！

【推荐阅读】

[1] 汪曾祺：《受戒》，北京十月文艺出版社 2012 年版。

[2] 迟子建：《迟子建散文》，人民文学出版社 2008 年版。

[3] 法布尔：《昆虫记》，作家出版社 2004 年版。

第三章 写作语言的艺术

【本章提要】

写作与语言密不可分,一个人的写作风格是由语言体现出来的,而作者的语言表达能力也决定了作品最终的呈现效果。因此,要提高写作能力,就需要不断锤炼自己的语言表达能力。本章主要阐述了传媒工作者与写作的关系;介绍了现代汉语规范化的相关知识,并从方言使用、网络语言的使用、广告宣传标语中语言的使用等方面进行了阐述;同时也阐述了语言艺术化中语言各要素与修辞的关系,介绍了各种常见的修辞格以及修辞格的综合运用。

第一节 写作与语言

【内容概述】

语言表达能力就是运用语言材料和语言规则进行交际活动的能力。语言表达能力反映人的思维能力、人际交往能力以及性格气度。语言表达能力分为口头表达能力和书面语表达能力。会说的人常常出口成章,会写的人往往妙笔生花,能有效利用语言这一交际工具的人会更好地与人沟通,表达思想情感,展现自我的个性与魅力。写作过程的实质正是作者运用语言进行思想交流、信息传播的特殊劳动过程,因此写作与语言的关系密不可分,语言在写作过程中非常重要。而作为传媒工作者,更应该掌握语言规范化知识,并在工作中自觉运用正确规范的语言,对社会大众起到示范引导作用;同时还要掌握语言艺术化的手段,让语言更富表现力。

【语言与写作的关系】

写作能力从本质上说,就是运用语言将思维外化为文章、作品的能力。语言是作家写作的首要工具,文学是语言的艺术,作家首先是语言的艺术家。巴金的热烈奔放,老舍的幽默内敛，张爱玲的精致华丽，莫言的魔幻诡谲，这些名家都形成了极具个性特征的语言风格。写作活动经历语言的两次转化活动。第一次转化是从写作动机、写作意图转化为内部语言；第二次转化是由内部语言转化为外部语言，也就是读者所看到的写作成品。内部语言是第一次转化的结果，也是第二次转化实现的基础，起到承上启下的作用。内部语言具有简约化、跳跃性、无语法形态、生成速度快的特点，它体现了写作思维活动的过程。外部语言是写作最后的成品，它是在内部语言基础上进行的严密的、合乎逻辑的构建。从内部语言到外部语言的转化过程，需要遵循严格的语法规约，将内部语言逻辑化、序列化和丰富化，成为能够为读者理解和接受的线性语言链条。

我们一般所讲的语言即外部语言，它是对写作成果的外化，是写作成果最终的表现形式。外部语言是否完美、丰富，直接影响到写作的表达效果。有时候，写作意图相似，材料相近，构思基本一致，但外部语言的运用技能会直接影响到写作的效果和水平。请比较下面两篇关于写自传的学生习作：

范文1：吾父母皆系八十年代大学生，故家教森严，自幼喜读经史典籍，尤爱诸子墨家春秋之文。七岁初成学，攻读语数，皆知得半解，玩闹之时，已入初中。初中之时，班内尚乱，吾因身材偏胖，故始得"小胖"之号。不想心性不熟，为人怯弱，被同班之人欺辱，心伤之。故暴食以致今日之姿，吾悔矣。磕碰之间，已至高中。始善于学，得年级三甲之列。不想又被旧日之人欺辱，又因求一女不得，陷入自卑之境一年有余。期间，饭不食、眠不应、言不得、思不兴，形同废人。幸学传媒之法，方得自信，奋而好学，遂入＊＊。

范文2：我是个20岁的男孩，为什么叫男孩呢？因为我的心还是很幼小的。我是个快要成年的男人，为什么叫男人呢？因为我有男人所有的东西。

其实我自己也不是很了解自己的啦，我外表看上去永远是快乐的，内心却未必。我为很多事担心，操心、劳心、费心，甚至死心！

我觉得一个人有了痛苦才能体会快乐的存在，只有曾经的痛苦，才有如今的快乐。

人的一生可以分几个阶段吧：幼年，童年，少年，青年，成年，中年，老年。我正处于的是青年，是个少年与成年的桥梁。我回忆少年，因为少年给我带来的无比的快乐；我向往成年，因为成年了就能做许多自己愿意做的事，不再受任何人的阻止和约束。

人总要学着慢慢长大，我觉得我经历的也蛮多的了……

这两篇学生习作都是写自传的，第一篇作品模仿老舍的《老舍自传》，文字精练，语言幽默，把自己的生平简练生动地勾勒出来，作者的文字功底可见一斑。第二篇作品表达内容真实，但文字显得幼稚粗糙，语言表述不够准确，影响了整个作品的质量。可见，作者的语言表达能力决定了作品最终的呈现效果。

【传媒工作者与语言】

广播电视的优势之一是它的传播广泛性。在现代社会，听广播、看电视、刷微信已成为人们生活中不可缺少的组成部分，它占据着人们社会生活的各个空间。视听语言最能影响受众，大家收听广播，收看电视时，会有意无意地从中学习语言。他们在使用语言上发生争议时，常常会引证播音语言的用法作为依据。所以，广播电视有声语言对群众学习语言有很强的示范作用。电台、电视台的记者、编辑、播音员、节目主持人，既是信息的传播者，也是语言教育的执行者，因此，传媒工作者必须掌握语言规范化和艺术化的相关知识，才能更好地驾驭语言，引导社会大众正确使用语言。

首先，广播电视语言对社会用语具有重要影响，需要及时制定相关政策加以引导。

党和政府历来十分重视语言规范化工作，早在20世纪50年代就建立了文字改革结构，制定和颁布了一系列关于语言文字工作的决议和指示，语言文字工作者也做了大量的研究和规范工作，取得了显著成绩。为了实现语言文字的规范，国家颁发了《汉字简化方案》《汉语拼音方案》，公布了《简化字总表》《第一批异体字整理表》《现代汉语通用字表》等语言文字规范的文件。[①] 这些文件成为人们规范使用汉语言文字的标准。

语言，是媒介传播内容的载体。为了提高质量，媒体不但从采编、制作、播出等方面狠下功夫，而且十分强调广播电视的语言艺术。但一段时期以来，不规范的语言现象在广播电视中时有出现，不规范使用语音、词汇，滥用繁体字、乱造简化字、语言洋泾浜等现象呈流行、泛滥之势。提倡广播电视语言的规范，就是把社会生活中有用的信息，人民群众创造的、生动活泼的、富有生命力的语汇通过传播媒介准确地、有效地、健康地表达出来，同时避免使用未经时间检验，不科学、不准确、不文明的语言。

经全国人大常委会审议通过，从2001年1月1日起国家正式施行《国家通用语言文字法》。这是我国第一部语言文字方面的专项法律，这部法律规定了普通话和规范汉字作为国家通用语言文字的法律地位。国家机关、学校、新闻出版、广播影视、工商企业等有关部门和行业是这部法律规定的规范用语用字的重点，要从严要求，接受社会各界的监督，以带动全社会提高语言文字应用的规范化水平。作为未来的传媒人，我们有责任认真学习、宣传和贯彻、实施这部法律以及相关规定，做好汉语规范化的宣传和引导工作。

其次，传媒工作者必须掌握语言规范化知识，自觉运用正确规范的语言。

广播电视是当代最强大的传播工具，在推广普通话，促进汉语规范化的工作中，广

---

① 齐格辉：《传媒不规范语言现象批判》，《当代传播》2006年第4期。

播电视这一大众传媒发挥着极其重要的作用。传媒人——广播电视工作者既是宣传工作者，又是语言教育的执行者。广播电视有声语言对群众学习语言有很强的示范作用。电台、电视台的记者、编辑、播音员、节目主持人，既是信息的传播者，也是语言教育的执行者。至于电视里专门举办的《快乐汉语》《开心辞典》《听写大会》《成语英雄》等节目，更是直接对观众进行语言规范化教育。其他广播电视节目包括广告，也无不在客观上影响着广大受众的语言实践。广播电视里从字的读音、书写，到遣词造句，都是大家学习的对象。广播电视中出现的不规范或错误的语言现象，就会对人们尤其是广大青少年产生误导作用。

著名传媒教育者刘继南曾经接受记者采访时说，传媒具有巨大的语言影响力，在社会语言生活中发挥着主导作用。但近些年新闻传媒在语言文字的应用方面都还存在着不同程度的不规范现象。这是因为随着广播电视事业的快速发展，从业人员的数量也在不断扩大，很多没有经过专业训练的人，和一些经过了训练但各方面准备还很不充分的人都加入广播电视行业中来，这造成了语言规范方面出现了一些问题，如果不加强管理，情况还会更加严重。传媒语言的不规范现象，会直接对社会语言生活造成不良影响，因为传媒在传播信息时，也在传播语言范本和语言规范导向。如果在广播里，在屏幕中大量推销洋话、低级粗俗的话语和混乱的读音、词汇、语法，广播电视就成了语言的污染源。这就要求传媒工作者应该夯实自己的语言功底，掌握语言规范化知识，并在工作中自觉运用正确规范的语言，对社会大众起到示范引导作用；时刻关注语言生活，树立语言规范意识，实践语言政策，成为执行语言政策的楷模。

再次，传媒工作者还要掌握语言艺术化的手段，让语言更富表现力。

传媒工作者，例如播音员、主持人、记者、编导等职业与写作和语言运用密不可分，而语言的魅力有赖于语言的艺术化程度，作者需要掌握一定的语言修辞知识，把语言锤炼得更加准确贴切，更加生动形象，节目才会更富吸引力。编辑、记者、主持人都需要坚实深厚的语言功底，如今的主持人行业竞争激烈，一个只能字正腔圆地播别人写的稿子的"花瓶"主持人是不可能走太远的，媒体需要的是广博精进的全方位发展的人才，敬一丹、白岩松等都是既能说又善写的主持人。比如，敬一丹就有一个经典的修改文稿的案例：

> 原文：国务院今天发布通告，我国的人口普查从×月×日×点开始，这是我国迄今为止规模最大的一次人口普查……
>
> 改文：观众朋友，从×月×日×点开始，可能就会有人敲您的门，他们就是人口普查员，从这时起，您就参与了我国迄今为止规模最大的一次人口普查。
>
> （99个问号——敬一丹漫谈主持人）

原文是一则中规中矩的新闻六要素齐备的新闻稿子，但却是一种冷冰冰的叙述，缺乏人情味，无法很好地拉近与观众的心理距离，而改文加入了亲切的称呼，并用第二人称"您"指代观众朋友，叙事生动，亲切感油然而生，让每一位即将要参与其中的百姓感觉到温暖，这就是修辞艺术的力量。传媒工作者需要掌握语言艺术化的各种修辞手段，来丰富自己的语言表现力。

第二节　写作语言的规范化

【内容概述】

写作语言首先应该是符合现代汉语规范化标准的语言，因此，写作者需要掌握现代汉语规范化的标准，并能正确规范地运用它。本节主要阐述了现代汉语的特点，现代汉语规范化的标注，并结合案例分别从方言使用、网络语言的使用、广告宣传标语等社会语言现象的角度详细分析了语言规范化的要求。

【现代汉语】

一、现代汉语

现代汉语是现代汉民族成员使用的语言。通常有广义和狭义两种含义。广义指的是现代汉民族共同语（即普通话），和它所有的方言；狭义指的就是现代汉民族的共同语——普通话，即以北京语音为标准音、以北方话为基础方言、以典范的现代白话文著作为语法规范的现代汉民族共同语，也是我国各民族之间的主要交际语言。

方言是民族语言的地域分支，是局部地区的人们使用的语言。现代汉语的方言很复杂，大体可以分为北方、吴、湘、赣、客家、粤、闽七大方言区。

这些方言之间，不仅在语音、词汇方面存在着明显的差异，而且在语法方面也存在着一定的差异，但它们却不是独立的语言。因为这些方言和民族共同语之间在语音上有一定的对应规律，在词汇和语法方面也有许多相同之处。因此，它们只是民族共同语的地域变体。共同语是在方言的基础上加工而成的，它是高于方言的形式，为全民服务。

二、现代汉语的特点[①]

各民族的语言,在形成和发展的历史过程中,都能够产生一些自己独具的特点。

1. 语音方面

(1) 元音占优势。在汉语的音节里,可以没有辅音,但不能缺少元音。一个元音就可以构成一个音节。如:a(啊)、e(婀)等,而辅音一般不能单独构成音节。因为元音都是语言里响亮的乐音,所以现代汉语的语音具有明显的音乐性。在印欧语系的语言中,一个音节里几个辅音是可以连接在一起的。而在现代汉语中,一个音节里没有两个以上的辅音连接在一起的。因此使得汉语音节结构的形式比较整齐,音节之间的界限也比较分明。音节中元音成分比例大,使得汉语清晰响亮;元音辅音相间,则声音悦耳动听。

(2) 汉语是有声调的语言。汉语普通话的声调有阴平、阳平、上声、去声四种。而南方方言区的声调更是丰富多样,譬如粤方言的声调多达八个。因此,对那些声调比较单调的母语区的人学习汉语声调就是一大难点。汉语每个词的读音都有一定的声调,如果声调错了,说出来的意思就会改变,就不能被人理解。声调不仅可以区别词性、词义,而且可以造成高低、升降曲折的变化,平仄相间,形成抑扬顿挫的音乐美。声调的变化,使汉语具有跌宕起伏的音乐美。

2. 词汇方面

(1) 双音节词占绝对优势,并明显地具有双音化的趋势。许多古代汉语的单音节词发展演变成双音节词。如:"目"是古代汉语单音词,被现代的双音词"眼睛"所取代,自己却转变为语素,和其他语素构成新的双音词"目的、目标、目光"等。新的单音节词已经很少产生。多音节词也朝着双音节词的方向缩略。如:"中国传媒大学南广学院"简称为"南广""全国人民代表大会"简缩为"人大""奥林匹克运动会"简缩为"奥运会"等。

(2) 构词灵活多样。汉语词汇的丰富性,是由它的构词特点所决定的。汉语的构词方式主要采用复合法,词根按照句法关系构成,具体方式灵活多样,可以构成大量新词。还能用轻声、儿化、重叠等方式构成无限多的新词,生成性极强,汉语构词虽然也有派生法,但不占主要地位。

3. 语法方面

与印欧语语法相比,汉语缺乏严格意义上的形态变化,在语法方面有以下特点:

(1) 语序和虚词是表达语法关系的主要手段。汉语是分析性语言,词与词的组合,往往依靠语序与虚词来表示。汉语的语序比较固定,例如:一条广告宣传词"一切为了

[①] 徐丹辉主编:《写作与语言教程》,中国传媒大学出版社,2010,第180页。

学生,为了一切学生,为了学生一切",三句语序不同,强调的语法关系和语义关系也不尽相同。使用不同的虚词,表达的意义就不同。例如:"南京和杭州"与"南京或杭州"。前者是并列关系,后者是选择关系。

(2)语法结构具有一致性。在汉语中,语素和语素构成词,词和词组成短语,词和短语组成句子,它们的语法结构关系具有很强的一致性,都有联合、偏正、主谓、述宾、述补等基本组合关系。

(3)量词、语气词丰富。现代汉语的数词和名词组合时,中间一般都要有一个量词,而且不同的事物用不同的量词来修饰。如:"一架飞机""一把刀"。外语中虽有量词,但数量很少。汉语的量词不但数量多,使用情况复杂,而且有时如果数词与名词之间缺少了量词,还会造成不通或改变意义的情况。如:"给你一支枪""给他一把刀"中,假如省去量词,就变成了"给你一枪""给他一刀",意思发生了极大的改变。另外,除了专用的量词,汉语中还有许多借用的量词。如:"一弯月牙""一肚子学问""瞪了他两眼"中的"弯、肚子、眼"都是借用的量词,更加生动形象,富有表现力。现代汉语的语气词也很丰富,常见的语气词有"的、了、呢、吧、吗、啊"。

【现代汉语规范化】

一、现代汉语规范化的意义

汉语规范化,就是根据汉语的发展规律来确定并推广语音、词汇、语法方面的标准,以便进一步地发挥汉语的社会交际作用,促使汉语朝着健康的方向发展。

由于历史的原因,我国仍然存在着严重的方言分歧,这就削弱了汉语作为交际工具的作用,影响了信息的交流。我国宪法中明确规定:"国家推广全国通用的普通话。"这是我们的重要国策。大力推广普通话,不仅是进一步消除方言隔阂、促进各民族间交流的需要,而且也是发展科学技术、普及文化教育、适应现代经济和社会发展的需要,是提高工作效率的一项基础工程,对社会主义物质文明建设和精神文明建设具有重要意义。

推广普通话,并不是说要取消方言。作为标准语,普通话高于方言,对方言起示范作用;方言则从属于普通话,向普通话靠拢。汉语规范化不会妨害语言的发展。语言有一定的稳定性,表现在确定的规范上。语言是个动态、开放的系统,是在不断发展变化的过程中前进的。对新的变化,要根据汉语发展的内部规律来权衡取舍。有些变化是健康的发展,要让它巩固下来,成为稳定的规范;有些变化是不健康的现象,应该加以排斥。语言规范化只是为了消除语言内部分歧和混乱的现象,为汉语的健康发展扫平道路。

二、现代汉语规范化的标准

1. 语音方面以北京语音为标准音

北京话里面的土音成分不能作为标准,例如:普通话说:"论斤卖多少钱?"北京土话说:"赁斤卖多儿钱?"北京话还把"和"念成"汉"或"害"。北京话中有许多轻声、儿化音,除了一些有区别词义作用的外,也不一定全部收入普通话中。有些字的读音在北京话里有两个读音,如"教室"的"室",既可读作 shi3 声,又可以读 4 声,3 声是不规范的。北京话里这种异读字有很多,应该按照普通话审音委员会审定的音读。

2. 词汇方面以北方方言为基础

北方话词汇从 13 世纪起就随着官话和白话文学广为传播,在全国有极大的普遍性,北方话的地域最广,使用人口最多,以北方话为基础方言显然有利于共同语的发展。词汇规范必须排除北方话中过于土俗的词语,例如北京话中的"丫子"(脚)、"旮旯儿"(角落),四川的"锅盔"(烧饼)、"抄手"(馄饨)等,这些词语地方色彩太浓厚,普通话里有同义的词语可以代替,因此不应吸收到普通话词汇中来。

为了丰富普通话词汇,适应不同的语言环境和各种语体的需要,还应该从古语词和外来词中吸收富有表现力的词语。普通话也从其他方言中吸收生动鲜活的词语。如"垃圾""尴尬""噱头""瘪三""打工仔""埋单""发烧友"等。

3. 语法方面以典范的现代白话文著作为规范

"典范的现代白话文著作"指的是用现代白话文写成的现代名作。这种著作是经过优秀的作家加工的规范化语言,以这样的文章作为规范可以避免方言色彩太重的语法形式进入普通话的书面语言。普通话的语法规范,需要以具有代表性的名篇佳作中的一般用例为标准,而不是特殊用例,语法上、逻辑上的一些不合规范的说法要从普通话中清除。同时,也要排除方言语法、古代语法和外国语法的影响,如"你行先""我推他不动""你还去啊?""你有看过吗?"等方言的说法。汉语语法规范的目的是使普通话的表达方式更加完善、精密。

【方言与语言规范化】

一、方言

方言是局部地区的人们使用的语言。是民族共同语的地域分支。汉语方言大多是经历了漫长的演变过程才逐渐形成的。形成汉语方言的因素有很多,比如人口迁徙、地理阻隔、语言发展的不平衡性以及不同语言的相互接触影响等。方言虽然只在一定区域中通行,但本身都具有完整的语音结构系统、词汇结构系统和语法结构系统,能够满足本地区社会交际的需要。

二、方言与普通话的关系

方言和普通话不是相互对立，水火不容，你死我活的关系。民族共同语的形成，普通话的推广，并不以方言的消亡为前提。

一方面，民族共同语总是在一种方言的基础上形成的，同时吸收其他方言中一些有生命力的成分丰富自己，完善自己。另一方面，全国各地的汉语方言，也都渗进了一些普通话的成分，剔除了一些消极的、低俗的粗话，日益向普通话靠拢。

因此，同一个民族的各种地方方言和民族共同语，总是表现出同中有异，异中有同的语言特点。在方言地区推广普通话，并不是要消灭方言，主要是为了消除不同方言的隔阂，以利于社会交际，"推普"的任务是要使方言地区的人民不仅会说方言，还要学会说普通话。

汉语方言可以分为七大方言区：北方方言、吴方言、湘方言、赣方言、客家方言、闽方言和粤方言。

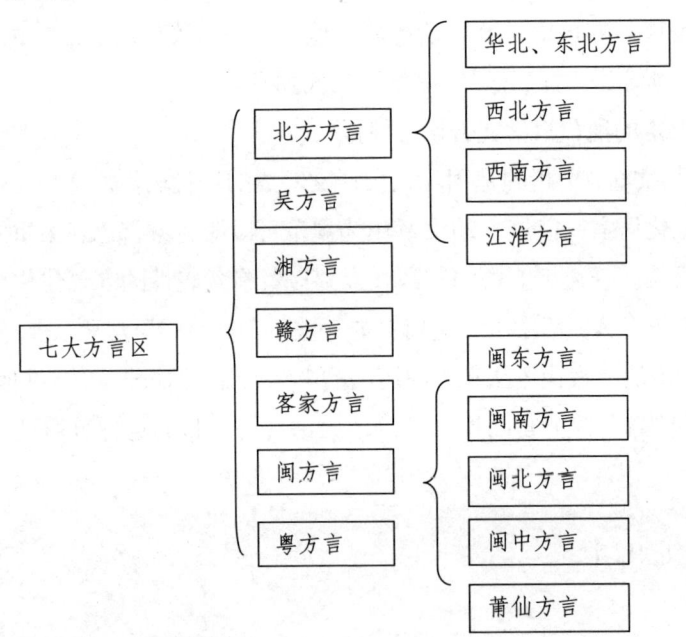

三、方言的规范化运用

1. 方言在文学作品中的运用

方言从某种意义上是民族文化和地域特色的体现。文学作品中的方言是文学作品中刻画人物、抒发情感、揭示文化的得力工具，也是一个不可小视的表现手段，更是当代语言学家研究历代语言面貌的重要依据。强调方言的文学功能和普通话的推广并不矛盾。中国现代语言计划的每一步推进都没有对方言做简单化的否定和排斥。文学史上的经典作品也总是与方言有着千丝万缕的联系。方言与普通话在创作中各有不同的审美特征和表达优势。当下的文学创作中依然可以发挥方言之长，为中国的文坛增光添彩。

老舍的《骆驼祥子》、赵树理的《小二黑结婚》、梁斌的《红旗谱》、欧阳山的《三家巷》以及沈从文、汪曾祺、林斤澜、阿城、路遥、莫言、贾平凹、陈忠实、池莉等作家的成功，重要原因之一就在于他们作品的地域文化特色。使用本地方言行文，从而带有了很强的地域色彩。经过加工提炼后的各地方言纷纷进入小说等文学体裁中，也使得白话文进入了一个异常丰富的阶段。历史上的文学作品，尤其是叙事类作品，无一例外地反映着丰富的语言文化风貌。今日的文学作品中也还有不少作家情不自禁地运用方言来表达情感、刻画人物。①

池莉正是这样一位用方言写作地域文化小说的杰出作家。她始终坚持以武汉为写作载体，把自己的视角锁定在武汉的市民阶层，关注他们生存的烦恼、困惑和无奈。在她的笔下，人物生活的场景具有浓郁的地域文化特色，对武汉人的语言、天气、饮食、性格都做了生动描绘，尽显当代武汉市民的世俗生活。表现了新写实小说家的烟火气息和世俗化倾向。以池莉的《烦恼人生》为例，逼仄的生活环境、琐碎而繁重的小事让主人公印家厚失去了男人的尊严，对妻儿朋友忍气吞声、处处忍让。比如写他半夜被儿子惊醒，被妻子鄙夷的场景：

"孩子早给摔醒了！"老婆终于能流畅地说话了，"请你走出去访一访，看哪个工作了十七年还没有分到房子，这是人住的地方？猪狗窝！这猪狗窝还是我给你搞来的！是男子汉，要老婆儿子，就该有个地方养老婆儿子！窝囊巴基的，八棍子打不出一个屁来，算什么男人！"

（池莉《烦恼人生》）

印家厚老婆数落丈夫的这段话语气语调极为泼辣，把武汉女人的急性子、直肠子表露无遗，池莉的作品中还有很多体现地域文化的方言词语，具有很强的表现力。比如：

"来双扬这个女人的算盘打得太精了，每一次送礼都掰着指头算，看看是否物有所值……吉庆街的来双扬和张所长就这样一直躲着猫猫。"

（池莉《生活秀》）

---

① 柯玲：《论方言的文学功能》，《修辞学习》2005年第5期。

这段文字描写吉庆街的来双扬和房管所的张所长在来家房产问题上的心理较量，"精"是武汉方言中精明的意思，"躲猫猫"即普通话里的"捉迷藏"的意思。再如：

"哦，行不得也哥哥。"二班长把雅丽的嗓音模仿得惟妙惟肖。"屁里屁气！"印家厚说。

（池莉《烦恼人生》）

"屁里屁气"是一句讽刺人的话，有时指"小气，小家子气"，有时指"装腔作势"，也指"娘娘腔，阴阳怪气"，但不完全等同于骂人的话，反而体现出两人关系十分亲近熟悉。这就好比武汉方言中"婊子养的"，在武汉人看来，可以用来表达生气愤懑的情绪，也可以表达欣赏喜欢的心情，所以不能以骂人低俗的标准去简单看待这些作品。

普通话是汉民族共同语，但其实大多数人所说的普通话都是带有方言特征的。但是普通话和异彩纷呈的各地方言在具体的文学作品中所占的地位和所起的作用还是有着分工上的不同。在一般的叙事作品中，语言分为叙述语言和人物语言。较多情况下，叙述语言由普通话承担。人物语言常常有一定的方言特点。在普通题材的作品中方言在交代人物身份、刻画人物深层心理、抒发细腻情感等方面比之普通话有更大的优势。因为方言是真正的来自于生活，和人们的情感有着难舍难分、天然一体的牵连。因此，作为文学语言的一种存在和表达方式，恰当地使用方言可以增强文章的地域文化特色，但也要注意在使用地域方言的同时，还要考虑到方言使用的"度"，考虑到其他区域受众对作品的接受程度以及作品的传播辐射度和影响力的问题。

2. 方言在广播电视中的运用

方言电视节目是指各个媒体，尤其是当地的广播和电视媒体，以地区为目标市场，以区域受众为主要方向，以方言这种独特的语言形式演绎的广播电视节目。它是电视节目本土化的体现。一般包括方言类新闻、方言电视剧和方言综艺节目三种类型。比较有影响力的有方言电视情景喜剧《武林外传》、方言类综艺节目湖南卫视《越策越开心》以及方言新闻杭州电视台《阿六头说新闻》等。

人们对电视节目的多样性期待是方言电视节目兴起的根本原因；方言的独特魅力和方言电视节目的优势成为方言电视节目兴起的依托；竞争是方言电视节目兴起的外部因素。它的兴起与受众需求及媒介传播的小众化，窄播化有关，有其自身的生命力和特定的受众群体，是普通话主流节目的一个补充和调剂。[①]

但是，从国家语言政策的角度来看，方言电视节目的播出引来很大的争议。2000年，

[①] 吕荣洁：《浅谈方言电视节目的现状和发展》，《东南传播》2008年第5期。

国家颁布了《中华人民共和国国家通用语言文字法》。该法对广播电视播音用语作出了明确规定：广播电台、电视台以普通话为基本的播音用语，如确实需要使用方言，必须经过国务院或省级广播电视部门的批准。作为党和国家重要的思想文化阵地和宣传舆论阵地，电视媒体应该具有较强的政治意识和法律观念，对普通话的使用问题也要站在法律的高度去认识，自觉地按照《国家通用语言文字法》来规范电视节目制作。

那么，方言电视节目和普通话推广是不是非此即彼的矛盾体呢？当然不是，方言电视节目有自己的目标受众，有市场必有其存在的价值。它可以充分发挥当地方言的特点，更加贴近受众，让观众有很强的心理认同；在体现地域文化特色方面，方言更有韵味、更有优势，这一点是普通话无法替代的；方言电视节目的内容多选取反映本地区文化的民生新闻和故事，采用本地化叙事和语言形式，能唤醒人们心中的深层区域文化自豪感，反映了非主流地区希望通过电视传播方式确认自我文化地位的意愿，体现了地域文化自我边缘化进程中的自我觉醒意识；而且方言电视节目所占比例较小，不可能动摇普通话的主体地位，方言电视节目也不可能取代普通话节目而成为主流。

国家提倡普通话和方言电视节目的兴起并不是一对非此即彼的矛盾，普通话节目和方言节目所承载的节目功能不尽相同，各有所长。播送范围广的节目要注意语言的统一性，大力推广普通话，而区域地方电视台要根据情况允许开设方言节目，但要注意方言电视节目的质量，抵制低俗粗鄙的内容的不当传播，防止滥用方言。

【网络语言的规范运用】

网络作为一个新的语言载体，给语言带来了全新的风格和语体。随着时代的发展，外来词、新词语和旧词新义等多种创新的语言表达方式大量地出现在媒体传播和人们日常交流活动中。网络改变了人类交流信息的方式，并随着社会政治、经济和文化的变迁逐步发展，对汉语言文字日益产生影响。网络热词不断丰富着民众的语言生活，大学生更是成为使用网络语言的主流群体。

一、网络语言的优势

网络语言作为虚拟空间的信息符号在风格和形式上都有别于现实生活使用的语言，其由于情境和载体的特殊性而呈现鲜明特征，这些丰富生动的网络语言极具创造性，以幽默、精简、口语化和娱乐化形式被青年人广泛使用，迎合了思维活跃的大学生喜欢标新立异、张扬个性的特点。同时，又切中社会热点问题，体现时代脉搏，能引起包括大学生在内的众多网民的广泛共鸣，满足他们的情感需求。比如"神马都是浮云"这句网络流行语成为网民超然和豁达的生活态度的自我劝勉；"被小康""被自杀""被就业"等词则富含讽刺意味,一个"被"字生动体现了一系列社会现实问题。

新媒体写作中网络语言得到充分运用,体现了新媒体写作追求时尚、新颖、生动表达的特点。比如微信写作中就大量运用了网络流行语。下面是"青春南广"微信公众号中的一则新闻(2015年4月6日)。

清明假期发生了什么,你造吗?

清明节小假过去的第一天不知道大家感觉怎么样?小微唯一的感觉就是……
我真的还想再放五百年。
放假这三天奥巴马被二战女工强吻了;
韩磊大叔拿到了歌王;
马航的搜寻有了进展;
14级小朋友们的艺考合格证也出来了!
不知道小伙伴们的小日子过得如何?
只是,小微马上要从新鲜的小学妹变成地位尴尬的师姐了,心里略有些不爽呢!不过想想学校马上有小鲜肉给小微养眼,神马都是浮云了。
最后小微提示大家:距离下一个假期还有不到30天呦。
额……距离四六级考试还有2个月,戳中你们的痛处了吧?好好复习呦。

这则微信新闻的表达方式轻松自由,运用大量网络流行语,诸如:你造吗、小伙伴、小鲜肉、神马都是浮云、养眼等。这些语言贴近大学生心理特点,语言活泼诙谐,既把清明期间发生的国际性新闻进行了简单梳理,也涵盖了校内新闻事件的预报。因此,适当运用网络语言对文章的生动表达和时代感的体现有很大作用。

二、网络语言的负面影响

新媒体背景下,网络语言发展如火如荼,正在以一种前所未有的态势影响着现实的通用语言,冲击着现代汉语的规则。新时期网络语言存在的问题主要表现为:第一,新词语的创造层出不穷,部分词语更替快,缺乏稳定性。为了经济省力或者是出于游戏心理等,网民们随心所欲地使用或创造各类词语,在用语中生造词、异体词、字母词、数字、图文符号混合词、汉字与外文杂糅式表达、谐音表达、答非所问的断裂式会话比比皆是;像"草食男""孔雀女"这样的新合成词,折射了当下的一些社会现象和社会心理,随着时间的推移、时代特征和社会心理的变化,其意义消失,只可能作为历史词语保留下来。第二，有些网络词语呈现高度变异特点，使用局域性强。每一种网络用语的最初出现都表现为局域语言，即在互联网语境之下的交际语言。许多网络词语的意义只能在当时的语境中才能够被理解。加上网民在交流情境中会随时创造出一些新词和新式表达，从而使网络语言千奇百怪，多数网络用语呈现出全民可接受性程度较低的特点。例如：PMP（拍马屁，汉语拼音缩略词）、天才（天生蠢材，意义曲解类），网络中这类高度变异的词语在现实生活中沟通度不强，使用范围只能限于网络局域。第三，网络语言长期缺乏有效规范，在与通用语言的融合过程中呈现泛化趋势。

网络语言成为年轻人释放自我、张扬个性的独特表达，但同时也滋生了很多超出汉语言文字规范的粗俗化语言，有损汉语言文字的博大精深，影响大学生对汉语言文字内涵和美感的感悟能力及语言的规范运用能力，让大学生疏离纸质文本阅读，降低语言修养。

网络语言虽属语言的范畴，但带有很强的随意性，缺乏文字结构的严谨。大学生将网络语言用于书面表达常表现为不受语言语法、语义规范和标准的约束，内容隐秘晦涩，语言表达方式缺乏逻辑，表达能力呈下降趋势，写作中运用大量网络语言，使得文章充满了太多的无厘头的娱乐元素，却缺乏对事物的深刻思考，缺乏分析问题的严谨精神。长此以往，会影响一个人的思维习惯、表达习惯和写作习惯，甚至形成肤浅浮躁的毛病。因此，大学生要确立以主流语言词汇为主、以网络语言词汇为辅的正确语言修养取向。[①]

【广告宣传标语与语言规范】

社会生活中的语言现象无处不在，店名、宣传标语、广告语等比比皆是，它们既装点着城市风貌，也从某个角度体现了城市的文化素质。但是，这些城市名片中却经常充斥着不文明、不规范的语言现象，就像牛皮癣一样污染着人们的视线。

社会生活中语言不规范现象举例：

例1：特色减肥一疗成 8—20 斤（一家美容院的宣传标语）

例2：台州市首届阳光冰洗节隆重开幕（台州市一商场的宣传标语）

例3：刘晓庆及其房产被依法拍卖（新华社北京 2003 年 1 月 5 日电 标题）

例4：大辫烧烤（某烧烤店名）

例1中的"疗程"误写为"疗成"；例2中"阳光冰洗节"让人摸不着头脑，实际上是商场为促销冰箱洗衣机等电器的宣传标语，明显是词语缩略不当。例3作为新闻标题，

---

① 纪燕、叶超：《网络语言对大学生语言规范负面影响及其对策》，《沈阳农业大学学报》2014 年第 11 期。

刘晓庆和她的房产一起被拍卖,确实让人啼笑皆非,这是犯了连词运用不当的语法错误。例4尽管店名旁边配了一副梳着长辫子的女子的照片,但"大辫烧烤"明显是店家为了追求噱头,吸引眼球而取,不顾文明,流于粗俗。下面图片中的店名、广告宣传标语中,或有错别字,或格调不高,容易引起误解,存在不规范、不文明的现象。

以广告语言为例,国家对广告语言文字使用的规定主要有:

广告用语用字应当使用普通话和规范汉字;应当符合社会主义精神文明建设的要求,不得含有不良文化内容;用语应当清晰准确,用字应当规范、标准,不得使用错别字,不得违反国家法律法规规定使用繁体字,不得使用国家已经废止的异体字和简化字;广告中不得单独使用汉语拼音;不得故意用谐音乱改成语;不得使用国家级、最高级、最佳等用语等。

在当今各种媒体发布的形形色色的广告中不乏佳作,这些广告能够通过精妙的语言构思达到宣传企业和产品的效果,同时也弘扬了我国的优秀文化,是现代汉语规范语言的典范,是美的语言的体现,成了社会用语的优秀佳作,并树立起了良好的社会形象。

广告语言具有内容真实性、传播效益性、表达生动性、语言简洁性、创意新颖性等自身特点[①],但是,也存在一些无视语言规范的不良广告。广告语言失范表现:

(1)滥用谐音,篡改成语。

主要表现在运用谐音进行替换而产生的"翻新成语",即将成语中的某部分换成与其

---

① 石琳:《广告语言的失范和规范》,《桂林师范高等专科学校学报》2013年第7期。

读音相同或相近的成分。如：百家争茗（某茶叶广告）、咳不容缓（某药品广告）、默默无蚊（某蚊香广告）等，这是公众关注最多也是争议最大的广告语言文字使用现象。从语言规范化角度来看，确实会产生误导青少年，以讹传讹，破坏国家语言环境的负面作用。

（2）滥用"洋泾浜"语言

有的广告语言将英语直接"嫁接"到汉语的表达中，形成了大量新"洋泾浜"语言。如："穿××衣服，让你更 IN。"（某服装广告）；"××滴眼露，让你的眼镜 SPARK 一下吧！"（某眼药水广告）；"您，用什么来 DNA 一栋真正的豪宅。"（某地产广告）等，这些汉英穿插嫁接的表达方式看起来新颖时尚，却存在很多受众理解困难的问题。

（3）大量"吸收"方言

有的广告语言把地方色彩浓厚的方言和普通话夹杂在一起使用。如："××火锅，辣巴适你。"（某火锅店广告）；"拉肚子，老肠炎，腹胀气，整啥整啊？整××呗！整××，噢啦！"（某药品广告）等，吸收了四川方言和东北方言，虽然显得调皮诙谐，但也存在方言区域外的受众对广告内容无法准确解读的问题。

（4）表意不清，违反语法规则

很多广告在词语选择、搭配以及语法方面存在明显的不当和错误，例如："××手机，粉流形。"（某手机广告）；"阅读是一种体验，享受，品位，咀嚼灵感，发现，重新开始的乐趣。"（某地产广告）等。"粉流形"借用了网络语言中的"粉"，"流形"是"流线型外在形状"的不当省略。第二个案例属于句意表达不明确，搭配不当的问题。

广告语言文字使用中存在的不规范现象还有很多，不一一列举。为了增强广告的新奇度和冲击力，吸引受众的眼球，广告的创作者力图通过种种方式对现代汉语的词汇和语法进行"再加工"，可是如果没有经过深思熟虑、反复推敲，只从字面下功夫，是难以实现出奇制胜的效果的，而且违背语言规范的广告语言也是没有生命力的。广告语言是企业用来介绍产品、传播信息的重要媒介，而且优秀的广告语言还有助于企业构建自身品牌的良好形象，帮助消费者理解商品品牌的文化内涵。另外，由于借助多种宣传途径的广泛传播，广告语言对社会语言生活的影响也不容小觑，它的规范与否对社会语言文字规范工作的进行也会产生一定的影响。因此，广告语言不仅仅具备单纯的商业价值，还具有一定的社会功能。广告语言在力求新颖的同时，必须要符合汉语言规范。

【作品评析】

推荐阅读：邓煜，《"云时代"话"云××"词语》。

这篇论文围绕网络流行词"云××"展开阐述分析，追根溯源，条分缕析，探讨了该词语词义的演化，具体使用情况以及流行的原因。

【思考练习】

1. 什么是语言规范化，语言规范化的标准是什么？传媒工作者与语言规范化的关系是什么？

2. 现代汉语的特点是什么？请举例说明。

3. 请结合学校近期发生的新闻事件，为学校微信公众号编写一条微信新闻，要求其中恰当使用网络流行语。

4. 广电总局下发的"限制方言令"通知中，要求广播电视节目规范使用通用语言文字，在推广普及普通话方面起到带头示范作用。通知要求，播音员主持人除节目特殊需要外，一律使用标准普通话。也就是说，我们看不到小沈阳用东北话埋汰自己的容貌，也看不到周立波用上海话抖包袱，更看不到汪涵客串各地方言来搞笑。那么，你如何看待"限制方言令"？请说说你的理由。

5. 社会语言调查作业。请以校园语言文化为调查对象，对校园内的广告宣传标语、店名、课桌语言等进行调查，在广泛搜集语料的基础上，进行归纳总结，形成一份完整的调查报告。

【拓展延伸】

1. 有学者认为，现在的文学作品中出现的基本上都只有一种话语——普通话。尽管普通话的普及运用有着不言自明的必要性，但它本身却是最大的话语霸权之一，它的强力渗透剥夺了各色生动方言的存在和使用的空间。方言的存在有巨大的价值，目前方言在文学作品中的概率很低，即使有也仅限于外表的点缀和装饰。这是否是当代文学常令人摇头的原因？新时期文学中如何发挥文学的独特作用？结合案例谈谈你对这些问题的认识和理解。

2. 店名是城市里一道独特的风景线，店名起得朗朗上口，通俗又不流于低俗，别致生动，会给人留下深刻印象，但也有一些店名起得不尽如人意，或太过平淡，或流于低俗，或缺乏规范，你觉得下面这两个店名起得怎么样？谈谈你的看法。

3. 网络流行语是新词新语产生的一大途径，它的生命力取决于人们使用它的频率和持久度，其中一部分经受住了时间的考验，成为基本词汇的一员，另一部分可能会最终逃不脱被淘汰、遗忘的命运。请梳理一下近五年的网络流行词语，结合语境谈谈它们的具体含义。

【咬文嚼字】

请朗读下面这封书信，注意里面一些易读错的词语的读音。

"我们之间一切都结束了，在圣诞树还未及装点的时候；纵使北风不够强劲，消息也足以不胫而走；还需要召开一个新闻发布会吗？即使留下几张亲密的照片又有什么意义？

两颗温柔的心曾经在不停地迁徙中相遇，那是千禧之年；后来的我们却都变得无比粗犷，直至广种薄收；扪心自问，昔日热烈的情感街市如今为何沦为门可罗雀？

不必勉强，毕竟抢银行不能让人成为富有；良莠不齐的人群，唯叹有多少知己可以两情相悦？瑕不掩瑜，美好回忆于无声处；奈何天下没有不散的筵席。……言多必失，就此搁笔"

第三节 写作语言的艺术化

【内容概述】

语言与修辞关系密切，写作不仅要求语言规范，还需要掌握语言艺术化的手段，本章主要阐述了语言各要素与修辞的关系，介绍了经常使用的一些修辞格的使用及修辞效果。

【语言与修辞】

我国古人说话讲究辞令，写文章讲究文采。孔子说："言之无文，行而不远"，这里所说的"文"，就是"文采"。意思是：说话或写文章没有文采，就不能流传久远。阅读一篇美文，如饮香茗，如食橄榄，余香无穷，这往往是"文采"的功劳。所谓有文采，就是指语言准确、清晰、生动、得体，句式灵活多样，意蕴丰富，意境深远，善于恰当运用各种表达方式和修辞方法。

巴黎有个盲人站在地铁出站口乞求施舍,他挂在胸前的纸盒边写着这样几个字:"可怜可怜我这个双目失明的瞎子吧!"

盲人听见人群默默地从身边通过,却没有一个人施舍。他无可奈何地拦住了走在最后的一个旅客:"先生,可怜可怜我这个双目失明的瞎子吧。"这个人停住了:"对不起,我没带钱。我是一个作家,也许我的笔能为您做点什么。"瞎子听到了铅笔书写的沙沙声。

不久,下一班地铁旅客出站了。他的纸盒里立即响起了叮叮当当的投掷声。

"先生,请您告诉我:我的纸盒上写的是什么?"

过路人颤声地告诉他:

"外面已经是春天了,可是我再也见不到它!"

盲人捂着自己的眼睛失声地痛哭起来。

这个故事说明了表达效果与话语的表现方式有很大关系。为了提高语言的表达效果,只做到语言规范是远远不够的,语言的运用还需要有一定的艺术修养,这就需要懂得一定的修辞知识。

修辞就是人们在具体言语环境中有目的地建构话语以取得最佳交际效果的言语交际行为。好的修辞效果不是靠华丽的辞藻和修辞方式铺陈成就的,关键是语言运用得是否得体。王希杰在继承前人理论的基础上提出:得体性是修辞的最高原则。若要做到语言表达的得体性,就离不开语言环境。

语言交际不仅要考虑语言材料本身的选择问题,还要受到交际目的、内容、方式、时间、地点、场合、上下文、交际主体、交际对象、社会环境、自然环境等诸多因素的影响和制约。我们把这些影响和制约语言运用的因素称之为语言环境,也就是使用语言的环境,简称"语境"。

综合国内外学者的研究成果,我们把语境分为语言语境和非语言语境两大类。[①]

(一)语言语境

即狭义语境或小语境,也就是通常所说的某一语段的上下文。这里所说的上下文,可分为语体风格层次和语言材料层次,语体风格影响和制约着语言材料的运用。语言材料层次指语音、语义、语法三个方面在上下文的搭配和衔接。这里有正偏离,即艺术化的手法,如诗歌合辙押韵、协调节律以及比喻、比拟、双关、拈连、对偶、排比、顶针、回环等修辞手法的运用;也可能出现负偏离,如重复、残缺、歧义等语病。

[①] 冯广艺:《语境适应论》,湖北教育出版社,1999,第11页。

（二）非语言语境

非语言语境即广义语境或大语境。非语言语境指影响和制约语言交际的各种非语言因素。包括以下几个方面：

1. 主观语境因素

包括交际双方的年龄、性别、职业、性格、文化素养、心理特点、思想感情、健康状况、价值观念等，还包括交际双方的角色关系，如师生关系、同学关系、亲戚关系；敌对关系、上下级关系、晚辈与长辈关系，等等。不同的角色关系之间就有不同的交际规范，交际中必须根据自己的角色地位使用恰当的语言，不然，就可能交际失败。比如，晚辈对长辈说话时，称呼就应使用敬称，如："老人家""大爷""老先生"；会话中，恰当地运用敬辞。否则，就会影响交际效果。

2. 客观语境因素

（1）社会环境：时代环境、政治环境、经济环境、民族心理、道德观念和价值取向、信仰和礼仪等，都会影响语言的表达和理解。

（2）时空环境：包括交际的时间、地点、场合、自然环境（包括季节、气候、自然景物、具体天气）等。这些时空环境因素对语言交际具有重要的制约作用。以场合为例，在欢迎国宾的宴会上讲话，用语要规范、典雅、庄重、严谨，多用书面语；而在家里或公园里谈心，则自由、随意，多用口语。

（3）辅助语环境：伴随着有声语言而出现的体态语和副语言，包括手势、眼神、动作、身体姿势、服饰、语气、语调、停顿等。这些因素对语言交际也有影响。它们可以帮助明确语义或加强有声语言表达的力度。

语境是语言表达的基础、理解的依据，在修辞活动中起着重要的作用。在交际中具有定位、定向、补充、省略、生成和预则、排除歧义等功能。交际中话语与大小语境之间要有一致性，构成得体性，从而取得最佳表达效果。

【语言各要素的修辞艺术】

一、语音与修辞

语音修辞的功用主要在于能使语言流畅顺口，节奏分明，声律和谐，富有音乐美。因而，无论是口头表达还是书面表达都要重视语音修辞，充分发挥语音的修辞艺术作用。教师、演员、播音员、主持人、演说家、社会活动家等要借助语音修辞艺术，增强语言美的效果，平常人说话也要讲究顺口悦耳。在写作中，不仅诗歌、散文、剧本等韵文体要讲究音调铿锵、节奏鲜明，政论语体、新闻报道中也要注意语音搭配，朗朗上口、明快有力。

1. 音节整齐匀称

在古代汉语中，单音节词占优势。而现代汉语中，双音节词占大多数，四字格数量多，能产性比较强。尤其在诗歌、戏剧作品、抒情散文以及口号、对联、标语和标题中，适当注意词语的音节搭配，能增强文章的节奏感和气势。

从音节数目上讲，音节内容有一种互相牵制的内动力，这种内动力使音节在数目的配合上一般以整齐匀称的平衡形式出现。它们在具体的语言表达中就体现为一种单对单、双对双、多对多的平衡分布状态。

那清清洌洌的光，秋江净水般的爽，女子手指般的柔，田园牧歌般的淌，仄耳细听似还熠熠有声呢，将群峦环抱的村庄洗濯得冰清玉洁似的。

（伍振戈《桃花江小夜曲》）

这里"光""爽""柔""淌"等采用单音节对单音节的方法，如果将其中一个改为双音节就不和谐了。另外，通过音节对称的变化，可以增强文章内部的节奏感。例如：

我们含泪伫立橘子洲头，漫步湘江峭岸；回清水塘，登岳麓山，徘徊板仓小径，依恋韶山故园……万千思绪，随山移水转。

（毛岸青、韶华《我们爱韶山的红杜鹃》）

这一段中，音节的对称从"伫立"与"漫步"，到"回"与"登"，再到"徘徊"与"依恋"，随着音节由双音节配合到单音节配合再到双音节配合的转换，文章的节奏不断起伏变化。

2. 声调平仄相间

古代汉语中的声调分为平、上、去、入四声，而发展到现代汉语，古代的平声分为阴平和阳平，入声分别进入平、上、去三声中。那么，以现代声调为基准，阴平和阳平声调被归为"平"，上声和去声被归为"仄"，平声读起来语调平缓，仄声读起来语调曲折多变，口气较重。在律诗里，平仄在本句中是重叠交替的，在对偶句中是相互对立的。这两大类声调在诗词中有规律地交替使用，也就造成了诗词音调抑扬起伏、悦耳动听的音乐美。

声调的平仄变化，可以起到波澜起伏、抑扬顿挫的效果，产生"疏密、长短、抑扬、轻重"的节奏美和回旋往复的回旋美，从而给思想内容的表达增添强大的艺术感染力量。

平仄节奏的优势主要表现在古典诗歌和韵文中，现代诗文中，自然不必严格讲究平仄规

律,但是如果能有意识地注意文章声音的美,注意运用平仄,念起来就会好听得多。例如:

> 漓江蜿蜒于群山之中,乘船从这里掠过,可以饱览壮丽的景色。奇峰矗立,绿水萦回,船移景变,尽态极妍。
>
> (秦牧《桂林山水之美》)

这一段中四个四字成语的排列组合不是随意的,通过"平平仄仄,仄仄平平"的声音的平仄相间,交错而行,使得语言抑扬有致,顿挫得体,富有节奏感,音律波澜起伏,优美动听。

> 一张白纸,没有负担,好写最新最美的文字,好画最新最美的画图。
>
> (毛泽东《介绍一个合作社》)

在这篇政论文体中,也恰当运用了声音的平仄搭配,"图画"改换成"画图",是为了同"文字"平仄相间,形成音乐美感。

3. 韵脚和谐

押韵就是有规则地交替使用韵母相同或相近的音节,利用相同或相近的声音有规则地回环往复,使句子的末尾字音跌宕回环,同声相应,给人和谐悦耳的美感,富有余音绕梁、回环复沓的音乐美。近体诗的押韵要求最为严格,现代诗歌的押韵则宽松很多,可以句句押,也可以隔句押,既可以押平声韵,也可以押仄声韵,还可以不押韵。

> 灵车队,万众心相随。哭别总理心欲碎,八亿神州泪纷飞。红旗低垂,新华门前洒满泪。日理万机的总理啊,您今晚几时回?长夜无言,天地同悲。只见灵车去,不见总理归。
>
> (新闻电影纪录片《十里长街送总理》)

现代诗文中,押韵运用在散文和剧本中的一些对话独白中也可以增强语言的美感和戏剧效果。

> 齐母:我买什么也不在你这儿买!你给我现了眼!赵姐下了乡,买东买西,我自己忙,已经苦难当!你还瞒着我,到这儿来卖糖!卖糖,这么大的大姑娘!你还受戏耍,妈妈陪着出洋相,越想越窝囊!凌云,凌云,你怎么这么不要强!
>
> (老舍话剧《女店员》)

在一些谚语、小品相声台词以及广告语中，运用押韵的现象比比皆是，都能起到幽默风趣，朗朗上口，富有韵律的修辞效果。

a. 救了落水狗，回头咬一口。/春雨贵如油，夏水遍地流。（谚语）

b. 工作认真面对，生活细心体会，快乐随心搭配，假日全身而退，人生事半功倍，幸福难能可贵。（手机短信）

c. 蔡明：你说这男同志一到四十多岁，夫妻感情就逐渐衰退，一进商场他就喊累，看什么东西他都乏味，你化不化妆他无所谓，你穿什么新衣裳他不理会，你一打电话他就说"正在开会"，每天回家倒头就睡，喝没喝酒他都装醉，有人说这叫爱情疲惫，女同胞们你说对不对？

郭达：当年你的脸就像剥了皮的鸡蛋，现在你的脸就像过节腌的腊八蒜。

（小品《浪漫的事》）

4. 叠音自然

叠音古时也叫"重言"或"复字"，指同音同形的音节重复相连出现的现象。可以壮大声势，协调音韵，增强节奏，使语言富有感染力。叠音手法的使用，能够突出词语的意义，加强对事物的形象描绘，增加音乐美感。

历代诗文作家都会使用叠音词增强表达效果。例如，元曲作家乔吉写的《天净沙》，全文运用叠音，增强了音节的响度。

莺莺燕燕春春，花花柳柳真真，事事风风韵韵，娇娇嫩嫩，停停当当人人。

李清照更是把这种表达推向极致，"寻寻觅觅冷冷清清，凄凄惨惨戚戚"，几个词以叠音形式出现，构成了一幅凄惨的寻觅图。现代自由诗《漓江》也运用了这一手段：

苗苗条条的漓江秀秀气气的漓江是出落得水灵灵的桂林女，
清清亮亮的漓江羞羞涩涩的漓江是桂林女的水汪汪的大眼睛，
漓江，文文静静的活活泼泼的是桂林人脸上朗朗的笑，
漓江，轻轻快快的柔柔和和的是桂林人嘴上甜甜的脆脆的乡音。

（史晓京《漓江》）

5. 双声叠韵配合

运用汉语语音双声或叠韵的特点，构成传统的联绵词，即两个音节声母相同的单纯

词叫作双声，两个音节韵母相同的单纯词叫作叠韵。双声词在音节的开始时从发音部位上对词语强化，使音节有了语音共同点；叠韵词则是从整个音节上加以强化，从韵的形式上增强了音节的响度。双声叠韵能够形成一种回环的美。

  嶙峋、峥嵘、崔嵬，是山的丰神，
  澎湃、浩瀚、汹涌，是水的多姿，
  芳菲、葱茏、缤纷、氤氲、啁啾、朦胧、淅沥，是大自然蓬勃的生机！
  坎坷、尴尬、忐忑、踌躇、恍惚、惆怅、懵懂、蹉跎、徜徉、彷徨、徘徊……往往叫人惶惑不安。
  拉拢、怂恿、龌龊、疼痛、肮脏、猖狂、魑魅、魍魉……力避犹恐不及，却又往往邂逅，
  因为它们同样是存在的真实，人们何妨转换心态，在建筑美和音乐美的审视中获取会心一笑？

（郭启宏《声韵随想录》）

二、词语与修辞

  词语是声音和意义的结合体，意义是词语的内容，称为语义，对词语语音的积极利用，是语音修辞的任务，对词语语义的积极利用，则是词语修辞的任务。汉语词汇非常丰富，这些丰富多彩，但功能不同的语汇材料为汉语词语修辞提供了丰富的优质资源，从词语意义的角度着眼，有多义词、同义词、反义词、模糊词语的不同修辞功能；从词语本身的修辞色彩着眼，有感情色彩、语体色彩、风格色彩等；从词的来源来看，有古语词、方言词、外来词、行业词、口语词、新词等的修辞功用；此外，固定短语、临时性短语和词语变异修辞等都具有修辞价值。其中词语意义的选择和词语色彩的选择运用更为广泛。

（一）词语意义的选择
  词语的意义选择，指的是词语的意义准确贴切，简洁明了。

1. 清晰明确
  词语本身的意义和词语与词语之间的意义关系都要清晰明确，让人一看就明白，没有模棱两可的地方。要想表意清楚，还应注意两个问题：
  一是修饰与被修饰词语的关系要明晰。例如：

今年 2 月 29 日，正在天津轻工业学院上学的李彦铭同志的儿子李峰，突然患病，经过医疗抢救无效死亡。

（《北京日报》）

"正在天津轻工业学院上学的"既可以作"李彦铭"的修饰语，又可作"儿子李峰"的修饰语。这就义有两歧，表意模糊了。如果将这一修饰语置于"儿子李峰"之前，表义自然清晰。

二是要避免歧义。词语往往具有多义性，由于语境的制约，词语意义的确指性是明显的。但有时即使在一定的语境里，也很难确定其意义，这就需要调整词语，重新选择。例如：

四连战士杨玉军身上背着七个水壶，他不但自己不喝，还鼓励战士们说："山上的水太宝贵，咱们一定要留给早上来的同志们喝。"

（北京日报）

这里的"早上来"就含混不清了。"早上"是个词，是"早晨"的意思，起修饰"来"的作用；但"早上"也可认为是词组，"早"修饰"上"，也就是先于其他同志上来的意思了。因此，这句里的"早上来"，不如改成"早晨来"或"先上来"，词语意义就明晰了。

2. 准确贴切

词语在具体运用过程中，在上下文语境中，与其他词语产生了各种搭配关系，词语的选择就关系到是否准确贴切，是否有表现力的问题。例如：

(1) 我的母亲早已迎着出来了，接着便飞出了八岁的侄儿宏儿。（鲁迅《故乡》）
(2) 随着件件裙子飞出箱子，两个女人的心理都发生了变化。（柯云路《夜与昼》）

两个例子都使用了"飞"，第一个例子用"飞"而不用"跑"，更贴近儿童的心理行为特点；第二个例子用"飞"而不用"拿"，也烘托了主人公当时的心理状态。虽是一字之易，却充分地体现出作家选词的精确、严格。

选择最准确、最恰当的词语，第一，要认清表现对象。诸如事物的性质状态，人的外貌心理等，都应有准确地把握；第二，要正确理解词语意义。汉语词语意义极其丰富，每个词一般说都有本义、引申义或比喻义。这就需要根据具体的言语环境确定词语的准确意义；第三，要仔细辨析词义异同。汉语的词语里有大量的近义词，在意义、色彩、轻重以及搭配对象等方面，有细微的差别。语言表达的成败效果，就在于能否分清这细微的差别。我们可以根据表达的具体需要，斟酌使用有细微差异的同义词，以取得表意精确、圆熟的修辞效果。例如：

> 仅仅十来天之后，对少恒的思念就开始如泥鳅一样在心里先是蠕动继是滚动后是蹿动，弄得她心神不宁坐立不安了。
>
> （周大新《银饰》）

蠕动、滚动、蹿动是三个近义词，在这里连续使用是为了表现对少恒的思念程度与日俱增，这种表达效果与近义词的选用有密不可分的关系。

> 他悠悠地踱着步子，撮牙花子，慢吞吞地吐每一个字。好像在掂每一个字的分量；又像是在咂每一个字的滋味。是的，他的话就像五香牛肉干，浓香，醇厚。
>
> （王蒙《说客盈门》）

作者精挑细选了"踱、撮、吐、掂、咂"几个动词，用白描手法把文中县革命委员会主任老赵吃老本，说套话，保乌纱，官僚习气严重的形象生动体现出来。

3. 简洁明了

古人著文立说崇尚简练，陆机在《文赋》里说："要辞达而理举，故无取乎冗长。"刘勰说得更具体："句有可削，足见其疏；字不得减，乃知其密。"（《文心雕龙》）可见，当用的词语，决不少用一个，不当用的词语，决不多用一个，这就是简练的原则。对写作而言，这一原则从古到今都很适用。如朱自清的散文名篇《松堂游记》里写道：

> 中间便是松堂，原是一座石亭子改造的，这座亭子高大轩敞，对得起那四周的松树，大理石柱，大理石栏杆，都还是好的，白，滑，冷。

"白，滑，冷"仅三个字，便写出了作家对大理石柱子和栏杆的各种形象感觉，包括了视觉——白，运动觉——滑，触觉——冷。真是着意经营，简练至极。

要做到文章简练，首先要提炼内容，准确地把握所要描写的对象；其次要选好角度，便于简洁地揭示主题，免生枝杈；第三要认真推敲词语，将可有可无的字、词、句甚至段落，果断删去。例如：

> 夜晚临睡觉时，林红脱下穿在身上的一件玫瑰色的毛背心递给道静："小林，你身体不好，把这件背心穿在身上吧。"
>
> （杨沫《青春之歌》）

这一段有些词语冗赘,"穿在身上的一件"和"在身"都可以删掉。

清人魏际瑞在《伯子论文》一书中道出了"简练"的真谛:"文章烦简,非因字句多寡、篇幅长短。若庸絮懈蔓,一句亦谓之烦。切到精详,连篇亦谓之简。"简练,是以表达的需要为准,不以用字的多少为凭。例如:

他所有的抱负、志向、希望、前程,全被一笔勾销了。

(鲁迅《阿Q正传》)

第一例里连用了四个近义词语,却不失为简练,因为这是为了强调语义,加强语势。

(二)词语色彩的选择

汉语的修辞色彩主要指的是感情色彩和语体色彩。

1. 词语感情色彩的选择

在很多表达情境中,都会运用到词语的感情色彩的选择,以突出作者对人物事件等的情感态度。

(1)抒发感情

如果把那些本身就包含感情色彩的词语,恰到好处地搭配运用,就会使所要抒发的感情的色彩更加强烈。例如:

生活中的脸谱确实多种多样:有的憨厚,有的奸狡;有的亲切,有的冷傲;有的真诚坦率、表里一致,有的笑里藏刀、口蜜腹剑。

(金马主编《青年生活向导》上卷)

这里用"憨厚""亲切""真诚坦率、表里一致"等具有褒义色彩的词语,表达了对某些人性格及品质的肯定与赞扬;用"奸狡""冷傲""笑里藏刀、口蜜腹剑"等带有贬义色彩的词语,表达了对另一些人的性格及品质的否定与贬抑。

(2)论事说理

论事说理的文字往往直接地表示出作者的立场、观点、态度,因此,在词语感情色彩的选择上,要谨慎选择,妥当安排。例如:

凡走狗,虽或为一个资本家所豢养,其实是属于所有资本家的,所以他遇见所有的阔人都驯良,遇见所有的穷人都狂吠,不知道谁是他的主子,正是他遇见所有的阔人都驯良的原因,也就是属于所有资本家的证据。即使无人豢养,饿得精瘦,变成野狗了,但还是遇见所有的阔人都驯良,遇见所有的穷人都狂吠,不过这时,它就愈不明白谁是主子了。

(鲁迅《"丧家的""资本家的乏走狗"》)

文中的"走狗""豢养""狂吠""主子""野狗"等词语,贬义色彩非常鲜明,有力地揭露并批判了"丧家的""资本家的乏走狗",由于这些贬义色彩的渲染,使行文也具有了辛辣的讽刺力量。

(3) 刻画人物

如果词语的感情色彩选择并配合得好,将有助于体现人物的个性化。例如:

在这类人身上是找不出悲观和扫兴的。他常打着哈哈在茶馆里自白道:"老子这张嘴么,就这样,说是要说的,吃也是要的;说够了回去两杯甜酒一喝,倒下去就睡",现在,他一面跨上其香居的阶沿,拖了把圆椅坐了下去,一面直着嗓子,干笑着嚷道:"嗨,对!看阳沟里还把船翻了么!"

(沙汀《在其香居茶馆里》)

这里写"么吵吵"用了一些动作性大、色彩强烈的字眼,像"打着哈哈、自白道、老子、说够了、倒下去、跨上、拖了、坐了下去、直着嗓子、干笑、嚷道"等,这些词语与其他词语配合起来,很能突出这个地头蛇的个性:目空一切、气焰嚣张,一个思想浅薄的无赖加地痞的形象彰显出来。

(4) 景物描写

描写景物和环境,要融会作者或作品人物的感情,那么,词语的感情色彩的选择,就是一个重要的表现手段。例如毛泽东《卜算子·咏梅》词:

风雨送春归,飞雪迎春到。已是悬崖百丈冰,犹有花枝俏。俏也不争春,只把春来报。待到山花烂漫时,她在丛中笑。

词中都写梅花,而形象迥然不同,自然所选用的词语的色彩,也大不相同了。美丽的形象,崇高的境界,包含着崇敬、赞美的情感和情调。这首词描绘的梅花形象,与"情感"二者如此完美地统一,重要的一点是,得益于词语色彩的恰当选择和巧妙组合。社会环境的摹写,也同样要渗透着作家的思想感情,因此对词语感情的选择也有一定的要求。

2. 词语语体色彩的选择

语体是指在长期的语言使用过程中,因交际领域、交际方式、交际目的、交际对象的不同,而逐渐形成的具有相对稳定的一系列语言使用特点的综合体。语体分为口头语体和书面语体,口头语体又分为谈话语体和演讲语体,书面语体又分为公文语体、科技语体、政论语体、文艺语体、大众传播语体(新闻报道、广告、广播电视等)。每一种语体都有适应各种语体的专属语体词,选用带有语体色彩的词语,要与其相应的语体协调一致,才能有理想的表达效果。譬如,公文语体包括各种行政公文、法规制度、调查报告、合同书信等,因此它的特点是准确、规范、简明、庄重,这就决定了文章句稳词妥,条理清晰,结构严谨,语言简洁,通常会使用单音节的文言词,如"兹、特、望、悉、自、贵"等以及四字格、缩略语等。而通俗易懂的生活化用词、非言语手段(体态语、语气等)的参与、极富生活化的修辞格式、简短轻便的句子格式是谈话语体的主要特点:

儿子:妈,您往后别再烦我这事儿了,瞧您上次给我找的媳妇,整个一个冬瓜!
妈妈:别瞎编排小胡姑娘,看看你自己,三十好几的人了,像个抽飞了的陀螺,整天乱转!

这两种语体的特点决定了各自会选用的语体词不尽相同。但有时候,一种语体的语体词被运用到另一种语体里,不同语体的词语相互交叉渗透使用,产生了明显的变异修辞效果。

(1)灵芝和有翼开玩笑说:"你爹的外号不简单,有形成阶段,还有巩固和发展阶段。"(赵树理《三里湾》)
(2)除了我开车以外,副驾驶坐俩,后座挤了四个。我这辈子都忘不了那天晚上感受到的幸福,不仅我,车上的每一个人都是如此。今天看来超员违章了,但荒郊野岭中,幸福感更是"严重超载"。(白岩松《白说》)

例(1)中是政论语体词和文学语体词的变异运用;例(2)是科技语体词和文学语体词的变异运用。语体变异使得文章富有情趣幽默,语言充满表现力。

三、句子与修辞

句子的修辞主要包括两方面内容:一是句子结构的排列,二是句式、句型、句类的选择。

(一)句子结构的排列

句子的建构艺术就是充当句子成分和非句子成分的语言单位为了增强句子的修辞效果,一方面,可以在不改变句子结构的基础上,采取常规搭配的艺术获得平实自然的修辞效果；另一方面，可以采取超常搭配的艺术，比如位移、添加、省略等，改变句子的结构，使语义富有情趣。下面谈谈变式句的建构艺术。

1. 位移的修辞艺术

位移就是破坏常规的句子结构，通过变动句子成分的顺序达到相应的修辞效果的手段。

> 如日，如星，你的名字。
> 如火，如钻石，你的名字。
> 如缤纷的火花，如闪电，你的名字。
> 如原始森林的燃烧，你的名字。
>
> （纪弦《你的名字》）

这四行诗，每一句都是谓语在前，主语在后，利用主谓位移表达了对"你的名字"如火山爆发般的深情挚爱。

> 在蓝的灯光下，那双纤细的黑缎高跟鞋，跟着音符飘动着，那么梦幻地，像天边的一道彩虹下边飞着的乌鸦似的。
>
> （穆时英《黑牡丹》）

这一句正常的语序应该是"……高跟鞋，跟着音符，像天边的一道彩虹下边飞着的乌鸦那么梦幻地飘动着……"但是作者有意将其截断位移，是为了突出凄惨、不详的意象和情调。

2. 省略的修辞艺术

在一定语境里，在不影响理解的前提下，语言表达往往会省去一些不言而喻的成分。情感表达会更简洁强烈。省略有承前省略、蒙后省略、语境省略三种。

> 到了青年队，又想到了打北京队，打上北京市队后，眼睛就盯着国家队。
>
> （鲁光《中国男子汉》）

这一段主语承前省略，述宾结构的搭配看似无理，实则精练生动地体现了体育事业中特有的快节奏风格。

3. 添加的修辞艺术

添加和某些句子成分有关的结构部分，可使句子变长，信息丰富，语意流畅。

> 是的,梨香等待着大树,思念着大树——在这深深的青山里,在这蓝蓝的木兰溪畔,在早晨,在黄昏,在有月光和没有月光的夜晚……
>
> (叶蔚林《菇母山风情》)

作者用五个后置状语修饰限定谓语动词"思念",是为了通过夸张衬托出"思念"是无时不在、无所不在的。

> 李生乃啧啧作响地大嚼大啖,吞下几许口水;又发觉吃出响动亦属不雅,便把声响控制到好处,既吃得香甜吃得忘情吃得感激涕零,又吃得谦恭,吃得忠顺,吃得遵纪守法。
>
> (王蒙《满涨的靓汤》)

这一段中通过添加"吃"的补语,不仅描写细致入微,而且对这个势利小人的言语行为极尽挖苦讽刺。

(二)句式的选择

汉语句式丰富多彩,有各种分类方法:从修辞和语用角度,可以分为长句和短句、整句和散句、常式句和变式句、主动句和被动句;从语体和风格角度,可以分为口语句和书面语句、文言句和白话句;从语气的角度,可以分为陈述句、疑问句、祈使句、感叹句;从结构特点来看,可以分为主谓句和非主谓句。不同的句式适用于不同的场合,并表现出不同的修辞色彩。下面就几种最常用的句式谈谈他们的修辞功能。

1. 长句和短句

句子的长短是就字数、形体、结构而言的。长句,一般指形体长、词数多、结构复杂的句子,可以是复句,也可以是成分比较复杂的单句。长句有的修饰语较多,有的联合成分较多。例如:

> 当你坐在飞机上,看着我们无边无际的像覆盖上一张绿色地毯的大地的时候;当你坐在汽车上,倚着车窗看万里平畴的时候;或者,在农村里,看到一个老农捏起一把泥土,仔细端详,想鉴定它究竟适宜于种植什么谷物和蔬菜的时候;或者,当你自己随着大伙在田里插秧,黑油油的泥土吱吱地冒出脚缝的时候,不知道你曾否为土地涌现过许许多多的遐想?
>
> (秦牧《土地》)

这是状语较复杂的长句,由四个并列的"当……时候"共同充当这个句子的状语,细致周详,气势畅达。

短句，一般指形体短、词数少、结构简单的句子，可以是结构简单的单句，也可以是简短的复句。例如：

> 女拉住男的手说："罗汉钱丢了！""丢就丢了吧！""气得我连饭也吃不下去！""那也值得生个气？我看那都算不了什么！在着能抵什么用？听说你爹你妈跟东院里五奶奶去给你找主儿去了。是不是？""咱哪里知道那老不死的为什么那么爱管闲事？""咱们这算吹了吧？""吹不了！""要是人家说成了呢？""成不了！""为什么？""我不干！""由得了你？""试试看！"
>
> （赵树理《登记》）

长句和短句各有修辞效果。长句表意严密，精确细致，具有集中紧凑的特点，有较强的逻辑力量，便于论理、描述、抒情，多用于政治论文、科学论著等书面语中。表达舒缓的语势，抒发细腻的情感，也宜用长句。它是构成语言精确性、严肃性、逻辑性的语体手段。短句结构简单，生活气息浓厚，具有节奏明快，简洁利索，急促有力的特点，多用于口头语体，书面语体中的剧本和散文中用于叙述描写对话的语言常用短句，在表现紧张气氛或抒发激烈情感时，往往借助短句渲染气氛。它是生成精练简洁表现风格的手段。在具体行文中，二者一般会交替运用，错综变化，优势互补。

在语言运用过程中，要注意长短句式相间，协调话语节奏。

> 凌雪是私立静贞女中初三的学生，圆脸，窄额头，短发，长着一双目光非常沉稳和善的眼睛，一个端正、秀美、光泽和神气的鼻子，一张总是带着笑意的、却又常常是闭得紧紧的嘴。
>
> （王蒙《布礼》）

2. 整句和散句

整句是用若干个结构相同或相似、形式匀称整齐的句子排列在一起形成的。整句的结构严谨，层次清楚，表意细腻，具有庄重典雅的风格色彩。

> 谁家办喜事，他登门祝贺。谁家遭不幸，他安慰周济。谁家屋漏，逢到雨季他必去检查。谁家有病人，他都去探视。
>
> （管桦《挂甲屯的爱和恨》）

散句则是用若干结构不一、字数不拘、形式错落的句子前后相续形成的。散句追求的是语言的自然形态，平实朴素，不拘一格，散而不乱，生动活泼。

> 在一个炎热的夏天中午,地头树荫下坐着一群歇晌的人,忽然从大路上老远走过来一个人,大伙挺纳闷:是谁呢,顶着这么毒的日头赶路?
>
> （柯岩《追赶太阳的人》）

整句和散句,各有特色。整句体现的是语言的整齐美,散句则体现了语言的变化美。整句和散句本身没有优劣长短之分,各有自己的表达效果。如果通篇采用整句,势必会给人单调、呆板甚至做作的感觉;而如果通篇都使用散句,则又会影响到话语和文章的气势。正因为整句和散句各有特定的修辞作用,所以,写文章的时候,通常是把二者结合起来运用的。整散巧妙结合,句式参差交错,整齐中而又富于变化,则会使语势连贯而又不失生动活泼。例如:

> 在古老的年代,玛瑙河对岸是一片森林,森林边上的树落里,有一个名叫米拉朵黑的年轻人,也是出色的猎手。
> 论力气,米拉朵黑能够和野熊摔跤。
> 论人才,米拉朵黑像天神一样英俊。
> 论性情,米拉朵黑像一个温柔的少女。
>
> （东乡族民间故事《米拉朵黑》）

这一例中,整句和散句相结合,先散后整,句式富于变化。

> 仅仅两个月不到,恩来先生比起重庆时瘦了。
> 大约因为过于忙碌,没有理发的闲暇吧,稍嫌过长的头发愈见显得他的脸色的苍白。他的境遇是最难处的,责任这么重大,事务那么繁剧,环境又那么拂逆。许多事情明明知其不可为而为,但却丝毫也不敢放松,不能放松,不肯放松。他的工作差不多经常要搞个通宵,只有清早一段时间供他睡眠,有时竟至有终日不睡的时候……
>
> （郭沫若《梅园新村之行》）

这一段于散句中插入几个排比句式,整散完美结合,错综巧妙,使语势连贯、活泼流畅,具有较强的艺术魅力。

【修辞格的综合运用】

修辞格简称辞格,是人们在组织、调整、修饰语言,以提高语言表达效果的过程中长期形成的具有特定结构、特定方法、特定功能、为社会所公认的言语模式。修辞格是修辞研究的一部分。掌握了修辞格这种修辞手段，可以极大地增强语言表达效果。

从辞格的审美特征的角度对辞格进行分类，可以分为形象美、情趣美、形式美三类。

文学作品就是通过塑造艺术形象来反映社会生活，艺术形象的塑造往往借助于丰富多彩的辞格。许多辞格都可以使语言形象化，如比喻、比拟、借代、夸张、通感等。

情感性是文学作品的重要属性，借助修辞手法抒发感情是增强抒情效果的有效手段。汉语里长于抒情的辞格为数不少，比如比喻、比拟、夸张、排比、对偶、反复、通感、反问等。还有一些辞格能够使语言风趣幽默，比如仿拟、飞白、双关、反语、曲解等。

语言不仅要有美的内容，还要有美的形式。对偶、排比、反复、层递、顶真、回环等，具有节奏明快、音韵和谐、节奏匀称的特点，表现了语言的形式美。

接下来简单介绍几种常用的修辞格。[①]

一、比喻

比喻，古人称譬喻，俗称打比方，就是通过联想，把本质上根本不同而又具有某种相似点的事物或道理联系起来，互作参照，用相对具体的事物来描绘相对抽象的另一事物，或用相对浅显的道理来说明相对深奥的另一道理。构成比喻需要两个成分、满足两个条件。两个成分是指"本体"和"喻体"，前者是被比喻的对象，后者是用来作比的对象。两个条件是：第一，本体与喻体本质上是不同的，即有差异处；第二，本体与喻体之间有可供联想处，即有相似点。通常情况下，本体比较抽象、深奥，是听者、读者相对比较陌生的，喻体比较具体、浅显，是听者、读者相对比较熟悉的。

（一）比喻的三种基本形态

比喻通常由本体、比喻词语和喻体构成。根据本体、喻词和喻体的隐现，比喻可以分为明喻、暗喻和借喻三种。

（1）明喻，就是本体、喻词和喻体全备的比喻，典型格式是"本体＋喻词＋喻体"。明喻用"像、好像、好比、如同、犹如、仿佛"等典型的喻词标记比喻，形式上明显，使用上也比较多。例如：

> 薇龙向东走，越走，那月亮越白，越晶亮，仿佛是一头肥胸脯的白凤凰，栖在路边的转弯处，在树桠叉里做了窠。
>
> （张爱玲《沉香屑——第一炉香》）

[①] 徐丹辉主编：《写作与语言教程》，中国传媒大学出版社，2010；黄伯荣主编：《现代汉语》，高等教育出版社，1998。

把月亮比作"肥胸脯的白凤凰",生动形象,别有韵味。

(2) 暗喻,在暗喻中,本体、喻体都出现,但不出现喻词。暗喻的典型格式有两种:第一种为"本体+是(成为、变成、做等)+喻体";第二种为"本体,喻体"("本体:喻体"或"本体——喻体")。

> 登上八达岭敌楼,俯瞰脚下长城——一条莽莽大蛇,翻山越岭,奔向远方。
>
> (高旺《博览长城风采》)

(3) 借喻,就是本体不出现,喻词也不出现,直接用喻体代替本体的比喻。较之明喻和暗喻,借喻更加简洁也更加隐含,这一方面增强了语言的艺术魅力,另一方面增加了解码的难度,听、读者需要联系具体的语境才能准确解码。如:

> 悉尼与北美许多城市一样,市中心区密集着些摩天高楼,白天人们聚集到这些"蜂巢"里办事,傍晚……
>
> (刘心武《圆城与方城》)

"蜂巢"借以喻指密集的摩天高楼。

(二)比喻的五种基本变式

在具体运用时,比喻的形态变化是纷繁复杂的,如倒喻、反喻、较喻、缩喻、博喻、引喻、曲喻、类喻等,都是在三种基本形态的基础上派生出来的。这里重点介绍三种常见变式。

(1) 倒喻,就是把本体和喻体的位置对调一下。比喻的一般模式是"本体—喻词—喻体",而倒喻恰恰相反,是"喻体—喻词—本体"。这是对常规模式的偏离,能给听者、读者新奇感。例如:

> 上海人叫小瘪三的那批角色,也很像我们的党八股,干瘪得很,样子十分难看。
>
> (毛泽东《反对党八股》)

(2) 反喻,就是从否定的角度来打比方。一般的比喻是从肯定的角度来打比方,强调的是本体和喻体之间的相似点;而反喻则从否定的角度来打比方,指明本体"并非""不像""不是"喻体,强调的是本体和喻体的不同。反喻往往比一般比喻更能起到强调的作用。例如:

只怨咱软英长得太俊,要像高楼院疤莲,后崖底瞎秀,管保也没有这些事情。

(赵树理《邪不压正》)

不正面形容"长得太俊",而是用"高楼院疤莲""后崖底瞎秀"从反面说明软英长得俊秀。

(3)博喻,就是一个本体,几个喻体一口气说出若干个比喻,例如:

这吻的分量很轻,范围很小,只仿佛清朝官场端茶送客时的把嘴唇抹一抹茶碗边,或者从前西洋法庭见证人宣誓时的把嘴唇碰一碰《圣经》,至多像那些信女们吻西藏活佛或罗马教皇的大脚指,一种敬而远之的亲近。

(钱钟书《围城》)

这一段中一口气用了四个喻体来形容"这吻的分量很轻,范围很小",准确而细致地反映出这是"一种敬而远之的亲近",传达了人物在特定情境中的微妙心态,非常形象。

(三)功能与运用

比喻具有显著的修辞功能,用比喻描述事物可以使描写对象更加具体、形象;用比喻刻画人物可以使人物具有鲜明的性格特征;用比喻说明事理可以使抽象事理更加清晰明确。

比喻的生命力在于它的运用,运用得当,就会增强表达效果;相反,不恰当地运用比喻,运用不恰当的比喻,滥用比喻,反而会减低或损害表达效果。比喻运用要注意抓准本体与喻体的相似点;喻体要通俗易懂;比喻要兼顾新颖和贴切;比喻要注意感情色彩、民族色彩、时代色彩、地域色彩等内容,避免因比喻不当面导致失误等。

二、比拟

比拟是借助想象,把物当作人写,或把人当作物写,或把甲物当作乙物来描写的修辞方法。可分为拟人、拟物两类。

(一)拟人

拟人就是把物当作人来写,赋予物以人的思想感情性格或言语行动,也叫"人格化"。例如:

每条岭都是那么的温柔,虽然下自山脚,上至岭顶,长满了珍贵的林木,可是谁也不孤峰突起,盛气凌人。

(老舍《小花朵集》)

这里是赋予山岭以人的思想情感"温柔""不盛气凌人"。

(二)拟物

拟物就是把人当作物来写,或把甲物当作乙物来描写。例如:

> 所以诗人在冬夜,只合围炉话旧,这就有点近于"蛰伏"了。
>
> (茅盾《冬天》)

"蛰伏"是动物冬眠,不食不动的行为,这是把人当作动物来描写。

恰当地运用比拟,可以把事物写得活灵活现,栩栩如生;可以把人的精神状态、事物的变化形象化,使读者感到鲜明生动,增强文章的表达效果。比拟在寓言、童话、诗歌和通俗的科学读物中用得比较多,政论文中也可适当运用。

比拟的运用必须是真情实感的自然流露,符合所描写的环境氛围。拟物有时带有讽刺、贬斥的意味,用时要注意感情的分寸;要切合事物本身的特征。比拟的运用既要使描写对象人格化,又要使它不失去自身的特点。

(三)要注意语体特点

比拟与比喻都是两事物相比,但二者有明显的区别:比喻要求本体和喻体之间有相似点,重点在于"喻",甲乙两事物有主有从;而比拟则是直接把甲事物当作乙事物来写,重点在于"拟",即干脆把甲事物当作乙事物来写,甲乙两事物不分主从,浑然一体。

三、借代

不直说某人或某事物的名称,用与它有密切关系的词语去代替,以突出事物的特征,这种辞格叫作借代,也叫作"换名"。借代,主要有以下几种形式。

(一)特征、标志代本体

用事物的特征、标志来代替本体事物的名称。例如:

> "北京话"双手抱住胳膊肘,和她们站得不远不近地说:"喂,我说小姑娘们,别扒窗户,危险!"
>
> (铁凝《哦,香雪》)

这里的"北京话"代替说一口漂亮北京话的乘务员。

(二)专名代一般

用具有典型性的人或事物的专用名称来代替本体事物的名称。例如:

接着，他习惯地迈着快步，融入那吆喝连天的现代武松和现代穆桂英的队伍里。

（李德复《一个官僚资产阶级的后代》）

借"武松""穆桂英"分别代替男英雄、女英雄。

（三）具体代抽象

用具体事物代替相关的抽象事物。例如：

马之悦鬼着哪，连替中农说几句公道话都是前怕狼后怕虎，唯恐丢了乌纱帽。

（浩然《艳阳天》）

以"乌纱帽"代替抽象的"官职"。

（四）部分代整体

用事物具有代表性的部分代替事物整体。例如：

方鸿渐由吕校长陪了上讲台，只觉得许多眼睛注视得浑身又麻又痒，脚走路都不方便。

（钱钟书《围城》）

"眼睛"是人体的一个部分，用它来代人。

借代可以增强形象性和幽默感，能够更好地突出人或事物的特征，引起人的联想，使表达具体生动、富于变化。

运用借代要注意：借体和本体有密切联系，要在上下文对本体交代清楚，使读者容易了解；借代要有代表性，抓住事物特征，要注意借体的感情色彩。

借代和借喻都是隐去本身要说的事物，而用其他事物来代替的一种修辞格。但二者又有区别：借喻侧重事物间的相似性，借代则侧重相关性；借喻是喻中有代，借代是代而不喻；借喻可以改成明喻，借代则不能。

四、移就

移就是一种移花接木的语言艺术，就是把运用于描写甲事物性状的词语，移来描写、修饰乙事物，这种超常搭配在特定的语言环境中，能得到新颖别致的表达效果，使语言生动形象，别有情趣。

一般来说，移就分为人与物之间的移就和物与物之间的移就两大类。

（一）人移于物

这一类移就的特点就是把用于描写人物的情感、心态的词语移用于描写特定的事物，使得普通的事物能够形象化、真切化，以此来增加表达效果。如：

> 明天早上，辛楣和李梅亭吃了几颗疲乏的花生米，灌几壶冷淡的茶，同出门找本地教育机关去了。
>
> （钱钟书《围城》）

作者将"疲乏""冷淡"这些形容人物心理状态的词巧妙地用于"花生米""茶"这些不具备感觉的事物，生动形象地表达赵、李二人身心疲惫、备受冷落的感受。在特定的语言环境中，将自己的情感注入在客观事物上，使得客观事物也具有了浓浓的主观色彩，形象地表达出人物的内心情感。

（二）物移于人

就是把用于描写物的词语移用于描写人物的外貌、情感、行为等，以此来增强表达效果。例如：

> 吴荪甫突然冷笑着高声大喊，一种铁青色的苦闷和失望，在他酱紫色的脸皮上泛出来。
>
> （茅盾《子夜》）

"铁青色"本是用来写物的，这里用来写人的心情"苦闷和失望"，将肖像描写和心理描写融为一体，使语句显得简洁生动、深刻有力。

（三）甲物移于乙物

就是将描写、修饰甲事物性状的词用来描写乙事物。一般来说，乙事物大多比较抽象，通过移用本来描写视觉、触觉、味觉、感觉的词语来修饰它们，使其变得具体而可感。如：

> 从清清的水影里，我们感到的只是薄薄的夜——这正是秦淮河的夜。
>
> （朱自清《桨声灯影里的秦淮河》）

"夜"是比较抽象的事物，这里却用了感官可感的"薄薄"来形容，这就使抽象事物变得具体起来。

五、通感

通感也叫移觉，就是用形象的语言将一种感官的感觉转移成另一种感觉的修辞手法。

移觉的结构类型分以下两种：

（一）直接移觉

不借助其他修辞格实现感觉的转移。例如：

> 任你人影的憧憧，歌声的扰扰，总像隔着一层薄薄的绿纱面幂似的；它尽是这样静静的，冷冷的绿着。
>
> （朱自清《桨声灯影里的秦淮河》）

"绿"是视觉感受的，而"冷冷"却是触觉能感受到的，将二者联系起来，使我们感到一种清冷的感觉。

（二）借助移觉

借助其他修辞格如比喻、比拟、夸张等实现感觉的转移。例如：

> 音符一个个像花开了，像星星亮了，像满山野杨梅红了，又甜，又酸，又涩。
>
> （韩少功《风吹唢呐声》）

作者借助比喻赋予了靠听觉感知的"音符"以视觉及味觉上的感官。

> 那女明星的娇声尖锐里含着浑浊，一大半像鼻子里哼出来的，又腻又粘，又软懒无力，跟鼻子的主产品鼻涕具有同样品性。
>
> （钱钟书《围城》）

为了描述"娇声"用了移觉和比喻的手法，将原本属于听觉的感官与触觉感官互通，将女明星的娇声形容成如鼻涕般的又腻又粘，既形象生动，又富有讽刺意味。

由于人的感官会在一定情境下出现相通的现象，在这种生理和心理的基础上，移觉运用具体生动的语言，通过更换感受角度，激发读者或听众的联想。用这种方法描绘事物，能使人产生如临其境、如闻其声、如嗅气味等多种感受，从而得到丰富的艺术美感。

六、仿拟

仿拟就是为了增强语言的表现力，达到诙谐、讽刺等效果，在特定的环境里，仿照现成的词、固定短语、句子、语篇的结构形式临时性仿造出新的词语、句子或语篇的一种修辞格。

仿拟的结构类型有仿词、仿句、仿章三种：

（一）仿词

1. 仿词有两种类型

① 音仿就是利用音同或音近的条件仿出新词。例如：

　　十一月，广州还是秋高气爽的季节，北国名城哈尔滨早已草木皆冰了。

一些广告词以及综艺节目名称中也大量运用这种形式。例如：

　　光辉漆　"漆"彩人生（油漆广告）

② 义仿就是利用意义相反、相对或类比的条件仿出新词。例如：

　　好不值钱的干儿子！你有多少干儿子，湿儿子，我还不清楚！

（欧阳山《三家巷》）

　　第二天早晨，她们的头发上都结了霜。男同志们笑她们说："嘿，你们演'白毛女'都不用化妆了！"她们也笑男同志，"还说哩！你看，你们不是'白毛男'吗？"（魏巍《年轻人，让你的青春更美丽吧！》）

　　别的人是一表人才，我们的菊霞小姐是两表人才，能文能武，天上少有，地上无双。

（周而复《上海的早晨》）

2. 仿词的运用

① 仿词只是临时的修辞手段，离开了特定语境就不能独立运用。例如：

　　一个阔人说要读经，嗡的一阵一群狭人也说要读经。

（鲁迅《这个与那个》）

这里的"狭人"是"阔人"的仿词，在文中指替反动统治者鼓吹尊孔读经的帮闲文人，脱离这样的上下文语境，"狭人"是不成立的。

② 仿词与生造词语的区别。

仿词是一种修辞手法，有一定的修辞效果，而生造词语是一种语病，没有任何修辞效果。这两者要区别开来。例如：

古人语言中有生命的东西要吸收，但过于生冷的词语和典故应该尽可能不用。

这项工作的意义不是很渺小而是很渺大。

这里的"生冷"和"渺大"没有任何修辞效果，是生造词语。

③ 注意大众传播中仿词的滥用。

一方面，恰当地使用仿词进行宣传富有积极的修辞效果，能产生较好的社会效应和经济利益。另一方面，商家为了标新立异，滥用仿词的现象非常严重，这就给我们的社会带来了负面影响。从修辞效果好坏来看，晦涩难懂，粗俗不堪。例如：痔在必得（某痔疮药广告词）。从语言规范化的角度来看，滥用仿词会颠倒是非，误导青少年，扰乱国家语言环境。例如在一些广告中类似"百衣百顺""好色之涂""礼所当然"的现象比比皆是，对不具有辨别是非能力的青少年产生误导。

（二）仿句

一般来说，仿句通过仿写经典诗词、经典流行歌曲、时尚流行语，幽默诙谐，能给人留下深刻印象。新闻标题中会经常使用仿句的形式，来增强表现力。例如：

《天生戏才必有用——雷恪生从艺论》（《大众电视》）

《齐秦：我歌故我在》（《歌迷大世界》）

《亦古亦今总相宜——小记刘欣》（《大众电影》）

《袁立：将"本色"进行到底》（《中国广播影视》）

《为"伊"消得人憔悴——访双院士吴阶平》（《人物》）

（三）仿章

就是仿照原有文本创造出一个类似文本的修辞方式。例如：

分不在高，及格就行；学不在深，作弊则灵。斯是教室，唯吾闲情。小说传得快，杂志翻得勤。琢磨下围棋，寻思看电影。可以画漫画，写书信。无书声之乱耳，无作业之劳形；虽非跳舞场，堪比娱乐厅。学子云：混张文凭！

这段文字是仿写刘禹锡《陋室铭》的，幽默而富有讽刺。

仿拟是在特定语境中临时仿造的，可以增添语言的幽默情趣。同时，可以突出事物的本质特征，给人以深刻印象。经常用于文学文体、政论语体以及一些新闻和广告中。

七、婉曲

不直接说出本意，而是用曲折委婉或暗示的语句来含蓄地表达。这种修辞格叫婉曲，又称婉转，它使语言婉转含蓄，意在言外。

一般来说，婉曲可以分为含蓄的婉曲、曲折的婉曲和避讳的婉曲三类。

（一）含蓄的婉曲

人们在日常的言语交际中有时会提到一些不便直言的话题，以含蓄婉转的语言形式来代替，这样可以避免话语双方尴尬的局面。例如：

> 我原来在农场的时候，有一个青年指导员给我写信，表示了那个意思。
>
> （张抗抗《夏》）

文中"那个意思"是只羞于说出口的爱情。

（二）曲折的婉曲

不直接说出本意，而是采用曲折迂回的方式来表示，以传达出更多的言外之意。这种"意"往往包含特定的感情，有时幽默，有时辛辣，有时意味深长。例如：

> 不少学生吃过他的"斑竹炒肉丝"，所以恨他，背后叫他钟胖娃。
>
> （流沙河《吾爱吾师》）

这里，吃过"斑竹炒肉丝"意为被老师用教鞭打过。

（三）避讳的婉曲

在交际中要提到如"死""病""分离""祸事"等不吉利的事物时，为了顾及话语双方的心理感受或是怕触犯忌讳而对自己不利，就会改用另一种说法，将所要表达的意思间接婉转地表达出来，例如：

> 春天到了，百花竞放，西花厅的海棠花又盛开了。看花的主人已经走了，走了12年了，离开了我们，他不再回来了。
>
> （邓颖超《从西花厅海棠花忆起》）

"走了""离开""不再回来了"这些词眼其实都指总理的逝世,作者实在不忍提到,于是就用了一系列内心能够接受的词替代。

趋吉避凶、趋雅避俗是中国人长期以来形成的民族心理,所以在汉语里,特别是口语中,婉曲这种修辞格经常被使用。有时是为了避免过俗、不吉的话语,有时是为了追求含蓄幽默的表达效果,但是在运用时要注意得体恰当,以免使人产生误解或产生歧义。

八、拈连

在甲乙两种事物连说时,把本来只适用于甲事物的词拈来用于乙事物,这种修辞格叫拈连。通过拈连,可以增强语言的生动性。

拈连从形式上可以划分为明式拈连和暗式拈连两类:

(一)明式拈连

甲乙两事物都出现,拈连词也出现。例如:

> 苏州的桥,不仅站立在水巷里,还牢牢地站立在悠远的历史长河中,不仅跨越了河流,还跨越了历史。
>
> (文化专题片《江南》)

苏州的桥站立在水里,这是形象地描述,但将"站"用于抽象的"历史长河",就是拈连手法了,同样后半句也是如此,"跨越"不仅用于"河流",还顺势用于"历史"。

在"明式拈连"中,由同一个动词串联起来的甲乙两个事物,甲事物是具体事物,与这个动词搭配合情合理;而乙事物往往比较抽象,临时用这个动词来描述,使得抽象事物化为好理解的具体形象。

(二)暗式拈连

甲事物省略,或者甲事物中的拈连词省略,但乙事物必须出现。例如:

> 母亲一把大剪刀,仿佛裁掉了我童年的忧伤,给我剪出一个原来如此瑰丽的世界。
>
> (阿紫《战争·我正当童年》)

句中省略了甲事物"裁剪衣服",但保留了乙事物"瑰丽的世界",十分形象地表现了母亲的爱,为"我"遮住了生活中的苦难与忧伤,留下的是瑰丽的童年生活。

在"暗式拈连"中，拈连词本身就含有能与乙事物相配的比喻义或引申义，这样即使省略了甲事物或者甲事物中的拈连词，也并没有造成理解上的障碍，反而使话语更加简洁、生动。

九、回环

把前后语句组织成循环往复的形式，用以表达不同事物间的有机联系的辞格，叫作回环。运用回环修辞手法，能加强语气，增强语言感染力，反映事物之间的辩证关系，深刻有力地表达思想感情。例如：

近来呀，我越帮忙，她越跟我好，她越跟我好，我越帮忙，这不就越来越对劲儿了吗？

（老舍《女店员》）

上面两个例子是两项之间构成的回环。下面两个例子则是三项之间构成的回环。

《吹牛学》下笔高迈，语言云蒸霞蔚，情节变幻莫测，构思千回百转，故事气象万千。集哲学、文学、美学、伦理学、教育学、心理学、考古学、解剖学、政治经济学为一体；融孔子、老子、孙子、庄子、孟子、韩非子、何满子、冯英子、车前子、五味子、田中由纪子为一炉。理中含趣，趣中显奇，奇中有理。

（晋军《〈吹牛学〉自序》）

回环具有外在的形式美和内容上的连贯美，民间的连环游戏"老鼠怕猫，猫怕狗，狗怕我，我怕皇帝，皇帝怕天，天怕云，云怕风，风怕墙，墙怕老鼠"就是一种回环，俗语和广告语中也经常适应。

回环和顶真的区别：

顶真是反映事物间的顺接关系的，事物间顺连而下，呈直线型轨迹。

回环是在词语相同的情况下，巧妙变换词语顺序，回环往复，从甲到乙，再从乙到甲，呈圆周型轨迹。

十、列锦

是语言中的蒙太奇，将几个词和短语罗列在一起，并使词或短语的转换形成画面感、跳跃感和节奏感，用以烘托气氛，创造意境，表达情感的一种修辞手法。

列锦是古代诗歌词曲中常见的修辞方式。"枯藤老树昏鸦，小桥流水人家，古道西风瘦马""鸡声茅店月，人迹板桥霜"等都是这种修辞方式的运用。即使在现当代的文学作品中，这种修辞方式也常有所见。例如：

（1）红柳，松柏，梧桐，洋槐；阁楼，平房，更衣室和淋浴池；海岸，沙滩，巉岩，曲曲弯弯的海滨游览公路，以及海和天和码头，都模糊了，都温柔了，都接近了，都和解了，都依依地连接在一起。

（王蒙《海的梦》）

（2）后来她把他放逐在离自己很远的城市里，把自己放逐在离他很远的城市里。她的生活是，异乡的漂泊。一个城市，又一个城市。写作。陌生人。危险。不安全。男人。告别。还有漫长的孤独。

（安妮宝贝《蔷薇岛屿》）

（3）委屈、孤独、心酸。空空虚虚，没有着落，街上的人，各奔东西。上班、回家、入研究所、进科学院、下馆子、接孩子、开会、幽会。

（谌容《走投无路》）

例（1）把很多名词或名词性短语罗列在一起，反映了海滨的美好景色，用以衬托主人公对美好景色的向往。例（2）是名词、动词、形容词以及短语的一种混合罗列，烘托了主人公在分别后孤寂的生活状态。例（3）把主人公的心情以及一天的生活轨迹通过这种方式描述出来，简约个性，富有画面感。

【修辞方式的综合运用】

在语言运用中，辞格可以单独使用，但更多的时候，根据表达需要，常常同时使用几种辞格，这就是辞格的综合运用，辞格综合分连用式、兼用式和套用式。

一、连用式

连用式是指在一段话中接连使用了两种或两种以上的修辞格。几个辞格之间既不互相包含，也不彼此融合，而是前后相继使用。

（一）同格连用

同格连用指同一个辞格接连出现。下面就是比喻连用的例子。

海在我们脚下沉吟着，诗人一般。那声音仿佛是朦胧的月光和玫瑰的晨雾那样温柔；又像是情人的蜜语那样芳醇；低低的，轻轻的，像微风拂过琴弦；像花飘零在水面上。

（鲁彦《听潮》）

（二）异格连用

异格连用指在一句话中接连使用几种不同的辞格。下面例子就是对偶、反问、比拟连用。

我出外，小屋是我快乐的起点；我归来，小屋是我幸福的终点。往返于快乐与幸福之间，哪儿还有不好走的路呢？我只觉得出外时身轻如飞，山路自动地后退；归来时带几分雀跃的心情，一跳一跳就跳过了那些山坡。

（李乐薇《我的空中楼阁》）

二、兼用式

兼用式是同一句话从一个角度看用的是某种辞格，从另一个角度看用的是另一种辞格，各种辞格有机融合在一起。例如：

（1）桃树，梨树，你不让我，我不让你，都开满了花赶趟儿。

（朱自清《春》）

（2）路两旁，每一棵树上都结着一颗太阳，把我们的悄悄话晒得发烫。

（王怀让《给我的爱人》）

例（1）是回环和比拟的兼用。例（2）是比喻、通感、夸张的兼用。

辞格的融合，可以使句子浑然一体，修辞效果更加明显，一般经常融合使用的辞格有：排比和反复、比拟和夸张、夸张和比喻等。

三、套用式

一个句子，从整体上看使用了某种辞格，而这种辞格内部的成分如果分解来看，又包含着其他辞格，这种彼此之间有包含和被包含的关系的辞格现象就是辞格的套用。例如：

(1) 雨落在水库里，像滴进晶莹的玉盘，溅起了粒粒珍珠；雨落在树梢上，像给枝条梳动着柔软的长发；雨落在土地里，卷起了一阵轻烟，土地好像绽出了一个个笑的酒窝。

（刘湛秋《雨天的歌》）

(2) 没有风。海自己醒了，喘着气，转侧着，打着呵欠，伸着懒腰，抹着眼泪。因为岛屿挡住了它的转动，它狠狠地用脚踢着，用手推着，用牙咬着。它一刻比一刻兴奋，一刻比一刻用劲。

（鲁彦《听潮》）

例（1）是排比和比喻套用，"鱼落在水库里……雨落在树梢上……雨落在土地里……"之间构成排比，而每一项又使用了比喻。例（2）从总体上看是比拟，其中又套用了排比和对偶。

辞格的套用可以使得辞格灵活组合，分层包容，大层次和小层次各得其所，互相配合，使得文字表达更加严密细致，更加富有变化和表现力。

【艺术赏析】

推荐阅读：毕淑敏，《爱怕什么》。

这篇文章通篇使用排比、比喻等修辞手法，形象生动地从多角度写出了爱的博大坚固、力量宏大，感情真挚，铺陈排比，比喻运用精致准确，语言极具感染力。

【思考练习】

1. 语言与修辞的关系是什么？举例说明语音、词汇、句法等语言要素的修辞艺术。
2. 辞格辨别：

(1) 虽然天山这时并不是春天，但是有哪一个春天的花园能比得过这时繁花无边的天山呢？

(2) 希望大家积极支持文字改革工作，促进这一工作，而不要促退这一工作。

(3) 我们要造成民主风气，要改变文艺界的作风，首先要改变干部作风；要改变干部作风首先要改变领导干部的作风；改变领导干部的作风首先要从我们几个人做起。

(4) 科学需要社会主义，社会主义更需要科学。

(5) 据说，一个中型企业的基建预算，一个专门的班子，十几个人，半个月，也没算明白。父亲只用了一个大半天的时间，算得无懈可击。

(6) 她瞟了我一眼，这一眼像香槟酒一般使我禁不住舔着嘴唇。

(7) 延安的歌声，是革命的歌声，战斗的歌声，劳动的歌声，极为广泛的群众的歌声。

（8）斧头劈翻旧世界，镰刀开出新乾坤。

（9）郭沫若说："历史研究是'实事求是'，历史剧作是'实事求似'。"

（10）你的智商比水母还高啊！

（11）那个小孩眉毛和眼睛远得彼此要害相思病。

（12）微风轻轻地吹，吹动了这姑娘的衣角，也吹动了她的心……

（13）新婚夫妇们在公园里种下了一株株合欢树，也种下了一个个美好的希望。

（14）黑龙江人常说，这里的土，插根筷子都会发芽。

（15）有翼的床头仿佛靠着个谷仓，仓前边有几口缸，缸上面有几口箱，箱上面有只筐，其余的小东西便看不见了。

（16）农民们都说：看见这样鲜绿的苗，就嗅出白面包的香味儿来了。

3. 下列句子是辞格的综合运用，请指出是哪一种形式？

（1）摇动的车轮，旋转的锭子，争着发出嗡嗡嘤嘤的声音，像演奏弦乐，像轻轻地唱歌。

（2）总理的轿车开动了，我们的心哪，跟着总理向前，向前……忘记了卸装，忘记了时间，忘记了春寒……许久许久，周总理的音容笑貌，在我脑际萦绕；周总理的谆谆教诲，在我心中回想。

（3）勤奋是点燃智慧的火花，懒惰是埋葬天才的坟墓。

（4）大理花多，多得园艺家定不出名字来称呼。大理花艳，艳得美术家调不出颜色来渲染。大理花娇，娇得文学家想不出词句来描绘。大理花香，香得外来人一到这苍山下，洱海边，顿觉飘飘然，不酒而醉。

（5）爱心是一片照射在冬日的阳光，使贫病交迫的人感到人间的温暖；爱心是一泓出现在沙漠里的泉水，使濒临绝境的人重新看到生活的希望；爱心是一首飘荡在夜空的歌谣，使孤苦无依的人获得心灵的慰藉。

（6）好！黄山松，我大声为你叫好，

谁有你挺得硬，扎得稳，站得高！

九万里雷霆，八千里风暴，

劈不歪，砍不动，轰不倒！

4. 分析下列文学作品中的语句所使用的语言变异表达手段。

（1）等绕到丹桂商场，老李自己种在书摊面前。（老舍《离婚》）

（2）小村没有绿色邮亭，她喜欢沿着小路，去投寄羞涩。（冯静辉《邮亭》）

（3）滚圆的月亮，滚圆的诱惑，滚圆的温馨，滚圆的欢乐。（中流《滚圆的诱惑》）

（4）……只见一皮鞭抽下去，屁股上陡然暴起两道红印！国杀猪一般叫着，哭得鲜艳而热烈！（李佩甫《无边无际的早晨》）

（5）……校当局禁止在花前柳下置板凳，怕学生读了西厢红楼，在这儿<u>风花雪月</u>起来。（李晓《继续操练》）

（6）大家咳了几声例嗽之外，还换了较舒适地坐姿。（钱钟书《围城》）

（7）场长把手里的那叠纸往桌上一放，张脚舞手地打了个愤怒的哈欠，顺势警告性地放了个响屁，屁发着太浓的酒气，而且从声调上可以听出来，他上下都有很多气要出。（袁佑学《江鳅》）

（8）我终于悟到：高密东北乡无疑是地球上<u>最美丽最丑陋</u>、<u>最超脱最世俗</u>、<u>最圣洁最龌龊</u>、<u>最英雄好汉最王八蛋</u>、<u>最能喝酒最能爱的地方</u>。（莫言《红高粱》）

（9）每一个上海姑娘，都有一幅罗丹交给她们的酥胸，从薄衬衣里不客气地<u>挺出现代美学</u>。（曹剑《上海姑娘》）

（10）<u>抓一把黑暗撒在地面</u>。（沈从文《冬的空间》）

（11）黄昏已经渐渐<u>腐蚀</u>了山峦与树石轮廓。（沈从文《箱子岩》）

（12）<u>酿</u>上了一小涡微笑。（沈从文《主妇》）

（13）这不就是法兰克福的孩子们吗？<u>男孩子和女孩子</u>。<u>黄眼睛和蓝眼睛</u>。追逐着<u>的</u>，<u>奔跑着的</u>，<u>跳跃着的</u>。喂食小鸟的，捧着鲜花的，吹响铜号的，<u>扬起旗帜的</u>。（王蒙《春之声》）

（14）仅仅十来天之后，对少恒的思念就开始如泥鳅一样在心里<u>先是蠕动继是滚动后是蹿动</u>，弄得她心神不宁坐立不安了。（周大新《银饰》）

（15）他抽掉那根壮实的枣木门闩，刚把哼哼唧唧吱吱呀呀的两扇门拉开一道小缝，<u>早晨的凉气就迫不及待亲亲热热挤进来搂住了他</u>，他身子一个激灵，打了个响亮的喷嚏，喷嚏声在石板铺就的街道上打了几个滚才站起来跑远。（周大新《银饰》）

【拓展延伸】

1.《围城》是中国现代文学史上一部风格独特的讽刺小说，被誉为"新儒林外史"。语言风格辛辣尖酸，比喻风趣幽默，妙趣横生，富有讽刺意味。例如：

（1）鸿渐想去年分别时拉手，何等的亲热；今天握她的手却像捏着冷血的鱼翅。

（2）忠厚老实人的恶毒，像饭里的沙粒或者鱼片里未净的刺，给人一种不期待的伤痛。

（3）韩太太虽然相貌丑，红头发，满脸雀斑，像面饼上苍蝇下的粪，而举止活泼得通了电似的。

请阅读《围城》，并试着分析它的语言风格，再找出一些具有讽刺意味的比喻句，并进行仿写。

2. 运用仿拟的相关知识仿写下面诗歌，或者自选篇目进行仿写。

（1）你，一会看我，一会看云。我觉得，你看我时很远，你看云时很近。（顾城《远和近》）

（2）一切都是命运；一切都是烟云；一切都是没有结局的开始；一切都是稍纵即逝的追寻；一切欢乐都没有微笑；一切苦难都没有泪痕；一切语言都是重复；一切交往都是初逢；一切爱情都在心里；一切往事都在梦中；一切希望都带着注释；一切信仰都带着呻吟；一切爆发都有片刻的宁静；一切死亡都有冗长的回音。（北岛《一切》）

3. 请从《那年那月那人》《我》《星星》中选择一个作为题目，写一段短文。要求其中运用你熟悉的三种修辞格。字数300左右。

【咬文嚼字】

2020年十大语文差错

1. "新冠"的"冠"误读为 guàn

"新冠"几乎每天都在各类媒体中出现，常有人将"冠"误读成 guàn。"冠"是个多音字：读 guān，名词，指帽子或形似帽子的东西；读 guàn，动词，指戴帽子。"新冠"是"新型冠状病毒"的简称，"冠状病毒"是一种球形病毒，因其外膜上有形似中世纪欧洲王冠上的棒状凸起而得名。"新冠"的"冠"取"王冠"之义，名词，当读 guān 而不读 guàn。

2. "戴口罩"误用为"带口罩"

"戴口罩"是最有效的防疫措施，在相关宣传中常被误用为"带口罩"。"戴"指把物品加在能发挥其功用的身体某一部位，"带"指随身携带、拿着某物品。"戴口罩"指将口罩正确地加于口鼻之上，"带口罩"即随身携带、拿着口罩。显然，"戴口罩"能阻止病毒入侵呼吸系统，而"带口罩"无法隔绝病毒。

3. "共渡难关"误用为"共度难关"

新冠病毒肆虐,各行各业都面临前所未有的挑战,"共渡难关"成为一个高频词,其中的"渡"常被误用为"度"。"度"与"渡"均可指跨过、越过、经过,古汉语中常混用,但如今二者已分工:"度"与时间概念搭配,如度日、欢度佳节;"渡"与空间概念搭配,如渡河、远渡重洋。难关,本义指难通过的关口,是空间概念,与之搭配的应是"渡"而不是"度"。

4. "杏林"误用为"杏坛"

广大医务人员不顾个人生命危险,逆行出征,在抗疫一线做出重大贡献。不少诗文用"杏林天使""杏林豪杰"来称颂他们,但"杏林"常被误用为"杏坛"。"杏林"与三国吴人董奉有关,据说他看病不收钱,只要求病愈的人在他家附近种杏树,病重者种五棵,轻者种一棵,日久蔚然成林。后世以"杏林"称良医,也指医学界。"杏坛"则与孔子有关,相传孔子曾于杏坛之上授业,后世便称讲学之地为"杏坛",现泛指教育界。

5. "宵禁"误用为"霄禁"

在报道国外防疫措施时,"宵禁"频频见诸各种媒体,但常常被误用为"霄禁"。"宵"指夜晚,"霄"指云、天空。宵禁,即禁止夜间活动。大多数人白天要工作,所以许多国家只限制夜间活动。为防疫而宵禁,根本目的是减少非必要的人际接触。"宵禁"与云、天空无关,不能写成"霄禁"。

6. "挤兑"误用为"挤对"

在新冠肺炎疫情威胁下,许多国家的医疗系统几近崩溃边沿,不少媒体称"医疗资源出现挤对"。其中的"挤对"应为"挤兑"。"兑"即兑换;"挤兑"本指银行券持有人争相向发行银行兑换现金的现象,严重时会使银行崩溃,失去兑付能力。医疗资源被挤占,可类比为"挤兑"。"挤对"指逼迫别人屈从,"医疗资源出现挤对"说不通。

7. "副作用"误用为"负作用"

有媒体报道,某些防治新冠肺炎的疫苗或药物出现了"负作用",这里的"负作用"应为"副作用"。任何药物的药理作用都不是单一的,对特定的疾病而言,起治疗作用的是"主作用",对治疗无效的其他作用是"副作用"。"副"与"主"相对,强调的是附带。药理学术语"副作用"不能写成"负作用"。

8. 误用"叹为观止"形容疫情失控

截至2020年年底,美国新冠肺炎确诊病例超过2000万,病亡人数超过35万,均居世界之最。有媒体在报道相关新闻时称:美国疫情防控形势,让人"叹为观止"。"叹为观止"是个成语,表示所见事物好到了极点。新冠疫情,严重威胁着人类的生命与健康,是人类历史上的大灾难,不能用"叹为观止"形容。

9."科创板"误用为"科创版"

2020年11月,蚂蚁集团发布暂缓上市公告,其中将"主板""科创板"错写成了"主版""科创版"。"板"指板块,本指地球岩石圈的构造单元,引申指具有共同特点或联系的各个组成部分。"主板""科创板"是我国多层次资本市场体系的重要组成部分,其"板"取"板块"之义。"版"指用于印刷的上面有文字、图形的底子,"版块"仅用于报刊、节目中。资本市场体系中的"主板""科创板",不能写作"主版""科创版"。

10."螺蛳粉"误用为"螺丝粉"

2020年,广西柳州特色小吃螺蛳粉走红。不少商家在宣传时错把"螺蛳粉"写作"螺丝粉"。螺蛳,淡水螺的通称,一般个体较小,可食用,肉味鲜美,营养丰富。螺丝,是螺钉的俗称,通常用金属制成,是圆柱形或圆锥形的零件,杆上带螺纹,用于连接、固定。螺蛳粉以螺蛳为主要食材,和螺丝无关。

(摘自《咬文嚼字》1月5日)

下编
文体实践篇

第四章 文学文体

【本章提要】

文学文体包括小说、诗歌、散文、剧本等,是综合运用各种语言修辞艺术手段来增强表达效果的文体。它们又各自具有独特的结构体式写作特点。学习文学文体的结构特点以及写作技法,多阅读鉴赏经典作品,并通过多方面的训练,来掌握文学文体的写作。文学文体的学习能够提高文学素养,接受艺术熏陶,提升鉴赏品位,培养审美情趣。

第一节 小说

【内容概述】

小说是最贴近百姓生活,反映社会现象,可读性很强的一种文体。时下,小说与影视联姻以及网络小说的兴起,使得小说发展呈现了多元化的发展趋势,增强了其传播广度和影响力度,因此,它也是学生比较感兴趣的并且可以付诸创作的体裁。微型小说则更被认为是"训练作家的最好学校"。微型小说以其短小精练,结构巧妙,寓意深刻等特点使得很多知名作家都投身于微型小说的创作,并得到了评论界的关注。通过本节的介绍和经典范文的赏析,让学生了解微型小说的基本写作技巧,并能够开始初步创作。

【基本概念】

小说是一种可以综合运用语言艺术的各种表现方法,通过对人物、情节和环境的具体描写,以反映社会生活,表现一定主题思想的叙事性的文学体裁。

小说有着悠久的历史,它起源于古代神话传说和寓言故事,经历了六朝志怪、唐代传奇、宋元话本、明清章回小说,直到近现代,小说成为最受广大读者喜爱的文学样式。

人物、故事情节、环境是构成小说的三要素。

人物是小说的中心要素,是小说的核心,人物刻画精彩与否直接关系到小说创作的成败。精彩的人物形象是典型的，具有独特的思想性格。时间和地点构成了小说的环境要素。小说的环境包括社会环境和自然环境，社会环境往往表现为复杂的社会关系，人物之间的联系，自然环境可以渲染气氛，烘托人物的情感。事件、原因、结果构成了小说的情节要素。情节是人物性格形成、发展的过程，也能够体现人物在事件前因后果、来龙去脉的发展中的性格气质、精神品格。

【类型特点】

1. 根据不同的标准对小说进行分类会产生不同的分类体系。
2. 按题材内容分为历史小说、武侠小说、推理小说、科幻小说、言情小说等。
3. 按风格分为讽刺小说、幽默小说、谴责小说等。
4. 按表现形式分为故事小说、心理小说、性格小说、抒情小说、意识流小说等。
5. 按篇幅的长短分为长篇小说、中篇小说、短篇小说与微型小说。

一、长篇小说

字数较多，一般在十万字以上，多的上百万字。长篇小说人物众多，能细腻地刻画人物性格的多面性，塑造众多典型的人物形象。情节跌宕起伏，事件复杂，多重线索重叠交错。它反映广阔丰富的社会生活，常常展现出一个历史时期的生活画面。例如陈忠实的长篇小说《白鹿原》，以陕西关中平原上素有"仁义村"之称的白鹿村为背景，细腻地反映出白姓和鹿姓两大家族祖孙三代的恩怨纷争。全书浓缩着深沉的民族历史内涵，有令人震撼的真实感和厚重的史诗风格。

当代经典长篇小说作品有：路遥《平凡的世界》、霍达《穆斯林的葬礼》、陈忠实《白鹿原》、阿来《尘埃落定》、张洁《无字》、麦加《暗算》、王安忆《长恨歌》、余华《许三观卖血记》、贾平凹《秦腔》、毕飞宇《推拿》、刘恒《贫嘴张大民的幸福生活》、严歌苓《小姨多鹤》《第九个寡妇》等。

二、中篇小说

大约在三万字以上，十万字以内。它不像长篇小说那样人物众多，展开的生活图景也没有长篇小说宏大。与短篇小说相比，人物关系相对复杂，多个人物之间相互牵扯推动情节发展，往往表现多个主要人物的多个阶段或一生命运的变化。例如，韩少功的

《爸爸爸》，描写了一个傻子的言行对整个村子命运的影响与改变，批判了愚昧落后的封建迷信文化，情节比较集中，并围绕主要人物展开。

当代经典中篇小说作品有：刘恒《天知地知》、东西《没有语言的生活》、阎连科《年月日》、徐小斌《双鱼星座》、铁凝《永远有多远》、毕飞宇《玉米》系列、严歌苓《金陵十三钗》等。

三、短篇小说

字数在几千字到三万字之间。由于篇幅的限制，往往集中描写一两个主要人物，事件不多，情节比较简单，人物性格没有太大变化，人物与人物之间没有太多纠葛和矛盾冲突，通常截取一个或几个生活片段，表现的社会生活相对狭小。例如，鲁迅的短篇小说《祝福》，描绘了主人公祥林嫂一生之中影响其命运的几次遭遇，在线索清晰的情节进程中，将人物最鲜明的性格特征展示给读者。

当代经典短篇小说作品有：毕飞宇《哺乳期的女人》、池莉《心比身先老》、刘庆邦《鞋》、红柯《吹牛》、徐坤《厨房》、迟子建《清水洗尘》、王安忆《发廊情话》、范小青《城乡简史》、苏童的《茨菰》等。

四、微型小说

微型小说又叫小小说或一分钟小说，以前作为短篇小说的一个品种而存在，后来成为一种独立的文学样式，其性质被界定为"介于边缘短篇小说和散文之间的一种边缘性的现代新兴文学体裁"。篇幅非常短小，叙事要素单一，构思精巧，通过典型细节或典型场面刻画人物某一方面的性格，以小见大地反映社会生活。语言简练，蕴涵意义深远的思想、情感和道理，引发人们思考表象背后真实的本相。中国微型小说的创作从20世纪80年代开始丰富起来，并得到了评论界的关注，欣赏微型小说成了当代小说大众化的普遍现象。阿·托尔斯泰认为："小小说是训练作家最好的学校。"

接下来主要就微型小说的写作进行分析。

【微型小说写作特点】

一、篇幅微小

不超过1500字，因此，构思和行文时必须注意字句的凝练，不允许作品中有赘词冗句。如马克·吐温的《丈夫支出账单中的一页》。全文只有七行字，却具有长篇小说的全部情节。

二、立意新颖，风格清新

一篇优秀的微型小说，会带给读者无尽的思考，咀嚼不尽的滋味，反映出人生、社会的重大问题。立意要抓住以下几个要素：贴近生活的现实性、深刻独到的哲理性、鲜活辛辣的新奇性。从生活出发，从身边的人和事出发，"零距离"取材，使主题具有对现实生活的穿透力；在现实意义的基础上，升华为哲理性的概括，将立意拓深，向生活的本质掘进；观察和发现生活中的新问题，从现实生活中挖掘出新颖活泼的理趣与情趣，看见别人看不见的东西。

三、结构严密

微型小说在结构上应力求时间、场所、人物都尽可能地压缩、集中，使作品结构简练、精巧，如同微雕工艺品那样。因此，特别要在选材、剪裁和布局上下功夫。

四、结尾要新奇巧妙，出人意料

微型小说的特点多半在于一个"奇"字。中外作家的许多优秀作品就常在结尾处使人拍案叫绝。如邵宝健的《永远的门》，日本作家星新一的《喂——出来》的结尾就出人意料。

【微型小说写作技巧】

一、以小见大，由近致远

"微型小说的题材，撷取的多半是生活海洋里的一涓一滴。经过艺术的点染，也便成了一朵绚丽的浪花。可以是生活中的一幅速写，一幅剪影，一个镜头，几个逼真的细节，几段妙趣横生的对话。"[①] 选取人物具有闪光点的短时间的生活片段，所以，虽"小"，却有着较为丰富的意蕴，包含一定的生活容量。王任叔《河豚子》，短短800字，只写了一天之内，一个贫困农民因春荒逼租无法生活，而让全家吃河豚子自杀的悲剧。从这一个

---

① 凌焕新：《微型小说美学》，凤凰出版社，2011，第82页。

具有典型意义的人物和事件中，反映出那个时期农民欲生不能，欲死不得的普遍命运。微型小说的题材虽小，却是点点黄金，粒粒珍珠，讲究以一当十，以少胜多。现实感强，充满生活气息，但要写出艺术境界的"远"，使人联想无穷。

二、结构精巧，体式多样

微型小说格局虽小，但只要巧于营构，仍然可以于细微之处显示精美的结构艺术。

从情节安排上，不要求开端、发展、高潮、结局一应俱全，往往取其一端，剪裁得当，自成一体。由于篇幅短小，结构上尤其追求精巧。

1. 设置悬念式

情节进程出现突转，使读者产生心理落差，进而思考故事所寓示的道理。例如恒亚的《爱情雀斑》，男主人公帅气，女主人公美丽，他们志趣相投，文章写道："其实她是美丽的女人，容貌和头脑兼备的女人，是他宠爱的女人。于是，他更频繁地给她写信，多了一些温柔甜蜜的话。两个信箱之间已经没有了距离。"读到这里，大部分读者会觉得这一对有情人是应该在一起的。但是，接着情节出现了突转，结局跟读者开始所预想的完全相反："她没有再收到他的信。新年之初的一段隐隐约约的爱情，开始于网络，结束于18个不复存在的雀斑。"因为18个雀斑，他们没有结合。

2. 曲折生动式

在短小的篇幅里追求结构的变化美。但一定是经过设计的"有秩序的变化"，可以是前后对比，双峰对峙，如《变化》；也可以是单线曲折，一波三折，如王任叔的《河豚子》。

3. 镜头组合式

运用电影蒙太奇组接法，将几个不同场景的画面或相同场景的不同画面剪辑组合在一起，形成对比，突出主题。例如：那家佐《古老的传说》是由4幅画面组接而成的。从古刹古道到立交桥、霓虹灯场景的变化代表了时代的变化，但不变的是生了女孩的女人被丈夫遗弃毒打，被社会歧视的命运，几个画面的组接对读者形成了强有力的冲击，鞭挞了重男轻女的封建思想。

三、勾勒轮廓，突出特点

微型小说人物描写的特点是，写主要人物的性格的某一侧面，或写主要人物的情绪、心态。常用白描手法，抓住人物内在与外在的特征，以简练明白的语言，勾勒出传神的轮廓。例如李伦新《收回成命》，先用速写的笔调描述出一个长有两颗小虎牙的自私自利，具有权钱思想的青年，然后又以更经济的笔墨描述出一个口头上"为人民服务"的伶牙俐齿的即将被提拔的人物形象，前后两幅剪影形成鲜明对比，寥寥数语便勾勒出他的丑恶灵魂。

对人物的某些特征还可以通过夸张手法加以放大，突出特征，带有漫画的意味。例如王蒙的《雄辩症》，作者用夸张手法，把病人的荒唐逻辑、无理诡辩放大若干倍，画出了"四人帮"的"雄辩"特征。这种畸形的夸张讽刺意味深刻，为我们提供了辛辣的喜剧美。

【艺术赏析】

推荐阅读：毕飞宇，《地球上的王家庄》。

短篇小说《地球上的王家庄》以孩童的叙述角度，在奇特的想象中寄寓了作者对特定历史时代的思考。小说具有多重隐喻色彩，表层是孩童对世界的好奇与向往，深层隐喻了特定时代的愚昧，更深层则隐喻了人类面对时代、面对世界、面对宇宙的渺小、无助与无知。小说"以管窥豹"，意蕴深刻。

【学生习作】

病

吕昊

天，很黑；风，很大；稀星几点，残月如钩。

女人穿了一件大衣，怀里搂紧了一个被裹得严严实实的、呼吸急促的男婴。

女人停在了一间平房前，"砰、砰"的敲门声划破了黑夜的宁静。

门，开了，探出一个人，打量了一下来人后，便敞开了大门，女人不假思索地钻了进去。

这是一间10平方米的小屋，屋的最北端供了三尊佛，佛前的香炉中香烧得正旺，香灰早已溢出，洒满供台。

四周挂满了锦旗和一副联。一曰：观音在世解人疾苦，一曰：易经卜算能晓古今。

女人将男婴从襁褓中抱出，双颊红得发亮。

那道姑模样的人接过男婴："很好，昨天的仙方果然起了作用，烧退了不少。"

接着将男婴平放在最中间的观音大士像前闭了眼，口中念念有词，女人也双手合十，跪在佛前，好似在祈祷，丝毫不管在一旁嚎哭的小儿。道姑从香炉中取了一点香灰，用水和了后捏了小儿的鼻从嘴中灌了下去，又在他的额前划了几下。

女人摸出了 10 元香钱递给了道姑，给男婴重又裹上襁褓，便走了。

如是去了几次，男婴的烧退了，白里透红的小脸蛋上又有了两个深深的小酒窝，见了人便傻傻地笑。

"全好了，"道姑抱了小家伙看了看，神情依旧冷酷似冰，没有一丝笑靥。"你儿子生辰八字不是太好，命中缺金，15 岁生根，小时多磨难。"

"有什么挡法？"女人急切地问。

"在我这儿寄个名，拜给观音大士做义子。"

"多少钱？"

"三百！"

女人毫不犹豫地从袋里摸出了三百元。

过了些时日，几个便衣把道姑带走了，女人拦住了他们："你们要把她带到哪里？"

"公安局，她在这里搞封建，宣扬迷信，骗人钱财。"

"不，她是神仙，她治好了我儿子的病。"女人喃喃道，她冲进了那间平房，香炉里仍有三根未息的香，她双手合十："救苦救难的观音大士快显显灵吧，救救她吧，她是个好人！"

门外，狂风顿起，吹散了那些锦旗，也吹落了那副对联，飘落到女人面前，上曰：观音在世解人疾苦……

门外等着封房的警察将她拉出后，女人骂道"有病啊！"

【艺术赏析】

小说描写了一个农村妇女为了给孩子看病，虔诚地求助于道姑，待道姑被警察抓走后，农妇依然没有从被骗的经历中醒悟，结尾寓意深刻，令人回味，俨然有鲁迅"哀其不幸，怒其不争"的讽刺风格。全文语言精练，白描的手法运用娴熟，是一篇难得的学生佳作。

【思考练习】

1. 谈谈你喜欢的某位小说作家，并向大家介绍他的一部小说。

2. 人物塑造对小说写作至关重要，你要写好另一个人物的情感和思维，取决于你能否进入他的大脑，理解他的内心。下面的练习将帮助你跳出自己的视角，从他人的视角观察、感受与思考。

在你熟悉或不熟悉的人中选一个你最不喜欢的。想象你走进一家餐厅吃午饭，里面散坐着一些客人，坐在角落里的正是那个你最不喜欢的人。用第一人称写下你找位置时的想法。

现在，另取一张白纸，把自己想象成那个你讨厌的人，进入这个人的头脑，写下他在看到你进来时的想法。

尽量挖掘得深刻一些，有时候我们讨厌一个人，问题的根源在于我们自己。看看自己写得好不好。体会一下这个练习难在哪里？

3. 请从下面漫画内容出发，构思一篇200字左右的微型小说。

4. 请将以下这几句话续写成一篇小小说：

六点五十了，离约会的时间只剩下十分钟了。

我受不了了，今天晚上我一定要对她（他）说……

5. 自选一部小说，改编成剧本，并在课堂上进行演出。

6. 请分步骤完成以下练习：

第一步

请你左边或右边的同学按照要求快速地、不假思索地写下三个词，不要考虑接下来会怎么样。

第一个词：动词，一个正在进行的动作。

第二个词：身体的一部分。

第三个词：一个物体。

第二步

把第一步写下的词放到下面的句子中：

经过一天的"正在进行的动词"，一个人发现自己"身体的一部分"已经变成了"一个物体"。

以此为开头，写一个小故事。

开始写吧！如果写不出就想想卡夫卡是怎么做的！

【拓展延伸】

1. 以写作小组为单位进行"小说接龙"。通过小组成员之间的协作，确立小说题材、主题、情节、人物等要素，以小组成员接龙的形式，完成一篇 3000 字左右的小说创作，最后进行课堂汇报评比。

2. 请查阅相关资料，了解中国现当代文学史上的小说流派，譬如反思小说、先锋小说、新写实小说、私人化小说、青春疼痛小说等，对各流派写作特点、代表作家、代表作品做一梳理，做成 PPT，进行课堂汇报。

3. 经典小说与影视的联姻，成为文艺界的一个经典现象，很多小说都被拍成了影视剧，使得文学作品有了更广阔的传播效应和发展前景。试就严歌苓的某部小说与改编成的电影或电视剧在选材、主题、内容等方面进行比较。

4. 文学界对网络文学褒贬不一。李敖曾说"网络文学是厕所文学"，作家徐坤也不看好网络文学，他认为"所谓网络文学在现一阶段还根本不能独立存在，许多被广泛传阅的网络作品，到一定程度后，都向纸质媒体寻找出版机会"。冯骥才则认为"网络文化没市场因素，不须考虑书商的要求，没有商业性，是真正的心灵的东西。网络文学一定会产生好的作品和作家。"你是如何看待当代中国的网络文学发展的？

5. 当下历史题材文学逐渐成为文坛亮点，除了像《张居正》这样的传统现实主义创作外，戏说类、穿越类、新编类、反讽类的历史题材文学日益呈现出多元的状态。而影视剧创作中也出现了历史现实主义作品与戏说穿越类的纷争、对抗，譬如《雍正王朝》《甄嬛传》与《步步惊心》《倾世皇妃》等的分野，你如何看待评价这一现象？

【推荐阅读】

[1] 凌焕新：《微型小说美学》，凤凰出版社 2011 年版。

[2] 中国小说学会主编：《新世纪中国小小说精选》，天津人民出版社 2007 年版。

[3] [美] 杰罗姆·大卫·塞林格著，施咸荣译：《麦田里的守望者》，译林出版社 1997 年版。

[4] [美] 卡勒德·胡赛尼著，李继宏译：《追风筝的人》，上海人民出版社 2003 年版。

【咬文嚼字】

阅读下文：

花一小时用一句话描述你要写的故事。

再花一小时把它扩展成一段，包括故事的开端，主要的冲突以及结局。

为每一章写一个梗概。

花些时间把每章的梗概扩展成一段。除了最后一章，每一章都应该在冲突中结束。最后一章结束全书。

花一到两天用一页纸描述主要人物，再用半页描述一下其他人物。

下面，花一周的时间把一页的故事梗概扩展成四页。

再花一周的时间做出详细的人物表和每件别人应该知道的关于这些人物的事情。

用表格列出所有你希望加入故事的场景。

开始用写字板写你的小说。

现在，你可以开始欣赏你的第一部小说的草稿了。

这是老舍先生关于如何创作小说的一篇短文，按照这个步骤进行创作，看看有没有可行性？

第二节　诗歌

【内容概述】

诗歌是四大文体中格式最为独特，语言最为精练的，本节主要介绍诗歌的基本概念、基本分类、基本特点以及写作技巧，并通过名篇赏析提高学生赏析诗歌的能力。

【基本概念】

诗歌是一种以抒发作者内心情感为主，采用分行排列的形式，运用高度精练、富有节奏和韵律的语言、丰富的想象，集中地反映社会生活，感情饱满地抒发思想感情的一种文学体裁。

【类型特点】

诗歌按其所反映社会生活的内容性质与艺术表现形式，可分为抒情诗与叙事诗两大类；按其语言与格律的不同形式，可大体分为格律诗、自由体诗、歌谣诗，等等；按诗中是否使用明显的韵脚，又可分为有韵诗和无韵诗两种。诗歌在与其他文学体裁相结合创作时，又产生出散文诗、寓言诗、童话诗，等等。如果按其历史发展线索来划分，大致可分为古体诗、近体诗、新体诗和新诗，等等。如果按其体裁来划分，又可分为骚体诗、乐府民歌、四言诗、杂言诗、古风、五言诗、七言诗、歌行体、自由体，等等。①

与其他文学体裁相比，诗歌具有以下特点。

一、抒情性

抒情是诗歌的根本特性，是诗歌的生命。没有抒情便没有诗歌。诗歌的其他特点，都是由此派生出来的。不只是抒情的诗着重于抒情，就是叙事诗，也必须以抒情的方式、抒情的笔调、饱含情感的诗的语言来叙事，为抒情而叙事，借叙事以抒情。同时，与抒情性相联系，诗歌又具有鲜明的个性色彩。因为诗歌所抒之情，都是诗人心灵的火花，是诗人对客观事物或社会生活现象独特感受、独特发现的心理反映。真正的诗人，总是以独特的语言、独特的方式以及独特的艺术手法来表现其浓烈的感情，所以他写出的诗歌，必然深深地打上自己个性的印记，具有独特的艺术风格。

二、凝练性

在内容与形式上高度凝练、精美，是诗歌的另一基本特点。因为诗歌着重于抒情，必须用饱含情感的艺术形象、优美动人的意境打动读者的心灵，唤起读者的联想与共鸣，而诗歌篇幅一般又比较短小，所以它必须高度集中地反映社会生活，用最经济、最简洁、最准确、最精美的语言去表现尽可能丰富而深刻的情感内容，以十当百，以少胜多，以获得"言已尽而意无穷"的艺术效果。例如柳宗元《江雪》：

千山鸟飞绝，万径人踪灭。孤舟蓑笠翁，独钓寒江雪。

这是一首五言绝句。诗人用精练简洁的语言为我们描画了一幅意境卓然的山水画：冰天雪地寒江，没有行人、飞鸟，一位老翁独处孤舟，默然垂钓。仔细品味，这洁、静、寒凉的画面却是一种遗世独立、峻洁孤高的人生境界的象征。

三、想象性

诗歌的情感内容要求有与之相适应的表现手法和形式，在很多情况下，诗人那种强烈的情感往往不能凭借写实的物象来表现。同时，诗人对自己所描绘的对象也常常融

---

① 刘象愚、于天池主编：《中国少年儿童艺术百科全书·文学艺术卷》，希望出版社，2002，第22页。

入自己的主观感受，这就使得想象性成为诗歌的一个显著特点。和其他文学样式比，诗歌的想象更少受现实的限制，更大胆自由，领域更为广阔，内容更为丰富。如汉乐府诗《上邪》：

> 上邪！我欲与君相知，长命无绝衰。山无陵，江水为竭，冬雷震震，夏雨雪，天地合，乃敢与君绝。

这首旷世情歌以第一人称的口吻呼天为誓，直抒胸臆，以丰富的想象力假设了五种不可能出现的自然现象，表达了一个女子对爱情的热烈追求和执着坚定。

四、音乐性

韵律和节奏构成了诗歌的音乐性。一般来说，诗歌要求押韵，即在诗行末尾使用韵母相同或相近的字。中国古诗一般采取双行押韵的方式，现代诗歌则较为自由。押韵使诗歌前后相应，朗朗上口，具有较强的音乐性。不过，押韵与否并不是诗歌外在形式的标志，也不是使诗歌具有音乐性的唯一手段。对诗歌音乐性来说，节奏是更为重要的因素。诗的节奏是指由于语言的不同排列组合而形成的有规律的抑扬顿挫，而这种排列组合完全取决于诗人抒发感情的需要。诗歌的节奏是由其抒情特点决定的。而情绪的流动本身是有节奏的，或者先抑后扬，或者先扬后抑，或者抑扬相间，或轻或重，或疾或徐，以波状的形态进行，这便是诗的内在节奏。外在的节奏应当与诗的内在节奏相一致，并成为内在节奏的自然体现。比如，激昂慷慨的情绪在表现形式上需要有短促、有力的节奏，痛苦悲哀的情绪需要有低沉、徐缓的节奏等。这样，诗的节奏才真正和谐圆浑，表里如一。现代诗歌更注重表现诗的内在的节奏，特别是自由体诗，主要就是依据情绪起伏的规律。比如郭沫若《凤凰涅槃》：

> 我们更生了。我们更生了。一切的一，更生了。一的一切，更生了。我们便是他，他们便是我。我中也有你，你中也有我。我便是你。你便是我。火便是凤。凤便是火。翱翔！翱翔！欢唱！欢唱！（凤凰更生歌）

诗句简短有力，节奏轻快，如同欢快的圆舞曲，通过排比重叠，回环反复，饱含激情地赞扬了烈火中更生的凤凰比以前更为华美。这就是内在节奏和外在节奏的和谐统一。

【写作技巧】

一、好诗源于生活，要善于发现、捕捉诗歌灵感

艾青说："所谓'灵感'，无非是诗人对事物发生新的激动，突然感到的兴奋，瞬即消逝的心灵的闪耀。所谓'灵感'是诗人的主观世界与客观世界最愉快的邂逅。"(《诗论》)。诗歌的写作常常是从作者对生活中某个人、事、景、物、理产生了独特的诗美体验而获得的第一个意象开始的。诗歌创作的灵感就是诗歌作者对情感能够具象化、主观情志能够文字化的一种突然顿悟和把握。无形的情绪突然有了有形的形象，抽象的观念突然有了具象，这使得诗歌作者的心理结构和语言结构有了豁然的改组更新。这种诗歌的写作灵感有短暂性、突变性和不可重复的特点。初学诗歌写作，反复学习、吟咏优秀诗歌，静心地投入感情去咀嚼生活，努力培养一种把抽象情感有形化、把内心体验意象化、把内心意象词语化的感受能力和表达能力，使"灵感——寻象——寻言"的诗歌写作三阶段顺利地连接和实现。例如学生习作《思念》(陈晶)：

有一年 有一天／有一个人在电脑前面／用 Sogou 输入他美丽的从前／梦里面的夏天／停着一只翅膀刺着相思的蝴蝶／想你只有那么一点点／就已泪流满面／顾影自怜

这是作者在思念某人的情绪状态下很自然流露出的情感，作者善于抓住这个情绪体验，并把它转化成诗化语言。

二、用丰富神奇的想象营造诗歌意象

诗歌用形象诉诸灵魂，这些形象就是永恒美的表现。诗歌创作的目的不是为了一目了然的再现生活，而是强调生活特征如何化为意象符号。诗人感情的流露需要寻找新奇的意象符号作为其情绪的载体。象征体是表层的、明晰的，甚至可能是被传统理性所规定的，如梅兰松竹、长城等。而被象征的本体却是隐蔽的、模糊的。两者关系要有任意性，便于发挥创造性，形成令人称奇的构思，关键是抓住两者之间共同点。一般来说，这类诗歌标题就写出了象征体（甚至是人物）。但是，内层的本体即作者个体生命的感受才是诗歌真正要写的。比如韩东《给初升的太阳》、波特莱尔《猫》等。再如《空气》：

好一会屏息静气，我多想听到你！可你安然静谧，你有怎样的话语？
伸出颤栗的手指，我多想抚摸你！可你无影无踪，你有怎样的形体？

睁大渴望的双眸，我多想看到你！可你透明无色，你有怎样的美丽？

可是我清清楚楚，我一刻也离不开你！我的生命里有你，你随着我的一呼一吸……

在这首小诗中，空气成为结构中心的象征意象。安然静谧、透明无光、无影无踪的空气，却蕴含了作者的无尽心意——既是纯真高尚的爱情又是无限的人生追求，那样真切地支配着作者的生命，又那样缈远，可望而不可即。

三、用诗化语言装饰生活，用新奇精美的语言传达诗歌意象

诗歌写作中用于传达诗歌意象的不是人们日常生活中熟悉的语言，而是一种新奇的精美的变形语言。在语言的内涵上，诗歌语言在物化意象时特别讲究精练的内蕴，它要通过大力度的炼字、炼句，以较小的篇幅来完美地容纳高度概括的内容。诗歌语言以这样的外观与内涵形成了区别于小说、散文的新奇优美的审美特征。初学诗歌写作最大的障碍就在于驾驭诗歌语言能力的贫弱。诗歌语言具有以下几个特点：

一是多义性，既有表层义，又有深层义。主要用象征手法，如松梅雪竹、长城、百合花等，还有暗示、双关、婉转等。二是跳跃性，诗歌语言的跳跃性超过任何其他文体语言。因为表现心理快速活动。可以省略介词、连词等中介质——关联词。如"鸡声茅店月，人迹板桥霜"。可以实现时间和空间的交错。如中国台湾诗人洛夫的诗句："左边的鞋印才下午／右边的鞋印已黄昏了。"三是可感性，要有色彩感、立体感和具体感。化抽象为具象，诗中有画。四是音乐性，既有内在音乐性即情绪的律动，又有外在音乐性即声音的回环（押韵、节奏和声调）。古诗讲究押韵对仗，新诗自由开放，独特创造，变化中有规律。

四、寻找巧妙的结构

诗的结构将诗人的意象组合起来，使诗的艺术空间矗立起来。当代诗歌理论总结的诗歌语言的行列方式有：以闻一多的《死水》为代表的9字4顿的"整饬的行列"；以郭沫若的《天上的市街》为代表的或长或短的"参差的行列"；有以贺敬之《放声歌唱》为代表的"递进的行列"；有以戴望舒的《雨巷》为代表的"回环的行列"。行列的形式产生了诗歌语言特有的节奏感和韵律美。例如，诗人商禽的《伤心的女子》是一种顶针的行列格式，一句一句，似特写一样一层一层地拨开面纱，接近真相，具有一种独特的诗歌结构美。

包裹着苦涩的毒药的是甜甜的糖
包裹着甜甜的糖的是花花的纸
包裹着花花的纸的是泪湿的手帕
握着泪湿的手帕的是一只纤纤的手
长着这纤纤的手的是一个伤心的女子

【学生习作】

四月,小记青春

陈思佳

当我写下青春这个词
风从远处赶来
轻轻厮磨,处处懒倦
卷起软绵绵的云
又吹落一地娇娆

当我写下四月这个词
初雨微凉,新雾弥漫
消亡裹挟着灿烂
浅吟着一首给长眠者的诗

四月
是归来
再游于他乡漂泊

青春
是绽放
再习得为生活奔波

倘若生活是铁一般的真实
有它自来的残忍
那青春便是火一般的滚烫

有它自来的炙热

四月
美好与残忍并存
青春
悸动与迷茫共生

但
这生命正值春光
人间芳菲未尽
死了的泥土冒出新芽

在四月
我种下了自己
同过去和解
从这里出发

【思考练习】

1. 请分别以"孤独""幸福""悲痛"等词为情感体验，创作一首小诗。

2. 请走进大自然，在纯粹的大自然中体验自我的生命。并从《春》《夏》《秋》《冬》中任选一题，创作一首诗歌。

3. 经典诗歌配乐朗诵。请同学对《女神》《我是一个任性的孩子》《面朝大海，春暖花开》等经典诗歌进行课堂配乐朗诵，体会诗歌的魅力。

【拓展延伸】

1. 请查阅相关资料，梳理一下现当代诗歌史上的诗歌流派和代表诗人及其作品，做成PPT，做课堂汇报。

2. 请欣赏下面这首诗，思考策兰在这首小诗中讨论了如何写诗、诗歌从哪里来这样一些关于诗歌创作的问题。请就策兰的诗谈谈你的想法。

用一把可变的钥匙
打开那房子

无言的雪在其中飘动。
你选择什么钥匙
往往取决于从你的眼睛
或嘴或耳朵喷出的血。

你改变钥匙，你改变词语
和雪花一起自由漂流。
什么雪球会聚拢词语
取决于回绝你的风。

  3. 近年来，继诗人赵丽华"梨花体"走红后，"乌青体"也迅速走红。因先锋派诗人乌青的诗以极度白话像自言自语又像唠家常的口吻写成，被网友赐名"废话体"。其中《对白云的赞美》最为典型："天上的白云真白啊／真的，很白很白／非常白／非常非常十分白／特别白特白／极其白／贼白／简直白死了／啊——。"
  有人认为，"废话体"的出现，是用文字垃圾，甚至用"文字暴力"，将诗歌打得遍体"乌青"，是在恶搞诗歌，这种现象无疑是诗歌的悲哀，更是中国文学事业的倒退。诗人渔舟则认为："现代诗歌分三派：一派是大家都熟悉的学院派，他们写的诗很工整，内容比较严肃；一派诗人属于激进派，他们的诗歌不工整，但情绪比较强烈；一派则是娱乐派，他们的诗歌既不工整，情绪也不高，但叙述的都是生活里的小事，信手拈来就写成了诗歌。乌青属于最后这派。虽然大家都说他讲废话，但能把废话写出感情，而且诗人本人认为他在写诗，那么这就是诗了。"
  你是如何看待"乌青体"现象的？你对当下诗歌的发展状态有何认识？

第三节 散文

【内容概述】

  散文在主题、结构、语言、取材上没有定式，因此，散文是大多数写作者比较容易接纳的一种文体。本节主要介绍散文的类型特点，写作技法，并通过经典散文以及学生习作的赏析掌握这一大众非常熟悉的文体写作。

【基本概念】

散文是我国成熟最早的文体之一。散文在不同历史阶段有不同的内涵。古代散文是指与韵文相对的散体文章，韵文主要指的是具有一定韵律感的诗、词、歌、赋，例如楚辞、乐府诗、骈体文等。除这些韵文之外的所有文学类文体与非文学类文体统称为散文，涵盖范围非常广，据南朝刘勰《文心雕龙》统计，散文包括十七种文体：史传、诸子、论、说、诏、策、檄、移、封禅、章、表、奏、启、议、对、书、记，包括记事的历史散文、记言的诸子散文、明理的论说文、施政的公务文和务实的应用文都属于散文的范畴。

中国现代散文发端于"五四"新文学初期，伴随着白话文运动开始的。是指用白话书写、具有文学性的"美文"，也叫小品文，与古代散文不同的是，它排除了大量的实用文体，仅保留审美文体，范围缩小；强调作者性灵的表现，改变了"文以载道"的写作路向，写法更为洒脱自由，文学性的凸显是现代散文的根本特点。

随着各种文体的进一步发展与成熟，散文的范围仍然处于不断演变之中。广义的散文包括通讯、随笔、杂文、传记等，狭义散文是以记叙或抒情为主，取材广泛，笔法灵活，文情并茂的文学样式。

【类型特点】

一、散文的类型

从表达方式上划分，散文可以分为叙事散文、抒情散文、明理散文。[①]

叙事散文是指以写人叙事为主的散文。叙事散文和小说的区别：第一，叙事散文写的人和事是真实的，小说则是以生活原型为基础进行大胆虚构的。第二，叙事散文写人叙事是片段式的轻描淡写，以小见大，淡中寓浓，即所谓"一粒沙里见世界，半瓣花上说人情"，小说则追求人物性格的饱满和事件叙述的完整性和曲折性。第三，叙事散文写人叙事，通过直接抒情来表达作者主观情思的寄托，小说则强调作者对人和事的客观描述，通过故事情节来烘托作者想要表达的主题和情感。叙事散文有两种基本形态：一种是以人物为中心组织全篇，比如魏巍《我的老师》；另一种是以事件为中心经纬全文，比如林语堂《我的戒烟》。

抒情散文就是以抒发情感为主的散文。抒情散文和叙事散文都注重"情"，二者的区别：第一，抒情散文的写作对象大多为景物，叙事散文的写作对象主要是人和事。春雨夏荷、秋月冬雪、鸟飞虫鸣、市井万象等，是抒情散文的对象；而严父慈母、良师益友、

---

① 尉天骄：《基础写作教程》，高等教育出版社，2005，第222页。

异乡漂泊、身边琐事则是叙事散文的对象。第二，抒情散文，对景抒情，较为空灵抽象；叙事散文由事见情，较为平实具体。第三，抒情散文追求写出情调，即作者的情感格调；而叙事散文追求写出情趣，即作者流露出的情感趣味。余光中在《听听那冷雨》中抒写了对故乡的执着热爱，情调美好高尚；萧红在《鲁迅先生记（一）》里捕捉鲁迅吸烟的细节，情趣生动，情感真挚。

明理散文即以说明事理为主的散文。就理而言，明理散文和议论文有相近之处，但写法不同，明理散文从个案入手，形象说理；议论文遵循逻辑规则，抽象论理；明理散文融情入理，追求情理统一，议论文冷静论述，以理性思辨见长，强调把道理讲透说圆；明理散文崇尚理趣，文章蕴含哲理意味，议论文追求以雄辩的逻辑力量折服人。周国平用散文的笔调写他的哲学思考，用哲学思考来贯穿他的文学写作。他的随感透着哲学的睿智，写下了他对人生的哲学式感悟，对人、自然、孤独、情欲、爱情、婚姻的精辟见解，使无数个心灵产生了共鸣，赢得了读者的青睐，这就是哲理散文的魅力。

二、散文的特征主要有

1. 取材广泛

散文的写作对象一般有四类：人、事、景、物。散文中的人是真实的人，可以是自己的至亲师友，也可以是擦肩而过的路人，可以是耄耋长者，也可以是垂髫小儿，可以是学者大家，也可以是路野乡人，只要是给自己留下印象，能够为烘托情感服务的人物都可以拿来写。比如老舍《我的母亲》、沈从文《一个大王》、林淡秋《忆柔石》等。

2. 真我表达

"凡方寸中一种心境、一点佳意、一股牢骚、一把幽情，皆可听其从笔端流露出来。"[①] 因此，散文最能体现作者的审美情趣，真情实感。作者的个性率真自然地倾泻出来，悲伤、快乐都自然而然地从心里流淌到纸上，呈现给读者的是一颗坦白、热情、真诚的心，这样才能获得读者的认可和共鸣。矫揉造作，无病呻吟，晦涩高深的文章，就像与读者隔着一道墙，无法进入彼此的内心，无法达到真正的心灵对话。要敢于面对真实的自我，袒露自我，挖掘自我，把自己最真的情感流露出来，不虚伪，不隐晦。散文不一定都要写得深，但一定要"真"，唯此，才能打动读者。

散文是作者个人性灵的表现，是借再现真人真事、真景实物来表现自我。周作人的平淡自然，徐志摩的奔放洒脱，郁达夫的忧郁率真，朱自清的平和细腻，林语堂的坦诚幽默，梁实秋的宽厚睿智，都鲜明地表现在各自的散文中。

---

① 林语堂：《论小品文笔调》，广西人民出版社，1983，第67页。

3. 形散神聚

任何文体在写作上都有一定的约束和规范，但比起小说、诗歌、剧本来说，散文的表达要自由得多，形散是指散文外在形式，在材料的选择、表达方式的采用、语言的使用、结构安排等方面没有定法，呈现出自由不羁的特点。而散文的"神"，指的是作品的思想内涵要集中、明确，作者的写作意图要贯穿始终。散文的写作要紧紧围绕作品的中心思想进行，做到"杂乱"中不乏章法，自由中井然有序。例如，黄河浪的《故乡的榕树》，作者由眼前的榕树想到了故乡的榕树，跨越层层时空，回到了儿时与榕树亲密接触的幸福时光里，现在与过去交错，传说与现实交错。作者在不同的时空里自由飞翔，但游子的思乡之情始终是文章的主线，贯穿始终。

【写作技法】

散文易学而难工，"作家有自己的'个性'，散文又极其'自由'，任何人写散文又总是从特定'情境'出发而并不是从什么'条条框框'出发的，这样，就使得散文的写作变得很难'划一'、很难'概括'、很难'解说'了。"[①] 散文写好不容易，很多经验和感受是在写作实践中摸索出来的，融入了个人的审美体会，具有独特性和创造性，但是散文写作也是有规律可循的。

一、观察精细，抓住细节

散文的写作要求作者深入、细心地体味生活，发挥想象，具备良好的观察力和感受力。要对生活有真实感触，要善于发现生活中的细节，体味人物身上的细微情感，要别具慧眼，善于观察，有一颗敏感的心。例如，蒋建伟的散文《我是妈妈的蒲公英》，作者选取蒲公英作为赞美母爱的情感载体。蒲公英没有丰富的色彩和美丽的花瓣，这样平凡的植物很少会有人关注它，然而作者却细心捕捉到蒲公英的平凡与朴素中蕴涵的不平凡，在它身上孕育了母亲与孩子之间缠绵悱恻、悲欢离合的亲情，曲折动人，别具意味。萧红对鲁迅先生吸烟的描写体现了她观察的细微："那烟纹的卷痕一直升腾到他有一些白丝的发梢那么高。而且再升腾也就看不见了。……那红的烟火，就越红了，好像一朵小花似的，和他的袖口相距离着。"这个细节生动温馨，刻画出了鲁迅先生的神情，也烘托出了师生之间的情谊。

---

① 刘锡庆：《论散文创作》，河北教育出版社，1998，第124页。

二、围绕主题，展开联想

散文最主要的线索是作者的情感，要注意材料与主题情感之间的联系，使材料更好地为主题服务。散文取材，必须围绕主题，开拓思路，充分联想，使散文内容更加充实丰富。例如，冰心的《笑》，作者选择了三组典型片段共同烘托主题：抱着花微笑的安琪儿、孩子和老妇人。作品中貌似不关联的三个片段并不是孤立存在的，而是被作者用一根感情的线穿接起来，这条感情之线就是作者对和谐的爱的信仰。周作人的《喝茶》，作者紧紧围绕"茶"字，先说对"茶道"萌发谈兴的起因，接着又讲绿茶和英国红茶，后又想到了中国的茶道，喝茶的氛围，中国的茶食，日本的点心，江南的干丝，家乡的茶干等，作者把与茶有关的习俗汇聚到一起，表明他的茶文化修养和对中国茶道衰落的痛惜。作者由此及彼的联想，拓宽了文章的内容，体现了作者的情调和韵味。

三、直抒胸臆，借景抒情

直抒胸臆就是作者直接把自己对某个人物或事物的爱恨痛快淋漓地表达出来，把内心的情感宣泄出来，这种情感抒发方式往往带给读者酣畅淋漓、一泻千里的审美感受。比如，叶梦《羞女山》就是直接抒情的，感情集中浓烈，是作者情感发展到高潮的自然流露：

> 我曾经十分喜爱希腊断臂的维纳斯，可相形之下，那毕竟是人工的雕琢，即便栩栩如生罢，也不过人师造化而已。而羞女山呢，她不仅有惟妙惟肖的形体，还具备着豪放、坦荡的气质和神韵。她得天独厚的魅力在于：她是大自然的杰作，她是大地的女儿。

借景抒情，指的是不直接表达内心的感受，而是通过对某个特定景物的描绘，将情感附着于景物之上，曲折地把内心的感受表达出来。由景生情，融情于景，情景交融，浑然一体。与直抒胸臆的热情奔放不同，情景交融的抒情方式往往带给我们主题含蓄蕴藉、意境悠远绵长的审美效果。优秀的散文作品总是善于营造浓郁、强烈的抒情氛围，把读者带入一种令人神往的境界。例如，朱自清的《荷塘月色》就是借景抒情，描写了充满朦胧美的月下荷塘，抒写着如水的月光里淡淡的烦闷。何其芳的《黄昏》是融情于景的范例：

> 马蹄声，孤独又忧郁地自远至近，洒落在沉默的街上如白色的小花朵。我立住。一乘古旧的黑色马车，空无乘人，纡徐地从我身侧走过。

作者通过对周围景物带有主观色彩的描述，把自己孤独徘徊的感受含蓄地透露出来。

四、语言自然，善用修辞

散文不同于诗歌，不必刻意讲究语言的凝练；不同于小说，不用刻意追求人物语言的个性化；也不同于剧本，不需要考虑人物对话的角色化。但散文追求以辞达意，要通过语言表达作者的真情实感和真知灼见。散文作家的写作风格，尤其体现在语言运用上。或典雅，或洗练，或缜密，或飘逸，或旷达，或刚健，或简约，或华丽……多种多样，异彩纷呈，作者可以根据自己的审美追求去选择取舍。

散文可以采用朴素、平实的语言风格，作者用质朴的语言直白坦诚地道出自己的真实感受，比如杏林子《朋友和其他》，直接抒发对人生的感悟：

> 已经过了大喜大悲的岁月，已经过了伤感流泪的年华，知道了聚散原来是这样的自然和顺理成章，懂得这点，便懂得珍惜每一次相聚的温馨，离别便也欢喜。

散文也可以采用具有文采的语言进行表达，注重文饰，力求圆融，这种表达方式离不开修辞手法的恰当运用。散文主要使用的修辞方式有：象征、借代、通感、比喻、拟人、夸张、对比等。正是这些修辞手段的运用，使得作者的描写抒情充满了想象力、新奇感。比如尤金的《辣》，通过比喻、通感、对比、夸张等修辞手法，把各种辣椒给人的味觉感受描写得精细且具有层次感，让人如临其境，充满了想象力。

> 青辣椒是"小儿科"，吃着玩的。它不辣，贵在脆爽，腌制之后，可以当作开胃品来吃。红辣椒较有深度，入口之初不觉其辣，它的辣味，是在吞进喉咙以后才慢慢地泛上来的。一点一点地由内向外扩散，整个口腔，都充满了一种又酸又麻的感觉，凄美而又无奈。
>
> 辣椒干呢，像阴毒的暗器。夹宫保鸡丁的辣椒干来嚼时，心里原已知道它辣不可挡，但是，猛然一吸而蕴藏在内的辣椒籽如暗器般"嗖"地射出时，还是不由自主地吓了一跳：我的妈呀，这样辣！呛喉塞鼻，令人花容失色，意识混沌。那种刺激绝顶的感觉，着实叫人迷恋。
>
> 最可怕的，是那形状毫不起眼的指天椒。指天椒是野火，舌头的草原才一沾上，便能熊熊燃烧，烧得人舌干、唇裂；汗流、泪下；全身颤抖、五官扭曲，好似有人在嘴里放了一枚轰然爆开的炸弹般，痛苦得死去活来。痛苦过后，也曾决定不再惹它；但是，桌上相见时，筷子却又着了魔似的伸向它……

【艺术赏析】

推荐阅读：夏榆，《黑暗中的阅读与默诵》。

真实生活的讲述，使这篇散文具有了非凡的力度，这是一种逼近生活的力度。高中毕业，顶替父亲工作，下煤窑干活，想要走出心灵困境的年轻作者，在800米深的井下开始了阅读生涯，这一段非常的阅读经历必定成为作者一生中难以忘怀的事。"黑暗中的阅读"是逆境中的坚守，在黑暗的矿井与无望的人生中，阅读帮助作者最终通向精神的明亮。

【思考练习】

1. 请从"家""童年""生命中的最后一天"中任选一题，写一篇500字左右的散文，要求有个人独特的感受，文笔流畅。

2. 你熟悉和喜爱的当代散文作家有哪些？请选择一位作家，跟大家分享他的作品，谈谈自己的独特感受。

3. 近年的文坛上，活跃着一个以表现女性情感世界和内心自我为主要内容的"女性散文"作家群体，比如毕淑敏、斯好、叶梦、唐敏、苏叶、周佩红、素素等。"女性散文"作家们不断在自我生命历程中开拓进取，在每一个个性的写作中刻下不懈反思的痕迹，使人们得以在对具体女性的自我认同、自我设计、自我省思中，去认识和接近女性问题的本真。女性散文作家以其细腻的笔触，独到的视角在当代散文界独树一帜，请选择一位女性作家，比如毕淑敏、斯好、叶梦、唐敏等的一篇短篇散文，进行配乐朗诵。

【拓展延伸】

1. 散文作家吴伯箫在《〈散文名作欣赏〉序》中说：说真话，叙事实，写实物、实情是散文的传统，孙犁、徐开垒、赵丽宏等散文家也曾反对过虚情假意的"散文"，你认为散文可以"虚构"吗？散文的真实性和虚构性有什么关系呢？

2. 当下，跨文体写作成为时尚，由于散文写作比较灵活、自由，其他文体就有可能渗透其中。散文除了被动地接受这种渗透外，有时还主动地吸纳、改造这种渗透为自己所用。诗人、小说家在写散文时，总是自觉或不自觉地在散文中带有诗歌和小说的写作手法。你对这种"新文体"创作有何看法？请找一些范例和大家分享讨论。

3. 电视散文是运用特殊的电视艺术手段和屏幕造型手法，来营造浓郁的文学氛围，传递作者情感、思维信息的散文文本。其特点在于以电视这样一种新的传播方式介入散文创作，改变了散文原有的文学形态呈现方式，形成一种崭新的物质结构形式。这是散文载体的一次革命，即从平面呈现走向立体呈现；从表现手段的单一化走向了多样化，使散文从文字艺术形式变成了视觉艺术形式。经典的电视散文作品有：《梦》《画缘》《梅殇》《雪乡》《梦里水乡》等。请选择一两部电视散文作品去欣赏，并试着通过小组协作，进行"微电视散文"创作。

【推荐阅读】

[1] 徐志摩等：《中外名家散文精华本》，长江文艺出版社2014年版。
[2] 林清玄：《林清玄散文精选》，长江文艺出版社2013年版。
[3] 毕淑敏：《毕淑敏散文作品集：带上灵魂去旅行》，北京十月文艺出版社2011年版。
[4] 刘锡庆主编：《20世纪中国散文经典》，北京师范大学出版社2004年版。

第四节　影视剧本

【内容概述】

本节主要介绍影视剧本的概念、类型、特点、写作技法，要重点掌握剧本与小说的区别，影视剧本的写作格式结构等。

【基本概念】

剧本是一种文学形式，是戏剧艺术创作的文本基础，编导与演员根据剧本进行演出。与剧本类似的词汇还包括脚本、剧作，等等。它以代言体方式为主，表现故事情节的文学样式。它是戏剧演出的文学依据，是导演和演员二次创作的出发点。在文学领域里，它是一种独特的文体；在艺术领域里，它又接近文学；在戏剧领域里，它是一切戏剧活动的根本出发点。

影视剧本就是指由编剧完成的艺术电视的文学文本，是影视创作的基础。影视创作的完整过程，一般包括以下几个环节：由编剧完成文学剧本写作；由导演完成的分镜头剧本写作；以及由导演和整个摄制组共同完成的实际拍摄、制作。剧本是整部作品成功的保证，是整个艺术活动的起点，剧本的主题、情节、结构、风格、语言等因素通常会对影片产生很大影响。美国当代著名编剧悉德·菲尔德说得很清楚："一个导演可以拿到一部伟大的剧本拍摄出一部伟大的影片；他也可以拿到一部伟大的剧本而拍摄出一部糟糕的影片，但他绝不可能拿到一部糟糕的电影剧本而拍摄出一部伟大的影片。绝对不行！"无数事实都证明了这个观点。

剧本和脚本不同。剧本只是提供给你一个故事梗概,是提供给导演和演员看的。分镜头脚本一般会列出镜头的长度、景别、构图、配乐等很详细的信息,一般是用在正式拍摄时导演和摄像以及后期编辑看的。

剧本写作和小说写作不同。小说以描写性语言为主,影视剧本以叙述性语言为主,心理活动可以用演员的面部表情、肢体动作来表现,或者用画外音旁白来提示;小说以长句为主,语言生动细腻,剧本以短句为主,语言质朴简洁,要通过语言文字的描绘,将文字变成具体可感的画面和音响,将读者带到影像的世界里。语言表述能转换成动作、画面和场景;小说可以运用多种修辞手段以增强表达效果,影视剧本对不能转化成动作和画面的修辞手法大都不用。比如,在小说里有这样的句子:

今天会考放榜,同学们都很紧张地等待结果,小明别过父母后,便去学校领取成绩通知书。老师派发成绩单,小明心里想:如果这次不合格就不好了。他十分担心,害怕考试失败后不知如何面对家人……

如果要用剧本去表达同样的意思,就只有写成如下:

在课室里面,学生都坐在座位上,脸上带着紧张的表情,看着站在外面的老师。老师手上拿着一叠成绩通知书,她看了看面头的一张,叫道:"陈大雄!"大雄立刻走出去领取成绩单。小明在课室的一角,两只手不停地搓来搓去。他看着教室外面,画面渐渐返回当日早上时的情景。

小明的父母一早就坐在大厅上,小明穿好校服,准备出门,看了看父亲,又看了看母亲,见到他们严肃的脸孔,不知该说些什么。小明的父亲说:"会合格吗?"小明说:"会……会的。"

"陈小明!"老师洪亮的声音把小明从回忆中带回现实。老师手上拿着小明的成绩单看着他,小明呆了一会儿,才快步走出去领取……

可以说,影视剧作家是用画面进行思维,用文学的文字来表达。

【类型特点】

一、影视剧本的类型

按照应用范围,分为电影剧本、微电影剧本、电视剧剧本、广告剧剧本、专题片剧本、电视散文剧本、动画剧本等。

按照作品的审美感受，分为喜剧、悲剧和正剧。

按照题材，可以分为历史剧、现代剧、警匪剧、家庭伦理剧等。

二、影视剧本的特点

1. 视觉造型性和声音可感性

所谓视觉造型性，指的是电影剧作者所写的东西必须是看得见的，是能够被表现在银幕上的。编剧所写每一句话将来都要以某种视觉的、造型的形式出现在银幕上。因此，他们所写的字句并不重要，重要的是他的这些描写必须能在外形上表现出来，成为造型的形象。主要体现在以下三个方面：人物的视觉造型（包括人物的动作造型）；场面的选择；环境气氛的渲染和掌握。

此外，声音是剧作中不可缺少的元素，包括三个方面：人声、音响和音乐。这三个方面，都是剧作者在用文字塑造银幕形象时必须考虑到并处理好的。人声主要是指人物语言，另外还有喘息声、呼吸声以及群众场合中的嘈杂人声、交谈声，等等。如果编剧能够考虑到上述种种人声的运用，自然会有助于创造出真实环境中的气氛来。音响在整个电影声音中是占比重最大的一种，比如为显示环境的真实，火车汽笛声把你带进候车室，上课的铃声使你感觉到已置身于教室之中，创作者往往利用观众的听觉经验，选择具有特征性的音响来充分展示环境空间。音乐是最善于表达人的内心世界和表现节奏的。因此，电影音乐也就成为电影在叙述故事、表现情绪、完成影片节奏等方面的有力手段。电影音乐基本上分为两大类：一是故事内的音乐，二是画面空间外的音乐。

2. 独特的时空结构

电影是时空结合的艺术，像一切叙事性的艺术作品在对生活进行提炼和概括的同时，必然会对现实中的时间进行删节、压缩或延长，对现实中的空间从不同的方位和角度去进行选择、表现和渲染那样，电影中的时空也不可能等同于现实中的时空，所以，有人就将经过电影艺术家重新构造过、在银幕上展现出来的时间和空间叫作"电影的新时空"。

造成电影新时间的手法是多种多样的，如光影的变化、季节的变化、景色的变化、服饰的更换、用更迭地名的方式去表现时间等。

3. 蒙太奇思维是影视剧作的构思和形式

编剧应向导演提供运用电影思维写作的电视剧本。影视剧作不仅可以把同一时间、同一地点的不同场景、人物、事件、冲突组织到一起，还可以把不同时间、不同地点的场景、人物、事件、冲突组织到一起。多场景的跳跃和变化是影视作品中的蒙太奇构成方法之一。

【写作技巧】

跨越时空是剧本的根本，矛盾冲突是剧本的关键，个性语言是剧本的灵魂。

一、掌握影视语言，熟知剧本格式

1. 影视艺术是声画艺术的结合物

在声音元素里，包括了影视的语言因素。影视艺术对语言的要求不同于其他艺术形式，有着自己的特点和作用。

（1）注重语言的连贯性，声画和谐

在影视节目中，如果我们把语言分解开来，往往不像一篇完整的文章。语言断续，跳跃性大。段落之间也不一定有严密的逻辑性。但如果我们将语言与画面相配合，就可以看出节目整体的不可分割性和严密的逻辑性。这种逻辑性表现在语言和画面的互相渗透、互相溶解、相辅相成、相得益彰。语言可以抽象概括画面，将具体的画面表现为抽象的概念；语言可以表现不同人物的性格和心态；语言还可以衔接画面，使镜头过渡流畅；语言还可以省略画面，将一些不必要的画面省略掉。

（2）语言的口语化、通俗化

影视节目面对的观众是多层次化的，除了特定的一些影片外，都应该使用通俗语言。所谓的通俗语言就是影片中使用的口头语言。如果语言费解、难懂，这种听觉上的障碍会妨碍到视觉功能，也就会影响到观众对画面的感受和理解，当然也就不能取得良好的视听觉效果。

（3）语言简练概括

影视艺术是以画面为基础的，所以，影视语言必须简明扼要，点明即止。省下的时间、空间都要用画面来表达，让观众在有限的时空里展开遐想，自由想象。

（4）语言准确贴切

由于影视是展示在观众眼前的，任何细节对观众来说都是一览无余，因此对影视语言的要求是相当精确的。每句台词都必须经得起观众的考验。

2. 剧本写作基本格式特征

场景用自然序号连续排列；表明"内景"还是"外景"；标明动作所发生的场地；用"日""夜"等词标明动作发生的时间；具体内容的写作，场景、人物描写、人物动作都要进行描述；人物对白要单独列出，不混杂在叙事中；要有镜头感、画面感，即运用视听语言写作。

例如，下面的影视文学剧本：

寝室，内，日。

姚安全走回寝室。楼道里提着各种各样东西的学生来来往往。

姚安全用钥匙打开寝室的门，还没等他回过神来，门后窜出一个女生，在他的脸上狠狠亲了一下。

姚安全（猛地推开她）：救命呀！

姗姗仔细看看姚安全，擦擦自己的嘴，姚安全也仔细看看姗姗，擦擦自己的脸，然后两个人一起问："你是谁？"两个人都笑了，又一起说："你先说。"

姚安全笑着做了一个"请"的手势。

姗姗：我来找人的。

姚安全：有用嘴来找人的吗？（再次擦擦脸）肯定不是找我吧？

(DV 电影《安全的气球》片段)

这样的格式，既分清楚了拍摄场景，比如地点和内景、外景；也分清楚了拍摄时间，比如日景、夜景、黎明、傍晚、雨景。人物的动作、表情和对话也一目了然，画面感很强，对下一步编写分镜头脚本有很大帮助。

二、组织戏剧冲突，编写情节结构

剧本的核心是"人"和"事情"。叙事作品主要的任务是塑造人物形象，但"事情"是其创作的第一要务。

1. 剧本的结构

分为外部结构和内部结构。剧本的外部结构又分为宏观结构和中观结构。

所谓的宏观结构就是一个故事外在的框架模式。包括开端、发展、高潮、结局。开端部分主要是构建主要人物、人物关系及事件发生的场景，主要任务是塑造人物性格；发展过程是主要人物完成任务的受阻部分，或称为克服阻力和矛盾的过程中"弱冲突"部分，主要任务是构建冲突；高潮部分是主要人物克服阻力和矛盾的过程中"最强冲突"部分；结局部分是任务的解决部分。

剧本的中观结构是作者对剧本的场景和段落进行划分、组合、次序安排，使其成为有机的整体。由大到小分为"幕——段落——场景"。段落用单一的主题把几个场景或一个场景联系在一起构成相对独立的情节单元，是相对完整的一个故事片段。它有明确的事件开端、发展和结尾，一个段落又被称为一场戏。场景是指在特定时间里动作发生的空间位置，是最小的戏剧动作单元。一个场景可以单独构成一场戏，即一个戏剧段落，也可以由若干个场景构成一场戏。

剧本的内部结构主要指故事情节的架构。情节架构是故事的核心构造，没有好的情节就没有好的故事。这就需要处理好故事情节中的冲突、悬念和巧合。

2. 故事情节中的冲突、悬念、巧合

戏剧冲突的设置是塑造人物形象，推进情节发展的关键，冲突包括人物与人物之间的冲突、人物自身的冲突、人物与环境的冲突。要巧妙设置障碍，制造冲突。克服障碍的过程就是情节架构的过程，冲突、斗争、克服障碍的过程就形成了一条紧张而富有戏剧性的故事线索。《欢乐颂》剧本中的樊胜美就是一个极具个性矛盾的人物，在情节设置中有她与安迪、小曲等朋友之间的矛盾，有她与恋人王柏川之间的矛盾，还有她与家人的家庭矛盾，这些矛盾都体现了她自身性格上自尊骄傲与自卑虚荣之间的性格矛盾，同时也体现了她想摆脱小人物的生存环境与无法进入城市白领阶层之间的矛盾。这些矛盾的设置让她的形象更加立体典型。

悬念是剧作者在艺术处理上采取的一种"想象介入"手段，让观众介入戏剧情节中，激活观众的想象力，产生紧张与期待的心理。合乎逻辑的剧情发展和对人物的强烈爱憎是构成悬念的两个重要元素。几乎所有惊悚恐怖片都会运用悬念设置情节，比如《小岛惊魂》，故事从头至尾都被一个强烈的悬念牵引着，我们的思维如同主人一家三口被囚禁在一所大房子里，百思不得其解"究竟发生了什么事情"，谜底一经揭晓，便如醍醐灌顶。编剧和导演靠创意、悬念和气氛完全控制了观众的心理和情绪。

戏剧情节是不排除巧合的，一切戏剧作品的情节几乎无一例外地都具有偶然性因素，可以说排除偶然性就无法构成戏剧情节，但是巧合必须合理、自然、有意义。譬如，《欢乐颂》里众姐妹一起去樊小妹的老家处理债务危机，遇到了麻烦，这时包总的出现化解了危机，这就是一种巧合，没有这种巧合就不会有后续安迪与包总的感情发展，而一开始安迪与奇点通过网络的交流认识就更属巧合。因此，巧合是推进戏剧情节发展的重要手段。

三、提炼人物台词，塑造人物形象

影视剧本要通过故事情节，塑造典型人物形象。

首先剧本需要设置人物关系。主要人物一般 2 至 3 人为宜。主要人物是剧作者对生活的形象发现；主要人物必然处在剧本所描绘的各种现实矛盾的焦点上。次要人物是辅助主要人物完成叙事和主题表达。要处理好次要和主要人物的关系，一要考虑人物性格的差异性和对立性，二要围绕主要人物设计次要人物。

其次要塑造典型人物性格。性格即人物，鲜明的人物形象来自于鲜明的人物性格。在影视作品中，性格与动作关系密切，一以贯之的动作行为就变成了性格。动作分为肢体、情绪、语言动作。剧本写作之前要设置好人物性格，注意人物对白的设计，人物的语言要符合人物的性格和人物的社会身份。

戏剧中所见到的人物其实并不等于我们在真实生活中所见到的人物。即剧中的人物性格可以是极为深刻、丰满的，又称为"圆的人物"，但也可能是极为夸张、片面的，又称为"类型化的人物"。而在这两个极端之间实际上充满着许多变化的可能性。一出戏中可能全都是类型化的人物，也可能全都是写实的人物，而只是在性格描写上程度深浅有别而已。如何安排要看整出戏的诉求与需要而定，如在特别严肃的戏中，语言滑稽诙谐的次要角色便能带来短暂的松弛神经的效果，更不用说在英雄侠客片中，若是缺少了特别阴狠的大坏蛋或滑稽的人物来烘托陪衬的话，观众观赏时的趣味便会大打折扣。

对类型化的人物，可能只要写下几句话就交代过去了。如刘媒婆、老处女、守财奴、势利的丈母娘等。对写实人物便需要尽量建立他的生活背景，写下他的过往遭遇、性格特征以及目前的身心、感情状况等。用细节丰满人物形象，推动情节发展。

【艺术赏析】

推荐阅读：《霸王别姬》电影剧本。

电影《霸王别姬》改编自李碧华同名小说。段小楼（张丰毅饰）与程蝶衣（张国荣饰）是一对打小一起长大的师兄弟，两人一个演生，一个饰旦，一向配合天衣无缝，尤其一出《霸王别姬》，更是誉满京城，为此，两人约定合演一辈子《霸王别姬》。但两人对戏剧与人生关系的理解有本质不同，段小楼深知戏非人生，程蝶衣则是人戏不分。段小楼在该成家立业之时迎娶了名妓菊仙（巩俐饰），程蝶衣认定菊仙是可耻的第三者，而段小楼背叛了自己。自此，三人围绕一出《霸王别姬》生出的爱恨情仇，随着时代风云的变迁不断升级，终酿悲剧。

编剧将叙述为主的小说转换为场景与画面。全片极富感染力，经典场景比比皆是，展现了超高的艺术水准，实为中国当代电影的里程碑式佳作。

【思考练习】

1. 剧本和脚本的区别是什么？
2. 影视剧本和小说的区别是什么？请举例说明。
3. 影视剧本的特点是什么？你对戏剧冲突的设置如何理解？请举例说明。
4. 观摩经典影视作品，体会蒙太奇结构在影视剧本中的运用。

【拓展延伸】

1. 影视作品在安排情节的时候，运用时间和空间变化，大体会出现两种情况：一种是时空顺序式结构，另一种是时空交错式结构。所谓"时空顺序式结构"就是按照时间的顺序去组织情节，比如《霸王别姬》；所谓"时空交错式结构"，就是把时间的顺序打乱，不按照时间的顺序去组织情节，比如《盗墓空间》。请分别举例详细说明这两种结构的特点。

2. 请以"分手"或"求生"为主题，发挥想象力，编写一部微电影剧本，如果条件允许，试着用DV拍摄出来吧！

3. 热点辩论。随着影视行业的飞速发展，人们开始关注文学作品影视改编这个领域。文学作品的影视改编，通俗意义上讲，便是把相应的文学著作这种文字艺术，通过转换，变成影视传媒这种画面艺术。改编有两个条件：一是有原著作为基础，二是具有独创性。有学者认为文学作品被改编成影视后，没有了原著深刻的文化底蕴，无法传达出原著对人性、社会的深刻思考，变得通俗，甚至于媚俗。有些影视为了迎合大众的口味，更多的是以"痴男怨女"的情感故事为主线，不尊重原著，对原著造成了"伤害"。而且由于影视的受众较多，在一定程度上对大众形成了错误的诱导。另有一部分评论者则是持肯定态度，认为文学的影视改编是利大于弊。如今影视行业发展迅猛，再加上人们都过着快节奏的生活，不再悠闲地手捧书卷而是选择看轻松快捷的影视，这已经是有目共睹、不可回避的事实。文学已呈现出"边缘化"现象。在这样的背景下，文学作品的影视改编也未尝不是一个很好的宣传出路。通过影视的播出，更多的观众关注到原著，甚至会反过来仔细研读原著，这在一定程度上是促进了文学作品的传播。

你如何看待文学作品的影视改编现象，请以小组为单位，阐述各组观点，展开辩论。

【推荐阅读】

[1] 邓烛非：《电影蒙太奇概论》，中国广播电视出版社1998年版。

[2] 孟军：《动画电影视听语言》，湖北美术出版社2004年版。

[3] 孙立军：《影视动画影片分析》，海洋出版社2003年版。

[4] 韩小磊：《电影导演艺术教程》，中国电影出版社2003年版。

【咬文嚼字】

注意3分钟人物和10分钟故事

对一部电影来说，作为编剧，必须在开头3分钟之内，让观众熟悉你的故事主人公是谁、是干什么的、想要干什么，如果在3分钟之内不能让观众明白这一点，那么观众会失去对影片的兴趣。随后，就是在10分钟之内，让观众明白你在讲一个什么故事，并且让观众开始探求你将如何讲这个故事，也就是说你这个故事将如何收场，这样他们就会被牢牢吸引住，否则他们的兴趣同样会消减或完全失去。

比如电影《一夜风流》，在影片的前3分钟，通过守卫、管事、水手、侍者、船长以及安德鲁斯等的一连串对话与表现，让观众对埃莉的出现有了一种期待，因而在3分钟的时候，当桀骜不驯、叛逆的埃莉出现在镜头里的时候，观众一下子就被她吸引住了，于是接下来观众的情趣就跟着埃莉，被她吸引着，跟着她一起逃跑，而且牵挂着她。在接下来的几分钟里，埃莉与彼得相遇，在10分钟左右，观众已经明白，这两人个人已经分不开了，而且大家都可以想象得到他们最终应该成为一对情侣。但是他们俩的故事究竟要如何发展下去？这是观众最为关心的问题，在这个时候，观众已经无法摆脱这部影片了。

第五节　网络文学

【内容概述】

伴随互联网的普及而出现的大量网络写手是新世纪作家队伍重要的组成部分，他们人数众多、创作数量惊人，拥有庞大的读者群。网络小说种类繁多，有历史、玄幻、武侠、青春校园、都市言情、惊悚盗墓、穿越、宫斗，等等。网络文学有独特的语言和内容特征，网络作者要了解网文创作规律，坚持写作，稳定更新，重视与读者互动共情。

【含义特点】

网络文学，是文学创作与网络媒体相结合产生的一种新的文学形态和文学现象。指以互联网为展示平台和传播媒介，借助超文本链接和多媒体演绎等手段来表现主题，在网上创作发表，供网民阅读的文学作品。

由于互联网媒介的商业属性与传播特点，网络文学具备超文本链接、多媒体演绎、传播速度快、互动性与娱乐性强、审美规范与意识形态相对自由、网络作家进入的门槛相对较低等特点，商业属性大于艺术属性。经过20多年的发展与沉淀，也出现了一批值得关注的网络文学作家及作品，例如今何在的《悟空传》、天蚕土豆的《斗破苍穹》、桐华的《步步惊心》、猫腻的《将夜》《庆余年》，等等。近年来，学者们开始关注并推动网络文学的发展，梳理网络文学的发展脉络，确立网络文学的评价标准，促进网络文学的经典化。

【具体分类】

目前，网络文学主要是以青春言情、武侠奇幻、悬疑推理、军事历史四类题材为主，表现出雅俗共赏、老少咸宜的风格特点。

一、青春言情

情爱是大众生命结构的重要内容之一，是通俗文学永恒的创作主题。在网络空间中引起轩然大波的第一部网络文学作品《第一次亲密接触》便是一部典型的青春言情作品，随后又产生了一系列诸如纪瑷瑷《翻译官》、何员外的《毕业那天我们一起失恋》、孙睿的《草样年华》以及安妮宝贝的《告别薇安》《八月未央》《彼岸花》《二三事》《蔷薇岛屿》《莲花》等。这些作品或秉承传统通俗文学的创作方式，首先预设一个才子佳人的故事架构，随后穿插一角或多角的情感纠葛关系，在一波三折之后，最终有情人终成眷属；或者是描写一群自我放逐的都市边缘人的爱情故事，散发出浓厚的自恋情结和小资情调。

二、武侠奇幻

与传统武侠文学所注重的历史故事、时代背景、厚重思想所不同的是，网络武侠文学将侠士枭雄、神仙妖魔、超人畸人设置在一个虚拟的江湖、宫闱、天界、冥府、战地、异域等情境中，进行斗法、伏魔、历险、征战、复仇活动，从而使整个文学作品表现出明显的奇幻或者是玄幻的特征。比如林千羽的《逍遥·圣战传说》杂糅了电子游戏的画面，营造出一个美轮美奂、神奇瑰丽的场景。另外，韩寒的《长安乱》、萧鼎的《诛仙》以及沧月的《帝都赋》和《剑歌》等，也都呈现出类似的题材特征和故事风格。

三、悬疑推理

侦探类的文学作品一直不被主流意识形态所认可，很难登上世界文学体系的"经典榜"。但网络文学的兴起，使传统的侦探文学逐渐演变成为悬疑推理文学，从而逐渐得到越来越多人的认可。比如天涯社区的"蓬莱鬼话"中拥有七根胡、鬼古女、白饭如霜、小汗等一大批网络作家。他们凭借着自身的灵气和创造性思维，创作出诸如《荒村公寓》《地狱的第19层》《猎人者》《碎脸》《暗算》《天眼》等悬疑推理文学作品，不仅吸引了一大批网络读者，甚至还进行了出版，由此使原创悬疑文学作品开始登堂入室，成为当代文学的一个重要组成部分。

四、军事历史

网络空间中以军事、历史为题材的文学作品呈现出浪漫性、自由化、随意性的风格特征,既不拘泥于特定的军事事件、军事人物,又以满足读者的心理需求、感官刺激为核心,由此呈现出一部部惊心动魄、扣人心弦、热血沸腾的网络军事文学作品,比如《雪亮军刀》,通过一个个小人物呈现出具有热血和灵魂的血性男儿形象,极大地唤醒了当前社会中的小人物的英雄梦;《情系契丹王》通过大宋公主和契丹王的一段传奇的生死恋情,让广大读者穿行在一波三折的青春迷梦之中。

【风格特征】

一、语言文字特征

与传统文学规范、工整的文字语言特征相比,网络文学的文字语言则更加简约、灵活和独特,具体来说,主要体现在以下几个方面:

1. 叙述简约直白

网民往往以"扫描"的方式阅读网络文学作品,不求细节,但求掌握作品大意。因此,网络写手在创作的时候,常常以短句为主的行数众多的小段落取代大段落,甚至为了节省时间,还采用一些特殊符号、特殊数字取代语言内容,这既符合当代年轻人的语言特征,营造出一种幽默、诙谐的语境氛围,同时也大大提高了读者的阅读效率。

2. 采用大量对白充当叙述语

网络文学,尤其是反映网络情事之类的网络文学使用了大量的对白语,由此来表现主人公上网聊天过程中的情感经历。这些对白语或直接"转移"聊天记录,或变相应用聊天记录等,成为网络文学的一大特色。比如李寻欢的《迷失在网络与现实之间的爱情》中,人物对白以及对白性叙述语言占到了70%以上的篇幅,成为作者表情达意的主要手段。其他诸多网络文学作品也呈现出相似的风格特征。

3. 引入了大量的外来词语

伴随着我国社会的发展,人们的语言表达中融入了大量的外来词语,尤其是以英语词语居多,由此成为当前社会语言的一大特色。而网络文学作为通俗化的文学艺术,也呈现出相似的语言文字特征,展现出一种现代化、时尚化的语言风格。

二、内容风格特征

1. 通俗化的风格

网络文学主要面对的是文化水平参差不齐的庞大的网民群体,为了提高网络文学作

【作品评析二】

推荐阅读：今何在，《悟空传》。

今何在的《悟空传》解构经典，赋予师徒四人新的感情灵魂，塑造了为了自由而抗争的英雄形象，作品几乎全文都运用了对白话语，语言简洁而不失韵味，是一部具有思想艺术性的网络小说。

【思考练习】

1. 网络文学是什么？网络文学的类型和特点有哪些？
2. 网络文学的语言和内容方面有何特征？
3. 网络文学的核心本质是什么？

【拓展延伸】

1. 如果你是一个网文创作新手，你会尝试什么类型的创作呢？试着去实践一下吧！
2. 你喜欢看网络小说吗？经常在什么媒介阅读？看过哪些作品？印象最深刻的是哪一篇？试着讲述一下。

【推荐阅读】

[1] 欧阳友权：《网络文学论纲》，人民文学出版社 2003 年版。

[2] 起点网：《网络原创文学写作指南》，百度文库。

[3] 杨晨：《网络文学的创作特点与艺术特征》，中国作家网 2014 年 7 月 12 日。

[4] 陈定家：《走出方寸天地 阅尽大千世界——从网络文学创作谈起》人民网 2019 年 6 月 21 日。

第五章 议论文体

【本章提要】

　　议论文体,也就是我们常说的议论文,又叫说理文,是对某个问题或现象进行分析、评论,通过议论说理的方式表达作者的观点、立场、态度或看法的文章。记叙类文体是通过形象生动的叙述描写,描绘具体的人、事、物的特征,或表现事物发展变化过程,间接地表达作者的思想情感,说明类文体侧重介绍或解释事物的形状、性质、成因或功能等,而议论文体则主要是运用概念、判断、推理等抽象、概括的思维方式和语言形式,揭示事物的本质意义或普遍规律。总之,记叙文是以情动人,说明文是以知授人,而议论文是以理服人。议论文体的写作要求论点明确、论据充分、论证严密。议论文体思想内容的准确、深刻,主要来自作者对自己的认识对象或论题具有实事求是的科学态度和辩证的思维方法。议论文种类较多,按文章内容分常见的有政治评论、思想评论、文艺评论、学术论文,等等。我们这里主要介绍的是文艺评论、影视评论、毕业论文和申论。

第一节　文艺评论

【内容概述】

　　文艺评论这个概念比较宽泛,它既可指评论文艺作品的行为和工作,也可指以文艺为评论对象的评论文体类属。我们这里所讲的文艺评论是从文体写作的角度,侧重于它的文体类属。要说明的是,因文艺评论对象复杂多样,又鉴于传媒艺术类院校的特殊需要,我们后文将对影视评论做专节介绍。

【基本概念】

　　文艺评论又称文艺批评,是对各种文艺现象进行分析、评价的理论性文章。文艺现象包括文艺作品,如诗歌、散文、小说、戏剧、电影、曲艺、美术、音乐、绘画、舞蹈、摄影、雕塑等以及作家、艺术家，文艺理论、文艺思潮、文艺运动、文艺流派等。

文艺评论与文学评论、作品赏析、读后感和观后感几个概念的区别：

文学评论的对象是文学，包括诗歌评论、小说评论、散文评论、戏剧评论等。文艺评论包含文学评论，目的是通过对其思想内容、创作风格、艺术特点等方面的分析评价，提高阅读、鉴赏水平。评论时所引材料应与文学作品有关，基本来自所评文学作品本身。如《〈遍地月光〉与长篇小说的语言问题》[①]。

作品赏析或分析是对作品的欣赏和分析，一般限于"佳作"，重在谈作品"是这样"；而评论侧重在谈作品"为什么是这样"和"这样好不好"，要有自己的观点，且评述要客观、全面，不能只取欣赏的态度。如《〈大峡谷组曲〉的音乐风格赏析》[②]。

读后感和观后感是读或者看完作品后，把具体感受和得到的启示写成文章。重在"感"，即"感触""感想""体会"，"感"的部分可褒可贬，或无所谓褒贬，且无须做细致的分析，如：《汉唐舞蹈的美学探索——观"寻根述祖谱华风"舞蹈专场晚会有感》[③]，《捕捉生命一如倒影——巴黎在上海："法国三代摄影家作品展"观后感》[④]。

【类型特点】

一、文艺评论的类型

文艺评论的种类较多，从内容性质角度，文艺评论可分为以下三类：

1. 作品评论

即对文艺作品进行分析、评论。文艺创作日新月异，作品种类多、数量大，而且不断有新的作品涌现，所以，作品评论是文艺评论的主体。比如评论沈从文的代表作《边城》，可以分析这部作品的人物形象、情节设置、人性美，也可以讨论作品的艺术形式，如语言特色、叙事手法和行文结构等。此外，作家还有比较丰富的关于写作或艺术的文章，像《学习写作》《给一个写小说的》《沈从文谈艺术》等，其中多少闪动着作者创作的心得见解，还可以结合作者的生活经历、文学理念和创作历程，甚至他的其他作品，比如沈从文的湘西系列，对《边城》会有一个更加立体的理解。此外，影视作品、绘画、摄影、音乐、舞蹈等都可以采用类似方法进行分析评论，如《以不似求无限以失象求大

---

① 王彬彬：《〈遍地月光〉与长篇小说的语言问题》，《文学评论》2012年第3期。
② 林剑：《〈大峡谷组曲〉的音乐风格赏析》，《名作欣赏》2012年第14期。
③ 张晓龙：《汉唐舞蹈的美学探索——观"寻根述祖谱华风"舞蹈专场晚会有感》，《内蒙古大学艺术学院学报》2009年第1期。
④ 周天：《捕捉生命一如倒影——巴黎在上海："法国三代摄影家作品展"观后感》，《上海艺术家》2005年第2期。

象——陈世君摄影作品评论》①。

2. 作家评论

主要对作家或艺术家的创作道路、艺术风格等进行分析、评论、概括、总结。如中国"第五代导演"张艺谋,电影作品众多,备受关注,其导演风格、创作模式、色彩艺术到民族文化观,等等,都受到学者们的关注。如魏然等的《从影片〈归来〉看张艺谋的导演风格转变》②一文,透过影片《归来》反观张艺谋的艺术创作之路,通过梳理其近30年的作品,来探析他的个人风格的转变,从而更深一层地理解和把握其创作艺术。又如《一位走正路出好戏的女剧作家——曹锐戏剧创作道路述评》③一文,则是评剧作家的戏剧创作道路。

3. 综合评论

不是单纯的作品或作家评论,而是兼谈作品、作家或文艺思潮、文艺理论等文艺现象的评论。艺术家的创作是某种艺术创作风格的体现,也与某种创作理论或思潮相关,因此综合评论也很多见。如王晓红的《赖声川剧作的后现代倾向》④分别从对情节整一性原则的解构、对时空一致性原则的解构、对剧作家主体性原则的解构、对修辞风格统一性原则的解构四个方面论述了赖声川戏剧创作的后现代倾向。又如孙佳山《多重视野下的〈甄嬛传〉》⑤,刊发了中国艺术研究院马克思主义文艺理论研究所当代文艺批评中心主办的第十二期"青年文艺论坛",论坛集中讨论了以《甄嬛传》为代表的"宫斗剧"以及启蒙、价值观、当代社会等相关问题都属于综合评论。

此外也可以依据评论对象的不同,分为文学评论、音乐评论、美术评论、舞蹈评论、影视评论、专题评论等。根据表现形式的不同分为:论文式、随笔式、对话式、书信式、诗体式、问答式、评传式、故事式、剧本式、序跋体、评点体、札记、读后感、座谈纪要等。

二、文艺评论的特点

文艺评论具有很强的科学性、针对性和审美性,具体如下:

1. 科学性

俄国诗人普希金曾说:"批评是科学,批评是揭示文学艺术作品美和缺点的科学。"文艺评论是将具体的文艺现象提高到理论层次上加以阐释,因此文艺评论必须秉持科学严

---

① 黄丹麾:《以不似求无限 以失象求大象——陈世君摄影作品评论》,《东方艺术》2011年第15期。
② 魏然:《从影片〈归来〉看张艺谋的导演风格转变》,《电影文学》2014年第22期。
③ 梁胜明:《一位走正路出好戏的女剧作家——曹锐戏剧创作道路述评》,《艺术评论》2012年第5期。
④ 王晓红:《赖声川剧作的后现代倾向》,《戏剧艺术》2004年第6期。
⑤ 孙佳山:《多重视野下的〈甄嬛传〉》,《文艺理论与批评》2012年第4期。

谨的态度，不主观臆断，不以偏概全，观点鲜明正确，论证充分周密，语言准确严谨。

2. 针对性

文艺评论应当针对人们最关心、最感兴趣或最具争议的文艺问题加以评说。比如当下最有影响力的作家、作品，新的艺术创作形式、手法或趋向，对作品的解读有分歧的地方等，针对大家所关注的内容进行评述，无的放矢或隔靴搔痒都难以达到良好的表达效果。如电影评论家王云缦的《富有艺术震撼力的电影〈红高粱〉》发表于1988年，当时《红高粱》刚刚在西柏林电影节上摘得金熊奖，在国内公映后也取得了惊人的票房成绩。此篇评论的发表恰好迎合了读者希望理解《红高粱》的心理需求，也帮助当时的读者更好地欣赏这部电影。

3. 审美性

文艺评论的研究对象主要是文艺作品，文艺作品是作家和艺术家对客观世界的审美反映，而文艺评论的过程也是审美主体的能动性和创造性与审美对象的自身特点和谐互动的过程。所以文艺评论的写作应当首先以文艺的特点和美的规律为标准，对作品中所表现出的真假、善恶、美丑进行审美的评判，将读者引入新的审美境界。

【写作技巧】

一、明确标准

怎样衡量一部文艺作品是否是好作品？2014年10月15日，习近平总书记在文艺工作座谈会上的讲话谈道："一部好的作品，应该是把社会效益放在首位，同时也应该是社会效益和经济效益相统一的作品。""优秀的文艺作品，最好是既能在思想上、艺术上取得成功，又能在市场上受到欢迎。"

文艺评论是一种研究活动，必须追求客观公正，不应被个人偏好所限。因此文艺评论的写作应当在一定的理论指导之下，依据文艺评论的标准进行。一般要遵循两个标准：思想标准和艺术标准。

思想标准也是历史的标准，是衡量文艺作品思想性的尺度。作品是否反映了真实的生活，是否涉及生活的本质，是否具备一定的广度和深度？艺术作品不一定都要反映重大题材，如罗中立的名画《父亲》，画中的老农已经超越了形象本身，它体现了一种力量，成为一个缩影，中国农村和农民的代表，一个时代的印记。评论文艺作品的思想性，要注意作品是否在反映现实的基础上，通过典型化的手段揭示其本质，以达到艺术的真实；作品对生活做出了怎样的评价；作品是在什么样的历史条件和社会氛围下诞生的，他又对当时社会产生了怎样的影响。艺术标准也是美学标准，艺术作品首先应具有一定的艺术价值，具有独立的美感，结构、语言、形象、声音等能否给人美的享受，是否具备一定的独创性，情感的抒发，艺术手法的运用是否恰当、适度，作品是否具有感染力和愉悦性等，都可以依据艺术标准给出评判。

二、研究对象

作品是文艺现象的中心环节，它往往能折射出作者的心灵、文艺思潮的轨迹、时代的精神等。因此，要写好评论首先应认真研究对象，如作品的题材内容、结构情节、人物环境、语言韵律等因素，获得最真切的感受，尽可能与自己的生活经历联系起来，并在已有审美修养的基础上，把握作品的特点，进行深入分析思考。如音乐、绘画、摄影作品等，把个人感受与理性分析结合起来，才能在评述时逐步深入。其次，要"知人论世"。所谓"知人"就是要了解研究作者的情况，像生活经历、身世教养、创作道路、作品风格、所属流派、艺术修养，思想、性格、气质、世界观，等等，这有助于深入理解作品的内涵，了解作者的创作意图，更加准确地把握作品。正如作家孙犁所说："评论一本书，至少应该知道作者的时代、生活和他的气质，这几方面构成他创作的基点。""论世"指了解作品的时代背景，所反映的特定生活等，在更为宏大的社会文化背景中对文艺现象进行研究。

三、选好角度

评论角度就是主题开掘的角度。文艺评论的写作应当"小切口，深挖掘"，切忌泛泛而谈、浮光掠影。那么，怎样选好角度呢？首先，应当从评论者自己对作品的独特艺术感受出发，把自己认识最深的问题说透。其次，要善于发现作品中的新的艺术倾向、艺术手法、艺术形象等。再次，要重视具有争议性的艺术现象，分析、评论好这些问题，可以增强文艺评论的现实针对性。评论角度的新颖与否，归根结底取决于评论者艺术思维的素质，即他是否具有新的观念与方法，是否具有某种敏锐的感受力和深刻的透视力。如茨威格的代表作《一个陌生女人的来信》，小说受到很多读者的喜爱，后来又有中外两位导演将其改编并搬上荧幕，这就为评论写作提供了更广阔的视角。可以针对一种艺术样式，也可以运用比较的方法；可以分析人物形象，也可以探讨改编的得失；可以研究小说文本的表达，也可以思考镜头的魅力……这时候选好角度就显得尤为重要。

四、具体展开

选好角度，确定选题后就可以动笔写作，展开论述了。文艺评论的写作一般从复述开始,复述即是评论者用概括的语言简要介绍评论对象的基本内容、主要情节。如《〈肖申克的救赎〉囚禁下的自由与希望》[①]这样复述作品的内容:

> 故事发生在1947年,银行家安迪,在一个失意的深夜之后,被当作杀害妻子与情夫的凶手送上法庭,妻子的不忠、律师的奸诈、法官的误判、预警的凶暴、典狱长的贪心与卑鄙,将安迪一下子从认识的巅峰推向了地狱。他背叛无期徒刑而送进了肖申克监狱。
>
> 目睹了狱中的腐败,他自知只有越狱才是唯一的生路。于是他开始暗中实施自己的计划,首先结识了在狱中从事黑市交易的罪犯瑞得,并从他那里弄来《圣经》和一些小东西。同时,他通过坚持近10年接连不断地书信上访,建立了全美最后的监狱图书馆。他还无私地辅导帮助众多犯人获得了同等学历,使得他们可以在狱中继续学习,为日后重获自由打下基础。
>
> 安迪凭借自己的才能、智慧和人格魅力赢得了瑞得真诚的友情。他在金融方面的专业知识又使他成为众狱警的得力帮手,以致成为典狱长的私人财务助理,如此的待遇让安迪的越狱计划有了实现的可能。当一个年轻的窃贼告诉安迪他曾在另一所监狱中遇到过杀害安迪妻子和情夫的真正凶手时,安迪再也克制不住自己的感情,希望典狱长能够帮他讨回公道。谁知,典狱长因为安迪知悉他贪污、受贿的内幕,为了不让安迪重返社会,竟残酷杀害了那个知情的年轻窃贼。
>
> 安迪始终坚守着希望和对自由的向往,19年如一日地不懈挖掘,终于使他在一个雷雨交加的夜晚,得以从污粪管道中爬了出来,重新得到了自由。此时此刻的安迪,已经成了自由的象征、希望的象征。

文艺评论正是通过对作品的复述为评论的展开提供具体的论据,复述必须忠于作品的原意,且要简明扼要、高度概括、准确鲜明地传达其复述对象的内容原貌和思想艺术旨趣,以利于读者对原作内容和思想艺术的正确把握。因此,文艺评论的写作,首先要学会复述,要做到这一点,必须熟悉文艺作品的基本内容,细致入微地洞察其深层意蕴,尤其是要善于抓住其要点和核心。

除了复述原作的内容,也可以开门见山出示观点,或提出问题,或引述争论的焦点,或说明选题的背景或目的等,写法并没有固定不变的格式,都要结合自己的整体构思。行文中要注意始终围绕作品展开论述,时时与作品结合,或引述,或概括,这样才能有理有据,避免空论不证。但也不能只述不议,或以述代评,只概括或复述原作的情节内

[①] 张艳红等:《〈肖申克的救赎〉囚禁下的自由与希望》,《电影文学》2010年第8期。

容，仅在结尾处简短评论，甚至没有分析评论，就跳入了另一个极端。引述和评论要有机结合，水乳交融，总体上是边引述边评论，夹叙夹议，局部处理上则可以先引后评或先评后引。

【艺术赏析一】

推荐阅读：行超，《美食剧如何成为一种独特的日剧门类？》。

本文分析了日本美食剧中食物的隐喻义，即"琐碎中的温暖，孤独中的治愈"。文章由表及里、材料丰富、细致深入。

【艺术赏析二】

推荐阅读：薛晋文、李蕾，《观众懒得动脑，作者懒得费心，警惕影视创作的低智化倾向》。

本文就影视作品低智化的现象做出了评论，文章首先陈述现象，其次分析现象背后的原因，接着表达观点，阐述这种现象的危害，最后提出解决办法。"提出问题——分析问题——解决问题"是这篇评论的基本思路。

【思考练习】

1. 文艺评论有哪些类型？
2. 说一说写好文艺评论需要注意哪些方面？
3. 观看一次画展，选好角度，写作一篇文艺评论。
4. 观看一场舞台剧，选好角度，写作一篇文艺评论。
5. 阅读一部小说，写作一篇作品评论。
6. 选择一个你熟悉且喜欢的作家，以及他的代表作品，构思一篇综合评论，把提纲列出来。

【拓展延伸】

1. 从文艺评论的写作中，你受到哪些什么启示？作为艺术专业的学生，在以后的艺术创作中应该注意什么？
2. 选择你最喜欢的一首音乐作品，发表一个即兴演讲，说明你喜欢的理由。
3. 中国书法是一门古老而又富有生命力的艺术，但是随着科学技术的发展，可以使用电脑打字；物质力的诱惑，使很多人对艺术的追求大打折扣。那么，科技化能否取代艺术品？请就此话题在班内组织一个小型的辩论赛。
4. "另类、个性、非主流、潮、艺术"等，这些词语在当下年轻人中用得较多，在评价一个事物或对象时，你认为在何种情况下可以用"艺术"一词，标准是什么？

5. 2011年10月下旬，广电总局"限娱令"正式下发。"限娱令"为什么会颁发？回头看内地综艺节目近些年的发展，撇开选秀，就说唱歌节目、相亲交友节目，几乎是每家稍微有点实力的电视台都做过（或正在做，还有即将做，尤其是相亲节目令许多卫视尝到甜头，广告招商行情一直看涨），且不论是否有改进，先把节目推出来以抵制空缺再说。一时间，山寨跟风的现象颇为严重，许多电视台就像"无头苍蝇"，并不追求内容创新，而是一个劲地往"copy"的死胡同里钻，这是导致"限娱令"出现的最终源头。

不过，"限娱令"就是一把"双刃剑"，"它的真正目的并不是阻止电视台不能娱乐，应该是想以整顿的名义刺激新的娱乐内容出来。"一位电视界的资深人士分析，"现在卫视都更注重短期利益，而忽视整个电视行业的生态发展，'限娱令'是个应景的东西而已，长期的规制还是要靠自律。"

请结合以上材料，谈谈你的认识。

【推荐阅读】

[1] 付秋会：《孤独的单恋者——〈一个陌生女人的来信〉女性形象分析》，《文学界：理论版》2011年版。

[2] 陈锦阳：《〈金陵十三钗〉和〈辛德勒的名单〉异曲同工之处》，《电影文学》2012年版。

[3] 李德民：《评论写作》，中国广播电视出版社2000年版。

[4] C.S. 路易斯（英）：《文艺评论的实验》，徐文晓译，华东师范大学出版社2007年版。

【咬文嚼字】

找出下列两则广告中的语病，并分析造成语病的原因。

(1) 家教广告

良好的家庭教育是影响孩子成长的重要因素，古今中外事业有成的，都受到了良好的家庭教育。作为新一代的大学生，我们虽然不是才高八斗，但我们愿意用自己学到的知识为您的孩子效犬马之劳，为您的令郎令爱辅导各门功课，解除您的后顾之忧。请相信我们。

(2) 杂志宣传

跨世纪的《青春》杂志，以全新的姿态，鲜明的风格，独创的内涵，精心的编排展现在读者面前，走进同龄人的心灵境界！《青春》杂志、开辟40多个栏目，涉及青年与社会生活的各个领域传递时代信息，探讨热门话题思想，为青年学习、成才、建功立业创造有利条件。我们将开展各类大型活动的工作，使青年读者成为刊物的主人。

第二节　影视评论

【内容概述】

影视评论是文艺评论的一种，这里单独作为一节，主要是考虑到传媒艺术类院校学生的特殊需要。影视评论主要针对的是电影、电视等艺术形式。本节主要介绍影视评论的概念、类型、特点及写法，重点掌握写作方法及写法要求。

【基本概念】

影视评论是指电影或电视节目的观看者，在观看完电影或电视剧节目以后，把自己的见解、看法、理解或认识表达出来的一种文体。所评论的对象可以针对影视作品的任何一个方面，如导演、演员的表演、镜头语言和拍摄技术的运用、剧情的展开、剧中人物、情节线索、环境、音效、色彩、光线等进行分析和评论。当然，每个人评论的标准、个人情况及出发点不同，对影视作品的理解也会有很大的差异。

影视评论是以影视作品为主要对象的评论，一方面，它所评论的对象首先是指具体的影视作品。其次也可以包括与影视艺术作品相关的影视艺术现象。另一方面，影视评论既然是以影视作品为主要对象，那么在操作上就必须带有"影视"的特点。

【类型特点】

影视评论具体包括电影评论和电视评论，类型多样，从写作手法上可以分为赏析型、解读型和批评型。

一、赏析型

这类影评主要是针对比较优秀和成功的影视作品，或者在某一方面表现特别突出的影视作品。评论者多从赞赏的角度出发，重点介绍自己在观赏影视作品时的审美发现，深入细致地分析和论述作品突出的思想意义、艺术成就、形象塑造等方面，重在鉴赏，侧重分析其成功原因，帮助和引导观众从中领略作品的艺术魅力，发现其艺术的闪光点。如《论歌唱类真人秀的成功要素——兼谈浙江卫视〈中国好声音〉》①，分别从理念、选手、评委和环节设置四个层面分析歌唱类真人秀节目《中国好声音》异军突起、火爆荧屏的成功要素。

二、解读型

这类影视评论主要是针对那些思想内容较为丰富、复杂或深刻，表现手法较为新颖、独特，或者观众对作品的某些方面理解和接受时有困难、分歧较大的影视作品所做的评论。这类影评写作时对作者要求较高，不仅要求作者有较高的影视理论修养，而且要有较强的理解能力和表达能力，这样才能够根据自己对作品的理解和感悟，深入浅出地阐明影视作品所具有的内涵，揭示其艺术手法的独特魅力所在。如《炮儿亦有道——〈老炮儿〉规矩里的情义世界》②，从外化的世界——规矩和内化的世界——情义两个大的方面对影片的情义世界进行细致入微的解读，认为："无论世界怎样改变，情义二字永远具有振聋发聩的力量和弥久经世的魅力。"

三、批评型

影视创作也有失败的作品，这类影评的对象主要针对的就是不成功，或在某些方面存在不足和缺陷的影视作品，评论者从高度的社会责任感以及严肃的艺术精神出发，对作品中存在的问题及其原因进行大胆、明确、深入、敏锐的剖析，对其可能产生的不良后果提出警示，对解决这类问题提出个人的见解和建议，帮助观众正确对待和鉴别此类影视作品的负面影响。如《评缺乏真实性的〈我的团长我的团〉——导演康洪雷的一次失败的尝试》③，作者结合入缅远征军老兵的介绍，认为电视剧把远征军塑造为一群自私散乱、毫无责任，只为逃生、被动作战的形象有失真实。又如《〈赵氏孤儿〉的价值解构与叙事失败》④，认为影片在核心剧情、人物形象塑造和叙事方面都存在不少漏洞。需要注意的是这类评论要就事论事，不存偏见，既不夸大其词，更不乱扣帽子，以免对作品和观众造成不必要的伤害。

影视评论又可以分为专业评论和非专业评论。影评和电视评论是根据评论对象的不同进行的分类。影评针对的是电影，电视评论针对的是电视剧或电视节目等。艺术评论都涉及专业与非专业评论的问题，对影视评论而言，专业评论多是专业的影视从业者或

---

① 杨洪涛：《论歌唱类真人秀的成功要素——兼谈浙江卫视〈中国好声音〉》，《电视研究》2012年第11期。
② 杨会：《炮儿亦有道——〈老炮儿〉规矩里的情义世界》，《电影评介》2016年第1期。
③ 戈丽芳：《评缺乏真实性的〈我的团长我的团〉——导演康洪雷的一次失败的尝试》，《电影文学》2009年第14期。
④ 贺玉高：《〈赵氏孤儿〉的价值解构与叙事失败》，《电影文学》2011年第5期。

专业的评论者做出的，评论时涉及较多的相关专业知识，这些评论也多是给专门的行业人员看的，对电影制作者将产生直接的影响，比如涉及场面调度、摄影手法、影片剪辑、叙事结构、表演、主题象征意义等方面的评论。非专业评论的作者则没有严格的限制，只要是影视节目的观看者，对影视作品的某一方面有自己独到的理解认识都可以进行分析和评论。

【写作角度】

电影电视作为一种大众艺术，以其生动的直观性和逼近生活的真实感拥有广泛的欣赏性。一部优秀的影视作品不仅能使人得到美的享受，还可以受到精神上的陶冶。因此在写影视评论时在注重思想标准的同时，要侧重审美标准。要写好一篇影视评论，首先应当认真观看电影，并记录影片中重要的人物、镜头等方面，找出影片的特点、亮点及新颖处，并对这些内容作深入的分析研究。观看作品时还应有意识地留意并收集那些让你感触最深的地方，许多同学在观看完影视作品后常会有感而发，也是这个道理。一篇影评能否吸引人就在于其有没有不同于别人的观点，写出别人一般想不到的内容，就是影视评论的"新奇"所在。

影视评论的角度很多，如思想评论、人物评论、美学评论、影视特性评论，等等。

一、思想评论

思想评论可以从两个方面入手：一是作品的主题，二是作品的现实意义。

主题是艺术作品所描绘的整个形象体系中表现出来的中心思想，主题是作品内容核心，是作品的灵魂与统帅，既贯穿全部作品，又在其中起主导作用。影视作品的主题包括两个方面：作品所表现的生活现象本身的意蕴，影视创作者对他所表现的生活现象的思想情感倾向。在影视作品中，主题从作品的各个方面体现出来，包含着作者对社会生活的认识、评价，渗透着作者的美学理想和社会理想、世界观、价值观。分析时必须从整体上把握，结合具体艺术形象，尤其是人物人像的分析，深入挖掘，力求见解独到。如《我爱你，但与你无关——解读电影〈一个陌生女人的来信〉的爱情观》，影片表现了陌生女人对男主人公决绝而纯粹的爱。又如伊朗电影《小鞋子》（又名《天堂的孩子》），讲述了一对兄妹与一双小鞋子的故事，却让观众读出了生活最质朴、最本真的一面，以及贫穷与单纯、天真、善良、快乐之间的关系。

评作品的现实意义，需抓住影片内容，结合当下的社会现状，这与评作品的主题有关，但更侧重现实作用，如评《离开雷锋的日子》的《大写的人》重在强调新时期学习雷锋的积极意义。又如电视剧《蜗居》的热播引发全社会对青年一代"房奴"现象与"蚁族"

身份的关注与讨论,《都市房奴的心灵漂泊与身份认同——〈蜗居〉受众深层心理研究》,涉及的就是当代都市"房奴"蜗居的社会现实。

二、人物评论

人物形象往往是影视作品的核心,主题的体现和深化往往是同作者对人物形象的发现和刻画联系在一起的。针对影视作品中的人物形象进行分析评论的样式较为多见。可以分为单一人物的评论、同类之间的评论、不同人物间的对比分析。如根据严歌苓同名小说改编的,2011年上映的战争史诗电影《金陵十三钗》,故事讲述1937年的南京,一座教堂里一个为救人而冒充神父的美国人、一群躲在教堂里的女学生、14个逃避战火的风尘女子以及殊死抵抗的军人和伤兵,共同面对南京大屠杀的故事。针对片中人物的评论如《从妓女到烈女:人物"成长"空间的探寻——兼谈电影与小说〈金陵十三钗〉女主人公玉墨的人物塑造得失》《身体的意象——电影〈金陵十三钗〉中女性身体分析》《谈〈金陵十三钗〉的人物塑造》《战争题材下的女性角色塑造——以〈金陵十三钗〉为例》等多篇。在写人物评论时,最好不仅分析人物的形象特点,而且能结合人物塑造的方法,把握人物独具的个性,如人物特有的动作行为、理想志趣等,深层次地挖掘人物形象的意义。

三、美学评论

美学评论一般从影视作品所体现出的艺术样式、艺术风格和审美特性方面展开。如《不庄不谐 笑从何来》结合喜剧样式对影片《甲方乙方》展开评论,《屏幕涌动纪实潮》从纪录片美学特色分析了优秀纪录片取得成功的原因。《浅谈电视纪录片的故事化倾向》从内容讲述的故事化倾向说明了纪录片拍摄风格的转变。还有如《中国灾难电影美学新品格——以电影〈唐山大地震〉为例》等。

四、影视特性评论

影视特性评论往往具有较强的专业性,如对影视作品的语言、结构、修辞、悬念、音响、色彩、音乐、摄影、特技、表演、导演等方面展开的评论。例如:《论许鞍华电影的艺术特色》《谢晋电影潜在的"史诗"意识及整体建构》《由电影〈蝴蝶梦〉看希区柯克的电影悬念》《系列剧的结构特征于连续剧中的显现——〈闯关东〉剧作结构分析》《解读〈小城之春〉的象征和隐喻》《漫谈电视戏曲晚会的音响设计》《如歌如泣——浅析电影〈泰坦尼克号〉中音乐之魅》《〈蜘蛛侠〉的摄影处理手法》《〈冲出亚马逊〉的特技镜头设计》《音乐始于词穷处——从〈飞屋环游记〉谈动画电影的配乐》《在荧屏上塑造"这一个"海瑞形象——浅议黄志忠在电视剧〈大明王朝1566〉中的表演》,等等。

【写作要求】

第一,抓住感受最深的点。一部影视作品往往涉及很多方面,可以品评分析的地方也很多,这就需要观看者反复思考,用心捕捉最动人的地方,有自己的深刻体会、独到见解。比如看伊朗电影《小鞋子》,贫困的生存现状并没有磨灭兄妹俩的纯真与执着,那份童真与快乐是最让人难忘的。

第二,总体把握,细节突破。典型的细节对人物性格的刻画、悬念设置及情节的推进往往起着很重要的作用。如《金陵十三钗》中玉墨的一颦一笑、一举一动,细微中就可觉察出一个风尘女子生命救赎的进程。因此,对一部影视作品首先要有一个总的正确评价,在此基础上选择一个小的切入点深入挖掘,做到高屋建瓴,品鉴入微,避免面面俱到、人云亦云。

第三,分析评论要实事求是,且要落到实处。鲁迅先生说过:评论作品"必须坏处说坏,好处说好",还要"知人论世","倘若论文,最好的是顾及全篇,并且顾及作者个人,以及他所处的社会状态,这才较为确凿。要不然很容易近乎说梦的。"影视评论还忌讳大篇幅的复述作品的内容,而不作有针对性的分析评论;或者空发议论,而没有相应的证据作为支撑。这就是所谓的"只述不议""空论不证"。

第四,注重艺术分析,设计好标题。影视作品主要通过艺术手段表现主题、塑造人物、抒发情感,所以评论也要重视对作品艺术水平的分析。设计一个好标题在评论中至关重要,一般的情况是有正副两个标题,正标题揭示文章的中心观点,副标题指明评论对象、评论角度。正标题必须简明扼要,醒目且能吸引读者兴趣,副标题作为必要补充。正副标题相得益彰,设计得好,可以使文章增色不少。如《从妓女到烈女:人物"成长"空间的探寻——兼谈电影与小说〈金陵十三钗〉女主人公玉墨的人物塑造得失》《从快感共鸣到感情共鸣的挑战——简评〈黄金大劫案〉》《一部"中国制造"的奋斗乐章——评纪录片〈金元厂纪事〉》。

第五,写影评还应注意尽量灵活运用影视专业知识,与所评析的作品巧妙结合、融会贯通,切忌生搬硬套、囫囵吞枣;"观"和"感""述"与"评"要能融为一体,切忌有"观"无"感","述"多"评"少;作者的观点、褒贬要与深入的分析论述相结合,切忌褒贬鲜明，分析缺位；抓住重点，有的放矢，切忌面面俱到，泛泛而谈。

【艺术赏析一】

推荐阅读：张淼，《小众与冷门文化缘何受综艺节目热捧》。

本文重点探讨了近年来"小众文化"登上大众综艺舞台，并受到追捧的缘由。文章角度新颖、观点独到，对文化类综艺节目的制作与推广具有一定的参考价值。

【艺术赏析二】

推荐阅读：像玉的石头，《破碎的女人讲不出完满的故事》。

本文对获第77届威尼斯电影节金狮奖题名的影片《女人的碎片》进行了评论。在简要复述电影主要情节之后，作者从影片开头部分具有争议性的长镜头切入并展开，紧扣影片"破碎"与"治愈"主题，分析了影片创作的得与失。文章观点独到、感受细腻。

【思考练习】

1. 从你看过的影视作品中，选择一部至今让你印象深刻的电影或电视剧，具体说说哪些情节或画面让你难忘，并作简要评述。

2. 当下影视剧在播出时，植入式广告已经非常普遍，你如何看待这种现象？

3. 《辛德勒的名单》《肖申克的救赎》《阿甘正传》《美国往事》《海上钢琴师》，以上5部电影中你看过且最喜欢的是哪一部？如果让你为其写一篇影评，你会拟一个什么样的标题？

4. 张艺谋、陈凯歌、冯小刚是目前国内几位著名导演，请选择两位导演比较分析，写一篇800字左右的评论。

【拓展延伸】

1. 请结合自己所学专业，选取一部影视作品、摄影作品、文学作品或绘画、音乐作品等，选择一个角度深入分析，并尝试写成一篇1000字左右的评论。

2. 观看电影《活着》，找出相关的影视评论，认真阅读分析，总结评论写作的方法要点。

3. 请老师或同学推荐最近流传的较有影响力的文艺作品（小说、电影等），以其中的一篇或数篇为对象，组织全班学生讨论，汇总并比较分析主要的观点。

4. 选择一个你熟悉的由文学作品改编的影视作品，通过比较的方式分析二者的异同，并写成1500字左右的文艺评论。

5. 请考察国内外热门综艺节目现状，选择一个角度，写作一篇评论。

6. 观看一部文艺电影，写作一篇文艺评论。

【推荐阅读】

[1] 高鑫：《从形而下到形而上——对建构电视艺术学科体系的一种实践与思考》，《现代传播》2009年版。

[2] 王功山：《影视作品评论与分析》，中国传媒大学出版社2011年版。

[3] 王丽娟：《影视鉴赏与影评写作》，南京师范大学出版社2009年版。

[4] 张福起：《影评范文精选》，山东人民出版社2011年版。

[5] 杂志期刊：《现代传播》《电影评介》《电影文学》《电视研究》。

【咬文嚼字】

下面这篇影评是学生习作，请分析其存在的问题，并修改。

影评：《一个陌生女人的来信》

《一个陌生女人的来信》是部非常干净的影片。干净是首先跃入我脑海的形容词，细腻清澈的情感始终不曾变质。橘黄的色调，呈现出浓浓的怀旧氛围，缥缈忧伤的配乐，也给故事增添了独特的美感。徐静蕾优雅的表演和令人舒服的台词，自然地把人拉到那个飘着雪花的夜晚，他留下一支白玫瑰和未兑现的承诺，再一次消失在她的生命中。

也许很难想象一个女人对一个男人至死不渝的爱，从她的童年，一直持续到死亡的那一刻，前提是她只是偶然在男人的眼里驻留，从来不曾被他记得；在风流倜傥的男人眼中，她只是他拥有的众多风月女子中的一个。她的一生从不为他了解，却完全属于他。

在那封信里，她告诉男人，她爱他，尽管很多女人对他说过这三个字；但是，她能肯定自己是这些女人中最特别的一个，因为成熟女人带着欲望的爱永远无法和一个孩子的相比。在孩子的心里，这份爱是隐秘的，却代表了整个世界，承载着她对未来所有的期盼。

在影片中，女主角受难的那部分情节，即怀孕生子所受到的苦难，给轻描淡写地一笔带过。可以想象，在那个时代她会收到怎样的压力和磨难。而最终出现在我们眼前的，只是她淡淡的忧伤和喜悦。每每看到这里的时候，都会为她心疼，很想问她一句：值得吗？

在她短暂的一生中，这个男人似乎就是生命的全部，即使他如何不忠，如何薄情，她都坚持着自己的心意。很多人会把这部影片归为悲剧，但我不这样认为。陌生女人所进行的爱情事业，始终带着完美主义的光环，纯粹如初，忠贞不渝。她的内心必定有着强大的力量去支撑她完成牺牲和奉献。在她生命最后一刻，写完那封长信，此生，无怨无悔。

第三节 毕业论文

【内容概述】

本节主要介绍毕业论文的概念、类型、特点及写法,重点掌握毕业论文及毕业创作报告的写法、要求。

【基本概念】

毕业论文是在校或在职大学生、研究生完成学业的标志性作业,它检验学生的学习成果和分析、解决问题的能力,为今后从事专门性工作打好基础;同时,也是获得学位和授予学位的重要依凭。因此,认识和了解毕业论文及其撰写是非常必要的。对一些院校及专业,如艺术类专业学生要创作毕业作品,撰写毕业创作报告。虽然形式有别,但目的相同。通过毕业论文和毕业创作,可以培养学生综合运用所学知识和技能,理论联系实际,独立分析、解决实际问题的能力,在实践中培养学生勇于探索的创新精神,严肃认真的科学态度和严谨求实的工作作风,增强对所学专业的热爱,提升团队精神和个人责任感。

毕业论文和毕业创作过程也是实现专业培养目标要求的重要阶段,是基础理论和专业知识学习的综合训练,是全面检验学生综合能力与实践能力培养效果的主要手段,也是衡量高等学校教育质量和办学效益的重要评价内容。

【类型特点】

毕业论文是学术论文的一种,由于毕业论文本身的内容和性质不同,研究领域、对象、方法、表现方式不同,因此,毕业论文就有多种分类。

首先,因获取学位目标不同可把毕业论文分为学士论文、硕士论文和博士论文,这一点很容易理解,本科生的毕业论文也就是学士论文,硕士研究生毕业需提交硕士论文。从这个角度说,毕业论文也就是学位论文。

其次,按内容性质和研究方法的不同可以把毕业论文分为理论性论文、实验性论文、描述性论文和设计性论文。后三种论文主要是理工科大学生选择的论文形式,这里不作详细介绍。一般文科大学生写的是理论性论文。艺术类专业大学生不写毕业论文,但要创作毕业作品,或者称为毕业设计,结合毕业作品和毕业设计撰写毕业创作报告。

再次,按议论的性质不同可以把毕业论文分为立论文和驳论文。立论是从正面阐述论证自己的观点和主张，驳论是通过反驳别人的论点来树立自己的论点和主张。

另外，还可以把毕业论文分为专题型、论辩型、综述型和综合型四大类：

1. 专题型论文

专题型论文是在分析前人研究成果的基础上，以直接论述的形式发表见解，从正面提出某学科中某一学术问题的一种论文。如重庆大学杨洋的硕士论文《新媒体语境中的微电影研究》从微电影的播放平台——新媒体出发，通过研究新媒体的媒体特性从而探究出微电影的新媒体特性，并以此作为论文的中心点，结合微电影目前三网融合以及新旧媒体融合的发展状况，最后对微电影的营销模式提出了一些发展策略。

2. 论辩型论文

论辩型论文是针对他人在某学科中某一学术问题的见解，凭借充分的论据，着重揭露其不足或错误之处，通过论辩形式来发表见解的一种论文。如《雅俗之辩——论电视传媒的"俗文化"和"雅文化"》[①]，从标题就可以很清楚地看出论文的论辩色彩。

3. 综述型论文

综述型论文是在归纳、总结前人或今人对某学科中某一学术问题已有研究成果的基础上，加以介绍或评论，从而发表自己见解的一种论文。如《转型之路 2008 年香港电影综述》[②]。

4. 综合型论文

综合型论文是一种将综述型和论辩型两种形式有机结合起来写成的一种论文。如《关于中国民族关系史上的几个问题》一文既介绍了研究民族关系史的现状，又提出了几个值得研究的问题。因此，它是一篇综合型的论文。

从内容和文体看，毕业论文和学术论文属同一文种，它们都是在专门、系统的学术研究基础上，表达和总结其研究成果的作品，其基本特征都是学术性、科学性、创新性、实践性、规范性、简明性。毕业论文也有自身的一些特点。

第一，必须具有教学专业性，即要符合专业学科内容和目标。

第二，毕业论文是在导师指导下进行并完成的，它的选题、提纲、初稿、修改等都需经过导师的审定。因此还不能说是独立完成的学术论文。

第三，就研究水平而言，毕业论文，特别是学士论文，因处于科研初级阶段，其写作目的主要为检测学习成果、探习科研门径、训练科研规范、接受学士学位答辩和评审以获得学位，因此不要求像学术论文那样一定达到某一学科研究高、精、尖的水平。

第四，从格式规范性看，毕业论文的项目要完整，字数一般一万字左右（硕士论文约三万字，博士论文一般在八万字以上）。这些规定性的要求的目的，还在于通过毕业论文这一初级训练，使大学生掌握科研规范。

---

① 穆勇：《雅俗之辩——论电视传媒的"俗文化"和"雅文化"》，《当代电视》2005 年第 8 期。
② 许乐：《转型之路 2008 年香港电影综述》，《北京电影学院学报》2009 年第 2 期。

【写作技巧】

一、准备阶段

1. 选题

选题,即选择研究课题,就是在研究资料的基础上提出问题,并将其确定为毕业论文的内容范围、方向目标。恰当合适的选题不仅会使论文的价值更高,写起来也更顺畅、更得心应手。

选题需要注意四点:第一,有无价值,即选题要有意义。第二,是否科学,即选题及涉及的内容要具有专业性和理性基础,脱离学术领域或缺乏理性基础的异想天开都不能认为是科学的。第三,新颖性,这集中体现在观点、材料、理论方法的创新。第四,可行性,要考虑个人学养素质、驾驭能力、所学专业及个人兴趣专长;选题的大小难易;写作时限等。

至于如何选题,可以有以下几种途径:从所学专业和专业课题规划中选题;从现实工作生活中选题;从长期积累、偶然得知的灵感中选题;从现象、材料的对比中选题。在用新理论、新视角、新方法的审视推理中发现选题,在挖掘被人遗忘的学术角落中发现选题等。也可以根据自己的优势、特长,或兴趣爱好,结合自己对该领域的了解,掌握资料的多少,确定选题。

2. 准备资料

资料是毕业论文写作的基础,没有资料,研究无从着手,观点无法成立,论文不可能形成。俗话说"巧妇难为无米之炊",如果说选题或在选题阶段初见端倪的论点是一座将要耸立起来的大厦,那么资料就是构建这座大厦的建材,所以,详尽地获取资料是毕业论文写作之前的另一项极重要的工作。首先,要大量地搜集与论题直接有关的第一手资料,文字材料、数字材料或自己在学习中获得的相关资料,这是论文提出论点、主张的基本依据。其次,搜集与论题相关的学术研究的最新成果,如公开出版的著作、公开发表的论文等。毕业论文不能闭门造车,而是要在他人研究成果的基础上进行的,所谓站在前人的肩膀上。通过分析研究前人的成果,可以从中得到有益的启示、指导,也可以借鉴好的研究方法、研究思路。最后,搜集其他方面的相关资料。对毕业论文的写作而言,相关资料越丰富越好。对搜集来的资料要做好阅读分析、分类整理工作,从中提炼观点,进而根据需要选取资料。网络时代,电脑、智能手机、资料库等都是便捷的工具。需要强调的是,除了网络资源,公开发表的论文、图书是论文写作必不可少的重要资源。

3. 构建提纲

提纲是论文的框架结构,也是作者构思谋篇的具体体现。合理的框架结构能有效地展示内容,便于作者有条理地安排材料、展开论证。它的容量、顺序、层次等都为展开内容提供了方便。因此,拟写提纲是十分必要的,有一个好的论文提纲,就能纲举目张、提纲挈领,掌握全篇论文的基本框架,使论文的结构完整统一;也能分清层次,明确重点,周密地谋篇布局,使总论点和分论点有机地统一起来;同时,作者也能够按照各部分的要求安排、组织、利用资料,决定取舍,最大限度地发挥资料的作用。毕业论文创作中,论文提纲需经导师审定后才可行文。这不仅是必要程序,还是培养科研思路、训练科研技能的重要途径。

二、成文过程

关于论文的结构形式,在《科学技术报告、学位论文和学术论文的编写格式》国家标准中有详细说明,每个院校对论文的格式,一般也都有自己的具体规定。一般来说,毕业论文的内容包括:论文封面,封面一般包含论文的标题、毕业生个人信息以及指导老师;中英文摘要和关键词;目录;绪论;详细的论文各章节内容;结论;而后是注释和主要参考文献;需要的还可以有附录;最后是后记或者称致谢词。下面具体谈谈各部分的写作方法及要求:

(一)标题、署名

1. 标题

论文标题一般可分为两种类型:提示论文内容、范围的标题,如《舆论监督与社会评价》《论大众传播的教化功能》。揭示中心论点的标题,如《媒体是一种重要的执政资源》《权利与动力:报业发展的两个突破点》。

好的标题具备两点:第一,切合内容,容量适当。避免过大、过宽或过小、过窄,超过论文内容的承载限度,易造成说不清、论不透、超容量的困境;论文内容展开的空间不够,不能达到毕业论文要求的篇幅和深广度。第二,确切简练,鲜明醒目。用简练的语言把论文主旨确切地表达出来,才有吸引力。常选用下面一些词语来结构标题,例如:"论……""试论……""浅谈……""……刍议""……初探""……思考""……再认识""……研究",等等。标题不足以表达论文内容、对象、目的等时,可在标题下用破折线引加副标题。

2. 署名

论文署名一般要用真实姓名,也可注明系、专业、班级,位置在论文总标题之下。

(二)摘要、关键词、目录

1. 摘要

摘要是对论文内容的高度概括,语言要简洁、明确、畅达。既要客观地概括反映论文内容和结论，又要短小精练，让读者用少许时间便可获取该文主要信息。摘要的内容，主要涉及：(1) 该项研究的前提、目的、范围、对象及与其他同行研究的不同之处；(2) 论文写作的重要意义或写作背景；(3) 研究内容和采取的理论方法；(4) 主要观点和内容；(5) 通过分析得出的结论及今后研究方向。毕业论文的摘要一般不要太长，以500字左右为宜，一般在论文完成后再撰写。

2. 关键词

关键词是从论文中选取出来能反映全文中心内容或主旨的重要概念，可以是词也可以是词组。一般选3至5个，不能有同义词，以"关键词："或"[关键词]"作为标识，列于摘要下方。有些论文的关键词就在文章的标题中，但这决不能理解为可以把标题拆解开作为关键词。如学生的毕业创作报告，标题为《"形质色感"手工皮具创意设计》，关键词有三个：手工、形质色感、个性品位。

摘要和关键词一般要中英文对照，所以需先写好中文，再将其翻译成英文放在后面。

3. 目录

目录是按一定顺序排列的论文的大小标题，主要是方便检读，要列出相对应的页码。

（三）绪论、本论、结论

此三部分是论文的主体结构，正文部分，是论文中的重中之重。

1. 绪论

绪论是论文的前言或引言部分，其功用是引出论题。从内容上，要说明研究该课题的理由缘起、相关资料、研究的理据和方法、价值目的，并提示观点、范围或结论及行文安排等；从表达效果的追求上，要引起读者对所示论题的兴趣，让读者较快且充分地认识到研究该课题的必要性和可能性，并为本论和结论的写作做好铺垫。如《电视对象性节目与观众心理需求的对应性研究》一文首先提出这一论题领域中存在的问题，然后说明所运用的理论，为读者深入领会论文观点、结论做好了铺垫。

2. 本论

本论是论文确立观点的核心部分，它的作用在于通过作者对论题的论证，落实研究成果，重在"证"。论证是否成功，关系到论文质量的高低。因此既要逻辑严密，避免龃龉矛盾；层次清晰，避免混乱枝蔓；也要论述深透，避免肤浅平铺。还要注意科学、合适的论证方法的选择，使论证严密、有力、生动，更有说服力。具体写作时按照提纲，一一展开论述，最好以小标题的方式区分不同的内容。理论分析中，应将他人的意见、观点与本人的意见、观点明确区分。无论是直接引用还是间接引用他人的成果，都应该注明出处。

3. 结论

结论作为论文的结尾部分，它归纳总结全文、提示本论的重点或对全文分论点进行简要综述，也可以对论点、论据及论证方法、存疑的问题等做补充或说明。因而，结论的写作要注意前后一致，避免矛盾；行文简洁，切忌草率；总结全文，深化论点；实事求是，存疑问题。针对一些目前尚无法解决的难题，实事求是地面对，并留下积极的思考，指出可能的研究方向和方法，这关系到科学工作者的学术智慧和美德。

（四）注释、参考文献、附录、致谢词

1. 注释

注释主要是对引文中出现的词语、内容或出处的说明和解释。一般可采用：①脚注，即页下注，使用较多。②夹注，即段中注，在引文中边引边注，注写在正文中，用括号标明，不宜过多。③章、节附注，即注在一节或一章之后。④尾注，即所有注释都在文章结尾，或全书末尾，文内统一编码，文末集中注释。注释的顺序一般为：著者（编者、译者）名、书名或篇名、出版者（或报刊名）、出版年份（报纸年月日、杂志期号）、页码（报纸第几版）。在一篇文章中只能用一种注释方法，以避免混乱。

2. 参考文献

参考文献也称参考书目，列出论文参考过的主要著作及文章，一般放在论文末尾，目的在于：便于校核引文内容，便于读者查阅相关资料，便于导师、学位评审人员了解作者对问题研究的深度，反映作者甄选运用阅读材料的范围和水平，是对著作者的尊重，表明论文作者严肃、高尚的科学态度。

3. 附录

不便编入正文的相关资料可以放置于附录，它不是论文的必备部分。

4. 致谢词（后记）

感谢对论文作出贡献的组织、个人的文字记载，可作为单独部分放在论文后面或后记中，亦可见置于参考文献前的编排。

三、论文的修改

修改完善全文是论文撰写的最后一道工序，为了使论文更完美，需要对你精心建造的大厦进行修补、装饰。曹植说："世人著述，不能无病，仆常好人讥弹其文，有不善应时改定。"可见修改是写作过程中不可或缺的环节。

可以修改的方面大致有以下几个方面：第一，论点。看论点能否成立，表述得是否完整明确；推敲论据与论点间的关系；检查分论点与中心论点是否协调。第二，材料。依据论证观点的需要，对材料进行补充、删除或改变。第三，结构。论文的观点和材料的有机统一是通过完整而严谨的结构来实现的。论文拟出初稿后，结构方面一般不做大的改动，因为在编写提纲时，已对其整体结构基本确定了，主要是对局部结构的调整，

如层次、段落及文章各部分的过渡、照应等。第四，语言。毕业论文的语言运用表现为大量运用专业术语，语义精确单一；句法上，完整、严密、少变化；语义联系上，逻辑性强，少见形象夸饰的手法。总之，论文语言需要真实准确、概括精练、逻辑性强、学术性突出。

获得修改思路的途径多种多样。可以随着思想和研究的深化，边写边改；可以通过反复阅读初稿，发现问题进行修改；亦可以把初稿放置一边，"冷却"一段时间，然后再重新审视。

【范文精选一】

"女汉子"的语义特征及流行社会意义分析

郑燕芳

【内容概要】"女汉子"通常用来形容那些外表柔媚但性格"纯爷们"的姑娘。"女汉子"与"硬汉子"的区别在于性别，而"女汉子"与"男人婆"在语义特征上的区别在于感情色彩。"女汉子"是社会环境开放，女性独立意识崛起的必然产物，多元化称谓凸显中国女性社会角色变迁。

【关键词】男子汉；女汉子；语义特征；修辞张力；女性社会角色

在这个审美多元化的时代，"女汉子"从众多女性称谓中横空出世，不同于"萌妹子"的可爱、"白富美"的高贵、"男人婆"的粗糙，"女汉子"兼具阳刚与阴柔的霸气和妩媚，那么，"女汉子"从何而来，具有什么语义特征？

一、从"汉子"说起

1.根据《汉语大词典》，"汉子"的基本释义有：

(1) 古时北方少数民族对汉族男子的称呼。

"何物汉子，我与官，不肯就！"(《北齐书·魏兰根传》)

(2) 对男子的通称。

"那两个汉子急待向前，被武松大喝一声，惊的呆了。"(《水浒传》)

(3) 英雄好汉，大丈夫。

"一生聪明，要做甚么三世诸佛，则是一个有血性的汉子。"(宋钱愐《钱氏私志》)

(4) 俗称丈夫。

"那些女人后面都跟着自己的汉子。"(《儒林外史》)

2."×汉子"组配格式特点

语义成分是指具有实在的所指意义并且都可以充当句法成分的语言成分。所谓"组配",是指具有对应关系的语义成分。通过对《维普期刊资源检索》中"汉子"条目的整理,与"汉子"进行语义组配的词语有两种类型:

A. 地域名+汉子

例如:北方汉子 南方汉子 羌族汉子 草原汉子 西北汉子 康巴汉子

这个组配中的"汉子"都是男人、男子的含义。

B.(双音节或单音节)形容词+汉子

例如:铁骨汉子 柔情汉子 执着汉子 流浪汉子 实诚汉子

真汉子 萌汉子 糙汉子 硬汉子 软汉子 女汉子

这个组配中的"汉子"有的指中性色彩的男子通称,譬如"流浪汉子""软汉子",有的指褒义色彩的"英雄好汉大丈夫",譬如"铁骨汉子""硬汉子"。

具有褒义色彩的"汉子"实际上与"男子汉"的含义相近。在现实生活中,人们常常把具有阳刚之美、有作为、有勇气、遇事冷静、果敢、顽强进取的男人称为"男子汉"。在我国,男子称"汉",始于西汉武帝时,这时正是汉朝的鼎盛时期,在抗击匈奴的战斗中,西汉的士兵们都非常勇敢,所以汉朝的士兵被匈奴称作"汉儿"或"好汉"。随着"好汉"的出现,人们渐渐地把"男子"和"好汉"联系起来,组成"男子汉"一词,作为对男性的一种称呼,具有褒义色彩。

二、"女汉子"的语义特征和修辞张力

"女汉子"一词,通常用来形容那些外表柔媚但性格"纯爷们"的姑娘。这一称谓以迅雷不及掩耳之势风靡网络,成为时下非常时髦的流行词语。

1."女汉子"与"硬汉子"在语义特征上的区别。

"女汉子"和"硬汉子"都属于"形容词+汉子"这种类型,这里的"汉子"指的都是阳刚、果敢、冷静、顽强等男性特征。通过义素分析得知二者在语义特征上的区别:

硬汉子:[+男子][+男子气概]

女汉子:[-男子][+男子气概]

可见,"硬汉子"是真真正正的男儿身,而"女汉子"实乃一风风火火的小女子。"女汉子"这种超常规组配造成了语义特征在性格色彩上的矛盾对立。

语义特征分析法认为词语组合时要受到语义搭配的选择限制,语义特征不相容的词语一般不能组合。但有时为了达到特殊的表达效果,也会有语义特征相对的组配,"形容词+名词"结构中,修饰语和被修饰语之间有时会出现语义矛盾的现象,这主要是语义互不调和的两个反义词进行异常搭配,形成的一个矛盾统一体,修辞学上通常称之为"矛盾修辞"。"女汉子"的内部组合本身存在性别色彩上的语义矛盾,这种异常搭配形成了一种陌生化的修辞效果。这样的组合在汉语称谓中并不少见,比如"男人婆""萌汉子""男妹子""男闺蜜"等,这些称谓都是打破人们的习惯认知,造成性别不对称或者性别错位的修辞效果。他们都是在语义对立中形成的特殊组配,产生很强的修辞张力。

2."女汉子"与"男人婆"在语义特征上的区别

通过调查采访和资料查询,很多人对"女汉子"与"男人婆"的区别认识模糊。有人认为二者同义,"女汉子"是对"男人婆"的升级称呼,二者都形容某些个性豪爽,有男子气概的女性。但也有差异,男人婆也叫野姑娘、假小子,指外貌和性格都很男性化的女人,泛指那些缺乏女人味,外貌和内心都比较粗犷的女子,一般指称别人时用于贬义;而女汉子通常是指个性豪爽、头脑灵活、独立自强、个性显著的女性,兼有女人的外貌和男人的气魄,集美艳与霸气于一身。女汉子也获得了大众的认可和追捧,从这个意义上说,女汉子大多用于褒义或中性。用语义特征分析法分析:

女汉子:[＋女子][＋男子气概][－外貌男性化][－贬义]

男人婆:[＋女子][＋男子气概][＋外貌男性化][＋贬义]

因此,二者的差异主要体现在感情色彩的运用上。请看下列语料:

(1) 被称反面教材田亮喊冤 曝女儿真面目是"女汉子"(《现代快报》2013.10.28)

(2) 火凤凰特种兵 8 位性感女兵演绎军旅"女汉子"(新华网 2013.10.28)

(3) 陕西汉中"90 后"护士夺刀救患者 被赞正能量"女汉子"(西部网 2013.11.10)

这些语料中的"女汉子"无不体现出自信坚韧、豪爽直率、敢作敢为、有主见有个性的现代女性形象。随着媒体和网络的追捧,"女汉子"的正面形象渐渐深入人心。

三、"女汉子"流行的社会意义

1."女汉子"是社会环境开放,女性独立意识崛起的必然产物。

网络流行语往往是一个时代一个社会的某个或者某些现象的缩影。在节奏飞快、竞争激烈的现代大都市中,许多女性为了更好地生存和发展,不得不把自己包装成独立、自主、强悍、干脆、利落的"女汉子"形象,以期在职场争得"一杯羹"。另外,由于经济、人格上的独立,给予现代女性越来越宽松的环境。自称"女汉子"的女孩,其实也等于是在宣称"我有个性、性格豪迈、做人大气",通过自嘲,似乎能于有意无意间,在人际关系中添加某些柔顺剂。在日益开放、个性张扬的社会,在不断追求自我、崇尚多元的时代,"女汉子"的流行在某种程度上折射了社会的进步。

2.多元化称谓凸显中国女性社会角色变迁。

女性社会角色的变迁带来了女性称谓的多元化。相比起"女流""玉女""佳人""淑女""靓妹"等女性称谓,"女王""哥""爷""白骨精""白富美"等新兴词语,一改过去女性弱势的传统形象,展现了男女平等的思想文化之风。"女汉子"获得不少女性的认同和追捧,表达了现代女性自主自立自强、追求个性和自我的精神风貌。媒体和公众对"女汉子"的接纳和肯定,也体现了社会性别气质多元化的包容。

3. "女汉子"的称谓是父权价值观的体现,是男权话语系统中的一种称呼符号。

从"女中豪杰""女丈夫",到"女先生""女汉子",再到"范爷""春哥"的称谓变迁中,我们发现凡是具有男子气概,在工作中强势,在事业上有杰出表现的女子均被贴上了男性化的标签,这里面涉及了谁在赋权的问题。追根到底,在中国传统文化背景下,"女汉子"依然是男权话语系统中的一种称呼符号。女性的话语权和优势在增加的同时,她们没有放弃传统的父权的价值观,这就造成自身性别定位时的尴尬。所以,"女汉子"也带有不得已的自嘲意味。

"女汉子"走红,与社会竞争生存压力的动力塑造、家庭从小培养的惯性熏陶、社会"中性化"潮流的追崇等因素息息相关。可以说,"女汉子"走红的同时意味着另一部分男性的阴柔化甚至伪娘化,"女汉子"强大的外表下隐藏的恐惧是渴望包容关爱的心。我们应反思如何更好地尊重、关爱女性,不能形成只有"汉子"才能生存的价值观。

(《名作欣赏》2014年第11期,内容略有删减)

【例文点评】

该文符合学术论文写作基本规范,细致梳理了"女汉子"一词的来源,词义演变以及其流行的社会意义。运用语言学相关理论进行深入分析,案例丰富,语言流畅,逻辑清晰,可以作为学生写论文的参考。

【范文精选二】

视觉叙事角度下人物宣传片的意义构造

——《×××学生会主席竞选个人形象宣传片》创作报告

摘要

笔者于2019年7月进入南京××文化传媒有限公司视觉创意部实习,在为期两个月的实习过程中,接触到了广告相关行业,也从中学习并总结了相关知识经验。通过这次实习,我深有体会:如果一个广告传播全案想要成功,必须提前考虑到诸多方面的因素,并且这些因素可能是不可控的。

本创作报告首先从宏观视角论述了形象宣传片是意识形态的建构工具,分析形象宣传片是如何利用成熟技法来完成对观众的意识形态建构与意见灌输。并对融媒体环境下的人物形象宣传片市场现状进行分析,探讨了形象宣传片参与意识形态建构的媒介功能的具体表现。其次通过笔者的微观视角,围绕南京×××学校学生会主席竞选个人形象宣传片传播全案的创作过程,从核心概念提炼、画面传播创意以及现场创意实现三个部分进行描述。最后,表达了笔者在阐述创作过程的同时,体会到的创作过程中的收获、心得、感悟。

关键词

形象宣传片;视觉叙事;意识形态

英文摘要(略)

绪论

随着信息科技的迅速发展,广告已经遍及社会生产生活的各个方面。面对日益同质化的市场环境和日趋理性的消费者,做出符合时代的广告传播全案尤为重要。人物形象宣传片作为一定意义上与广告等同性质的文化传播,具有同样重要的意义。本文试围绕南京×××学校学生会主席竞选个人形象宣传片传播全案的创作过程,从宣传片角度出发,浅析了融媒体环境下人物形象宣传片对受众意识形态的建构。

一、创作背景

学校课程暂告一段落后,在暑期的两个月期间,笔者于南京××文化传媒有限公司实习,在公司就职的短短两个月,参与了多次影视方面的视觉创意提案,认识和了解了广告传媒公司的运作流程。在实习的末尾,接到了此次南京×××学校学生会主席竞选个人形象宣传片的创作任务,并将一直以来学习到的知识与经验运用其中。

(一)意识形态的建构工具:形象宣传片

近年来媒体网络迅速发展,形象宣传片被广泛应用于企业、机构等用于自身形象的正面宣传。现代宣传者通过媒体的跨平台复合传播,让公众在影像阅读中认知客观形象的特征,感知形象的灵魂。这既是一种针对自身公共舆论环境的优化策略,也是一种旨在从意识形态层面改变公众认知的手段。

形象宣传片会在其中注入传播者的意识形态和宣传意图。形象宣传片拥有着巨大的象征性权力,利用影像语言传递态度和表达意义。它把想要表达的意见隐藏于符号之下,以实现某种隐形的观点传播和灌输。形象本身所蕴含的被改造的潜能使得形象宣传片成功成为意识形态建构的有力参与者。经由对形象的建构,形象宣传片达成对现实的定义,成为意识形态的建构工具。

（二）融媒体环境下的人物形象宣传片

作为大众传播工具的形象宣传片，它的传播是一种大众传播活动。形象宣传片制作者用娴熟的技艺制作出越来越多高质量的作品，表面的宣传痕迹大大弱化，形象宣传片的媒介功能得以更充分地发挥出来。但是，不论技艺多么超群，手法多么新颖，形象宣传片参与意识形态建构，参与现实的解释权争夺的功利性本质不会改变。

形象宣传片在这个媒体飞速发展的世界几乎已经开始滥大街，要么艺术被流放，要么内容被架空。商业与艺术能否握手言和，养眼与走心能否兼得，侧重艺术表现的宣传片往往有以下几个特点。通过场景营造虚拟现实氛围，释放艺术张力；黑白色调或抽色处理，除了腔调，最主要的是让注意力更聚焦；核心关键词通过特效字幕表现可以更富冲击力。但艺术表现与商业内容一定要把握好，要达到平衡。达到平衡最怕的就是艺术过度，内容乏力。画面养眼，但不走心。举个例子，比如谈使命，谈匠心。不应自行定性这是使命，是匠心。口述应该通过形象化、人格化、场景化的语言，表达使命的内容，匠心的内容，而不是空话。人是情感丰富的动物，通过影片诉求与人们的情感、经历共振而带来的效果和震撼，是深刻而持久的，能够真正触碰到人们的内心。

（三）项目介绍

南京×××学校拥有极高的升学率、丰富的素质教育和广泛的国际交流，是教育部批准的具有推荐保送生资格的17所外国语学校之一。南京×××学校的学生毕业后大部分都会申请国外的大学，选择出国深造，这次找到我们的两位同学同样如此。而国外的大学除了看中优异学习成绩外，更为看中的是学生的社会能力。基于此，每届的学生会各部门的竞选格外激烈，而学生会主席更是南外学子率先争取的第一目标。关于如何参加竞选，学校给出的要求是二人组队拍摄制作90秒以内的个人形象宣传片短视频，在自习或课间的时间轮流在学校各媒体包括教室大屏播放，增强同学们对候选人的记忆，突出候选人个人特色，提高候选人成功概率。学生会竞选当天，各组学生会候选者将轮流演讲，在场馆内各自的桌前张贴影片海报，增加辨识度，方便学生投票选举。

二、创作过程

（一）核心概念提炼

影片的创意准备阶段是为影片进行资料的收集和整理，分析已有信息、提炼可用信息，之后发散思维提出创意观点。最开始收集到的资料未必都是有价值的，这就要将资料整理归纳并分析，从中找出最有价值的地方，即找出个人特色和形象宣传片的诉求点，找出能让同学们最感兴趣的地方，这样形象宣传片创意的基本概念就清楚了。

此宣传片的主要目的是描述个人经历，突出个人奖项，明确了学校要求后，我们开始根据二人形象进行提案。第一次与客户见面开会，肖国豪、李忻然二人给我的印象就是形象好、气质佳、成绩优异并且特长爱好广泛，硬件条件已经很好。加上客户的需求是"引人注意的精彩短片，以青春积极的面貌突出个人优势"。我们想到不妨回归简单、自然的状态，无须过多粉饰，就能达到很好的效果。最后我们提议宣传片无须具体的故事情节，而是用抽象的抒情文案，以前后对比加反转的方式，结合画面与字幕包装，介绍二人以往出彩的个人经历及获得的奖项，制造记忆点。

（二）画面传播创意

在对客户给出的资料整理分析后，策划成员就开始为提出新的创意做准备。资料整理时产生的创意常常是模糊的、粗糙的。它往往只是一个雏形，其中含有不尽合理的部分。所以需要进一步将脑海中的创意细细打磨，推敲，发散思维后取其最接近完美的部分。记得上课的时候老师经常会提到大卫·奥格威，他已经是一位了不起的广告大师，但他产生和确认任何一个创意之前都热衷于与他人商讨。比如，他为劳斯莱斯汽车创作广告时，写了26个不同的标题，请了6位同仁来审评，最后选出最好的一个："这辆新款劳斯莱斯时速60英里时，最大的噪声是来自电子钟"，写好后，他又找出三四位文案人员来评论，反复修改，最后才定稿。

个人形象宣传片的创意应是独特的、新奇的，这就要求创作人员有独特的创造性。在脚本的制作过程中，我的小组成员李星主要负责文案的部分，文案在此影片中起到解释说明的重要作用，以字幕包装的方式将候选人的优势突出在画面上增强记忆。脚本文案同客户确定好后，我们开始共同讨论画面内容。肖国豪擅长足球，我们为他设计了踢球的镜头；李忻然希望自己看起来文静唯美，我们也设计了一些向空中抛洒纸张的意向性画面。拍摄场地根据脚本需要，选择了在南京×××学校进行拍摄。一方面客户更加熟悉自己所在的校区，拍摄现场不至于过分紧张；另一方面，本校同学们是最广大的受众群体，画面熟悉更容易使他们产生亲切感。

（三）现场创意实现

分镜脚本同客户确认通过后，进入到拍摄前的准备工作。根据制定的场地人员道具单，我们把拍摄工作分为两天：第一天在学校拍摄足球场、礼堂演讲、教室的戏份；第二天在摄影棚，上午拍摄女孩抛纸、二人一起的几场戏份，下午拍摄海报。

作为导演，要把每个镜头都吃透。这就意味着导演和编剧之间的沟通特别重要。在这一点上，前期策划时我和我的小组成员共同探讨，对镜头的把控占有优势。但导演的沟通能力不仅是与编剧沟通，还有在片场如何驾驭团队，要懂得掌握与团队合作的能力。视觉创意部部长在让我担任导演时也给我打了一剂预防针："现场所有人都会接连地问你问题，镜头画面一定要记好，头脑要清晰。"确实如此，在现场，从化妆、灯光到摄影师，包括两位小演员，一切事情都要提前想到，事无巨细，并要指挥大家根据镜头号换场地拍摄。这对我来说是一个不小的挑战，会有一种手忙脚乱的感觉。幸好在此之前已经有了另外一组南外学生的选举视频导演经验，这一次也不至于一问三不知，在各位同事的帮助下,顺利完成拍摄任务。之后就是后期剪辑、配音工作,我和小组成员李星也与后期同事交流了想法,在片中加入了自己想要达到的效果。

三、总结反思

(一)问题与收获

其实刚开始出策划的时候压力特别大,当天中午和客户开完会后,部长要求我们下班前出十个策划案,晚上直接发给客户进行选择。时间紧任务重,这对我们来说压力不小。但广告学这个专业最重要的就是创意,当时冥思苦想,完成了任务。收获就是在此之前我没有想到自己会在这么短的时间内想出来十条策划,这对自己来说也是一种突破。

拍摄过程中一直在和摄影师沟通交流,向他表达自己想要达到一种怎样的效果。其实我对拍摄不甚了解,对画面美观的掌握程度可能也不够,但工作结束之后摄影师跟我说,术业有专攻,有时导演对镜头语言的专业性不如摄影师,但好在当时我表达了自己想要达到的效果,他都有理解并尽量帮我完成,同一个场景我们也补拍了很多组镜头供后期进行选择。他教导我,前期能做到的事情尽量不要靠后期完成,这样会帮助大家减少很多工作量。对此我深以为然。

(二)反思与启示

由于不是专业演员,客户二人在情绪上有时会不到位,表情动作也会不太自然。这时就需要导演来帮助演员理解脚本想表达的内容。对这次的拍摄我觉得很幸运的一点就是客户从头到尾非常配合,也有自己对影片的一些想法,会独立思考,会和工作人员好好沟通。我帮助他们理解脚本的时候则是一点就通,不用过分操心。这让我不禁反思起如果遇到难缠的客户,我该如何应对。这也是我今后正式工作时可能真正会面对的问题。我想我需要用更多的学识来丰富自己的阅历,真诚待人,在实践中拥有更多的社会经验。

结语

在了解广告行业之前,我一直都是广告受众。虽然每天都接收着来自四面八方的广告,却对真正的广告行业不甚了解。直到成了广告人,来到真正的广告公司实习,了解广告的同时,也让我对广告行业的认知更加明确。生活是创意的源泉,艺术来源于生活。作为一名广告人,除了生存,更重要的是如何生活,并从生活中提炼创意,洞察生活。通过不断的学习积累新的知识,时刻追逐新的热点。在团队合作的实习过程中,有些工作让我意识到广告行业可能并不像想象中的那么光鲜亮丽,但作为一项自我选择的职业,所有的工作都需要严谨并负责地对待。

在这次实习经历中，我第一次在校外全案负责了这次个人形象宣传片传播全案的创作，在前辈们的身上领悟到了许多经验与知识，也结识了一群热爱广告创作的伙伴。感谢这一路所有人的帮助、指导与陪伴。

参考文献（略）

【例文点评】

这是一篇大四学生的毕业创作报告，能够结合所学的专业知识就毕业创作过程中遇到的具体问题进行分析总结，并在实践的过程中进行理论的思考与升华，体现出一定的专业素养。且条理清楚，格式规范，语言顺畅。不足之处是报告的理论深度还有待进一步提高。

【思考练习】

1. 三个人一组，结合自己的专业，先拟定几个毕业论文的选题，然后从有价值、科学、新颖和可行四个角度分析讨论，最终选出最佳的毕业论文选题。
2. 分别为上述选题拟定标题，并列出简要的提纲。
3. 说说你知道的所有收集毕业论文资料的方式。
4. 你能否准确说出毕业论文的结构？具体包括哪些方面？

【拓展延伸】

1. 找一位正在进行或已经完成过毕业论文写作的人，了解他的写作历程、经验和体会。
2. 在某个学期末结课论文的基础上，按照毕业论文的格式进行改写。
3. 据了解，有的艺术类院校，因学生抱怨不会写毕业论文或者毕业论文太难，而取消了个别专业毕业论文的写作，你对此有何看法？
4. 2009年5月25日《中国青年报》报道，近日有网友发帖曝光"史上最牛硕士论文抄袭事件"，称东北财经大学2007年的某篇硕士学位论文严重抄袭，与南京财经大学2006年的一篇硕士学位论文惊人相似。据称，这是因为这两篇论文整体框架完全一样，除了把地点"江苏"两字替换成"山东"，把江苏的统计数据换成山东的统计数据，以及一些统计指标的对比排序结果稍微改变之外，其他基本一样。

2019年4月，清华大学近日公布的新版《清华大学学生纪律处分管理规定实施细则》（以下简称《细则》）格外引人关注。学位论文、公开发表的研究成果中有抄袭、篡改、伪造等情形,情节严重的;或代写、由他人代写学位论文、买卖学位论文的,经学校学术委员会认定,将给予开除学籍处分。而上述行为原来的处罚是给予"记过以上处分"。

近年来,涉嫌论文抄袭、学术造假的报道不时被媒体曝光,其中不乏名校毕业或学者教授,论文代写、代发业务也已经是公开的秘密。请对此谈谈你的看法。

【推荐阅读】

[1] 武丽志、陈小兰:《毕业论文写作与答辩》(第二版),高等教育出版社2020年版。
[2] 周开全:《大学生毕业论文写作指南》,西南交通大学出版社2015年版。
[3] 张言彩:《文献检索与毕业论文写作》,西安电子科技大学出版社2018年版。
[4] 刑彦辰、赵满华:《毕业论文写作与文献检索》,北京邮电大学出版社2010年版。

【咬文嚼字】

下面是毕业生的毕业创作报告部分段落,语言方面问题较多,请逐一修改。

1. 当今社会的高速发展带来诸多问题,在经济发展过程中所遗弃的工业建筑等被遗忘,这些废旧的厂房成了视觉污染,与周围的环境格格不入。还有正在使用环境和空间的搭配已经变得面目全非。在这种情况下,人类已经逐渐意识到对旧工业废厂房的改造迫在眉睫,意识到致力于寻求新旧建筑的共生是非常重要的。这使现代的设计手法在废旧工业厂房的改造设计中的研究与应用,更具有现代意义。在通过一定的手法创造出一种新旧结合,使人有一种在市中心上班却有在田园观光风景一般的心情。

2. 在当今环境景观设计日益发展下,装置艺术也迅速崛起,大大提高了环境设计方面的创新与结合。装置艺术的发展如同其他艺术发展的景况一样,都是受当下多种单一与复合的观念所左右的,也受其自身发展经验的积累所促动。装置艺术日渐在内容关注、题材选择、文化指向、艺术到位、价值定位、情感流向、操作方法等方面,都呈现出多元繁复的状态。但从其总体来看,装置艺术的固有特征并没有朝令夕改。本设计从人类的视觉器官为着手,将传统雕塑艺术与多媒体相结合,探索一条数码装置艺术的新路。

该海洋馆室内数码装置艺术设计具有时尚创新、强调视觉感与亲身体验的享受等特点。我恰当地结合当代科技时尚元素与之传统艺术的拼接,展现新型海洋馆的一种模式,丰富而统一的视觉感。

第四节 申论

【内容概述】

本节主要介绍申论的概念、考试形式、试题的特点以及写作要求。要求学生了解申论考试的形式特点，掌握申论考试的写法要求。

【基本概念】

申论，取自孔子的"申而论之"，即申述、申辩、论述、论证之意。申论就是对给定的事件、材料、问题、现象等进行分析、阐述和议论，它是国家公务员录用考试的一个笔试科目。国家人事部自 2000 年始将"申论"列为公务员录用考试科目，旨在"对应考者的阅读和理解能力、分析和概括能力、提出和解决问题的能力及文字表达能力等方面进行综合测查"。(《中央、国家机关录用考试公共科目考试大纲》) 因此申论考试测试的不仅是应试者的文字表达能力，更是分析综合能力和解决实际问题的能力。

当今社会，公务员考试越来越成为许多大学生的选择之一，中国大陆国家公务员考试科目包括《行政职业能力测验》和《申论》。因此，申论不是一种文体，而是一个考试科目。

申论考试通过对设定资料的阅读，回答有关问题，考察应试者的能力。申论考试中要考察应试者七个方面的能力：阅读理解能力、分析判断能力、提出和解决问题的能力、语言表达能力、文体写作能力、时事政治运用能力、行政管理能力。俗话说："失行测者失公考，得申论者得天下"，可见申论对公务员考试的重要性，申论写作也就成了越来越多的人关注的焦点话题。

【类型特点】

申论考试要求考生于 150 分钟时间内，在阅读给定资料的基础上，理解给定资料所反映的案例或社会现象的性质和本质，然后按要求作答。申论考试出题灵活，但一般来说考题类型不外乎以下几个方面：

1. 概括

通过对资料的整理、分析、归纳后，用简明扼要的文字概括出给定资料所反映的主要问题。

2. 分析

在前一步骤的基础上，针对材料所反映的主要问题进行分析。

3. 方案

针对材料中所体现出来的主要问题提出解决问题的对策和可行性方案。

4. 议论

在完成上述两项程序的基础上，紧紧扣住给定资料及其反映的主要问题，通过申明、阐述、论证，提出对问题的基本看法和解决问题的方法。

综观 2000 年以来的申论试题，我们发现申论考试的出题有以下特点：

考试内容具有普遍性。申论考试所提出的问题，一般都带有较强的社会普遍性，大家在平时要多关心时事政治、关心社会，只有这样才能在考试中迅速找到材料所反映的带有社会性的核心问题。

考查目标具有针对性。申论考试虽然材料内容广泛，出题灵活多变，但考查目标明确，针对性强，即考生的阅读、概括、分析、解决问题的能力，体现于题目中主要是分析、概括和论述三个方面。

以下是 2011 年中央、国家机关国家公务员录用考试申论试卷，整份试卷分三部分：注意事项、给定资料和申论要求。

2011 年中央、国家机关公务员录用考试《申论》试卷 省级以上（含副省级）综合管理类

（满分 100 分 时限 150 分钟）

一、注意事项

1. 本次考试包括给定资料和作答要求两部分。总时间为 150 分钟，建议阅读资料为 40 分钟，作答时间为 110 分钟，总分 100 分。

2. 请在答题卡上指定的位置填写自己的姓名、报考部门，填涂准考证号。

考生应在答题卡指定的位置作答，未在指定位置作答的，不得分。

3. 监考人员宣布考试结束时，考生应该立即停止作答，将试卷、答题卡和草稿纸都留在桌上，待监考人员允许离开后，方可离开。

二、给定资料（略）

三、作答要求

（一）认真阅读给定资料，简要回答下面两题。(20 分)

1. 给定资料 4 写道："黄河健康生命的主要表现形式就是'三善'，即：'善淤、善决、善徙'，这是一个为几千年历史所反复证明的基本事实。"请结合对这句话的理解，谈谈对黄河自身规律的认识。(10 分)

要求：简明、完整。不超过 200 字。

2. 给定资料 5 介绍了汉代王景治理黄河的思路和做法。请概括王景治河后黄河安澜 800 年的主要原因。(10 分)

要求：简明扼要，条理清楚。不超过 200 字。

(二) 给定资料 3 介绍了密西西比河、亚马逊河、尼罗河等流域出现的生态危机以及各国政府的治理举措。请对这些资料进行归纳，并说明我国治理黄河可以从中受到哪些启示。(20 分)

要求：内容具体，表述清晰。不超过 300 字。

(三) 国家某部门拟编写一本以"黄河"为主题的宣传手册，作为对青少年进行爱国主义教育的材料。宣传材料由四个部分组成，依次为："黄河之水天上来""黄河与中华文明""黄河的治理与开发""黄河精神万古传"。请参考给定资料，分别列出每个部分的内容要点。(20 分)

要求：(1) 切合主题；(2) 全面、表述准确、有逻辑性；(3) 不超过 400 字。

(四) 请参考给定资料，以"弘扬黄河精神"为主题，自选角度，自拟题目，写一篇文章。(40 分)

要求：(1) 中心论点明确，有思想高度；(2) 内容充实，有说服力；(3) 语言流畅，1000 字左右。

【写作技巧】

申论考试的全过程可以归纳为审读资料、概括要点并发现问题、分析问题、提出对策、进行论证五个环节。

一、审读资料

阅读给定资料是申论考试最基础的环节。这个环节虽然不能用文字直接在答卷上反映出来，却是完成其他几个环节的前提条件。必须拿出一定的时间（一般需要 40 分钟左右）来仔细阅读给定资料，真正理解资料的叙述思路和内容实质，才能把握资料所反映的事件的性质与本质，也才能准确地概括出给定资料所反映的主要问题，为顺利完成以后的几个环节做好准备。

审读材料时，需注意以下几点：

1. 注意筛选重点信息，提炼要点。要在如此庞杂的资料中找到要点，就需要我们删除资料中的冗余信息，找到重点和要点。可以先整体浏览资料，再进一步细读资料，逐段提炼要点。

2. 读出材料的隐含义。很多材料只是对社会现象的介绍或对事件进行客观陈述，我们要善于发掘材料的隐含义，透过现象找到本质。

3. 总体把握，全面理解。看似庞杂的材料中必然有其内在的联系，要善于发现内在思路，全面理解。

二、概括要点或主题

这一环节要求考生在充分阅读资料的基础上，抓住材料所反映的核心问题，才能有的放矢地提出解决对策，确立论点并展开论证。

三、分析问题

此环节要求考生在抓住材料所反映的核心问题的基础上，对问题进行分析。

四、提出对策

提出对策是申论考试的关键环节，重点考查考生的思维开阔程度、探索创新意识、应变和解决问题的能力。在这一环节中，需要注意以下几点：

1. 紧扣材料，针对问题。这里所讲的问题就是指上一环节所发现的问题。
2. 注意行政性和身份性。申论考试是为行政工作选拔人才，通常要求考生从行政工作的角度进行问题的研究和对策的提出。如2003年申论考试的第一题："对给定资料进行分析，从政府职能部门制定政策的角度，就如何'减少事故，保障安全'，提出对策建议，供领导参考。"明确要求考生从政府职能部门制定政策的角度提出对策建议。
3. 注意所提对策的可行性和可操作性。申论考试考查的是考生解决实际问题的能力，所提对策应避免泛泛而谈，要切实可行、方便操作。

五、进行论证

进行论证是申论考试最后一个环节，也是难度最高的一个环节。前面的几个环节，都可以算作这一环节的铺垫和准备。论证是申论考试的核心环节，要求考生充分利用给定资料，切中主要问题，全面阐明、论证自己对给定资料所反映的主要问题的基本看法以及解决问题的方案。这一环节最能全面考查和衡量一个人的分析归纳能力、提出和解决问题的能力、逻辑说理能力以及书面表达能力。

1. 文体界定

有专家认为论证部分在文体上类似公文当中的"意见"。意见适用于对重要问题提出见解和处理办法，意见包括上行意见，也包括下行意见或者平行意见，从申论最后给定的作文试题看，应该属于上行文意见，即作为下级单位向上级机关提出解决问题的参考性意见。综观 2000 年以来的考题，论证部分大多是要求考生在理解材料的基础上，针对材料中所反映的问题，提出解决问题的见解和处理方法。如 2007 年申论第五试题：请以"命脉"为题，写一篇关于土地问题的文章。要求：1.参考给定资料，自选角度，提出问题，解决问题。2.观点明确，联系实际，分析具体，条理清楚，语言流畅。3.全文不少于 800 字。

2. 文章结构

在文体上，申论文章属于议论文范畴，不是一般的记叙文、散文、诗歌等文体。因此，申论文章的写作可以参考一般议论文的结构方式，即提出问题、分析问题、解决问题。近几年申论作文一般要求 1000 至 1200 字，这就要求考生合理安排文章的结构，保持文章结构匀称，使卷面美观有序。总体来说，要求文章开头简洁，直奔主题；主体部分论证全面，论述深刻；结尾与主题呼应，有力度。这种结构属于稳健的橄榄形结构，尽量避免使文章缺乏匀称感的倒三角结构和金字塔结构。

3. 语言表达

（1）在语言风格上，申论文章要求语体庄重、用语严谨、规范。申论写作的语言应当是简洁、流畅、规范、严谨的书面语言。摒弃不规范的口语、生僻的古语或随意性强的网络用语等。无须夸饰、铺排，少用修辞手法。当然，朴实无华却生动深刻的语言很受青睐。如：金杯、银杯不如老百姓的口碑；就业不仅关系一个人的生计，还关系一个人的尊严，等等。考生平时可以多读一些政府文件、政治名人语录以及历年真题的优秀范文。

（2）以叙述、说明、议论为主要表达方式。申论写作要求态度明朗，观点明确，不夸大事实，也不掩盖矛盾；措辞严谨、准确无误地传达党和国家的方针政策等。通常使用叙述、说明、议论等表达方式，直接传递信息、表述思想，少用抒情、描写等间接传递信息的表达方式。另外，在遣词造句方面也需要字斟句酌，使字、词、句准确通顺，表意明确，标点符号无误等。

（3）重视文章开头和结尾的写作。一篇文章拿到阅卷老师手中，第一眼会看文章标题、整体字数以及文章的开头、结尾。白居易说过："句首标其目，卒章显其志。"凤头豹尾是对好文章的普遍要求。一篇有气势的申论文章，一般在文章开头就提出明确的中心论点，即所谓的开门见山，直奔主题；同时，文章的结尾部分应做到呼应论点，深刻有力，即豹尾余响，回味无穷。很多考生能在文章的开头、结尾恰到好处地引用一些名言警句为文章增加论述力度，也是非常好的论证方式。但是，一定要引用恰当的名言警句，千万不能生搬硬套、弄巧成拙。

【思考练习】

1. 什么是申论？申论考试出题有哪些特点？
2. 简述申论考试的基本环节及特点。
3. 申论考试主要考查哪方面的能力？日常生活中应该怎样培养和提高这些能力？
4. 试答《2011年中央、国家机关国家公务员录用考试申论试卷》（考题见上文）。

【拓展延伸】

1. 在当前就业形势异常严峻的情况下，公务员岗位越来越诱人，以致大学生纷纷抛弃理想、梦想和幻想，投奔公务员热考大军。其中，不乏一些诸如学精密仪器等专业的大学生被迫放弃自己的专业，也拥到公务员这条窄路上来，使本来就人满为患的公务员队伍呈现出趋之若鹜的局面。或许在你的周围就有一些师哥师姐、同学朋友准备选择公务员这条路，对想考公务员的大学生你有哪些意见或建议？

2. 有这样一种说法："20世纪70年代，到城市去，到部队去，到能生活得好一些的地方去；80年代，到大学去，到夜校去，到可以拿到文凭的地方去；90年代，到美国去，到法加去，到一切不说中国话的地方去；2000年，到国企去，到外企去，到年薪百万的地方去；2010年，到党政机关去，到公务员队伍中去，到一辈子不失业的地方去。"

进入21世纪以来，公务员考试热潮一浪高过一浪。2010年年底的那次国家公务员考试，共有141万人报考，比7年前的8.7万人高出了16倍，相当于每个岗位有64名竞争者，最热门的职位创下了4961∶1的纪录。

你如何看待这种现象？

3. 国家公务员考试在逐年升温的大背景下，考生报考冷热不均的事实也不容忽视，有的岗位千里挑一，有的岗位则无人问津。这种冰火两重天的现象折射出怎样的深层内涵？

4. 谈谈你对科举考试与公务员考试的了解。并简要分析二者的异同。

5. 与竞争激烈的公务员考试相比，到基层当村官也是当代大学生的一个不错选择。2012年11月9日上午，胡锦涛同志在参加十八大江苏代表团讨论时，对大学生村官代表石磊说："基层是最锻炼人，也是最能成长人的地方，特别你又赶上了一个好时代，是我们国家全面建成小康社会，基本实现现代化这样一个历史时代，因此，可以大有作为，祝你在现在的岗位上干出成绩来，也祝愿你在实践当中，更好、更快地成长。"

请你谈谈大学生村官政策有什么现实意义？

【推荐阅读】

[1] 李瑞平编:《2012 公务员录用考试一本通》,中国法制出版社 2011 年版。

[2] 黄高才、刘会芹编:《公务员暨现代文员应用写作一本通》,北京大学出版社 2011 年版。

[3] 刘汉民:《公务员录用面试技巧》(修订版),中山大学出版社 2008 年版。

[4] 柳池云:《公务员是怎样炼成的:第一号亲历公考》,中国画报出版社 2009 年版。

[5] 谭功荣:《公务员制度概论》,北京大学出版社 2007 年版。

【咬文嚼字】

下面是 2011 年中央、国家机关公务员申论考试第一大题的两个小问题的参考答案,请仔细分析其语言特点,并比较自己给出的答案。

1. 给定资料 4 写道:"黄河健康生命的主要表现形式就是'三善',即'善淤、善决、善徙',这是一个为几千年历史所反复证明的基本事实。"请结合对这句话的理解,谈谈对黄河自身规律的认识。(10 分)

要求:简明、完整。不超过 200 字。

参考答案:

"善淤、善决、善徙"即黄河经常性的淤积泥沙,并经常性的发生决口甚至河流改道;这是它自身千百年来所遵循的客观规律。黄河的规律一方面发育了华北平原,构成中国人生存的物质基础;另一方面黄河也对群众构成威胁。新中国几代领导人的指示体现了对治黄规律的认识,最新的实践就是"必须认真贯彻落实科学发展观,坚持人与自然和谐相处,全面规划,统筹兼顾,标本兼治,综合治理,加强统一管理和统一调度",办好黄河水利造福人民。

2. 给定资料 5 介绍了汉代王景治理黄河的思路和做法。请概括王景治河后黄河安澜 800 年的主要原因。(10 分)

要求:简明扼要,条理清楚。不超过 200 字。

参考答案:

(1) 政府重视,投入大量人力、物力和财力治理黄河;

(2) 王景治理黄河的措施得当;兴修黄河大堤和汴渠,选择河身较短、地势较低的较优行河路线,建设和利用沿河大泽放淤的工程;

(3) 这一时期自然环境发生变化,黄河中游地区大暴雨较少,下游分支较多,两侧又有较多的湖泊洼地,使黄河下游水患减少;

(4) 社会人文环境发生变化,这一时期黄土高原人口减少,植被一定程度上得到恢复,使黄河输沙量减少。

第六章　新闻文体

【本章提要】

所谓新闻，就是新近发生的事实的报道。新闻写作包括的内容十分丰富，凡是刊登和播发在各种媒体的新闻版面（时段）的各种新闻作品都可以算作新闻写作。因此新闻文体庞杂，且尚在不断完善和发展中。本章主要介绍消息、通讯、新闻评论这三种经典新闻文体，以及电视新闻、新媒体新闻这两种近年来发展迅猛的新文体。

第一节　消息

【内容概述】

消息是迅速及时地报道社会生活中重要的突出事件和新近发生或发现的事物、成就、问题、情况等的新闻文体，是新闻报道的主要形式，也是新闻报道的最常见、最主要的文体。消息主要包括这样一些类型：简讯、动态消息、特写性消息、经验消息、人物消息、述评消息、综合消息。消息通常由标题、消息头、导语、主体、背景、结尾六个部分组成。往往采用倒金字塔式结构。

【消息的含义和特点】

消息是迅速及时地报道社会生活中重要的突出事件和新近发生或发现的事物、成就、问题、情况等的新闻文体，是新闻报道的主要形式，也是新闻报道的最常见、最主要的文体。

消息的特点可以用四个字概括：实、快、新、短。实，是说消息的内容必须是真实的；快，是指消息应尽快报道，讲求时效性；新，是说消息的内容应当新鲜；短，是指消息的篇幅通常较简短。

【消息的种类】

根据写作特点和内容的差异，消息可以分成以下几种类型：

一、简讯

简讯往往篇幅极短,仅报道一个事实,不交代过程背景。

习近平将出席世界经济论坛"达沃斯议程"对话会

来源:新华视点微博

外交部发言人华春莹2021年1月19日宣布:应世界经济论坛创始人兼执行主席施瓦布邀请,国家主席习近平将于1月25日在北京以视频方式出席世界经济论坛"达沃斯议程"对话会并发表特别致辞。

二、动态消息

动态消息报道一种新事物,一个新动态,篇幅较短,突出最主要、最新鲜的事实。

北大试点推行论文代表作制度
没有发表论文 硕士也能毕业

【晨报讯】以往,研究生必须有发表的论文才能毕业,现在,北大中文系取消了这一要求。昨天,北大表示,中文系的研究生没有了发表论文的数量要求,只要毕业论文作得好,照样能毕业。

北京大学社会科学部部长程郁缀教授说,目前,高校在对教师和研究生的考评中,大多有论文数量要求。为了完成考核任务,许多师生花费精力写了大量的论文,但有价值的不多,甚至出现了抄袭别人成果等现象,损害了学术尊严。程郁缀认为:"十年磨一剑未必是好剑,但一年磨一剑很难成好剑。"

为克服追求论文发表数量带来的弊端,北京大学正在试点推行论文代表作制度,即教师在聘期内只要发表了一篇有较大影响力的论文,经院系学术委员会认定,在相关的学科领域里属于领先地位,对该学者的科研工作就不再进行量化考核。中文系的研究生也没有了发表论文的数量要求,只要毕业论文作得好,照样毕业。

三、特写性消息

特写性消息是一种对事件中、生活场景中一两个镜头做细节化、形象性写照的消息。

京城好大雪

　　树上的绿叶还未落尽,一场纷纷扬扬的大雪便罩住了京城。北京一下子变得寂静而洁白。

　　从19日凌晨起,这场大雪便落个不停,到下午四时左右,积雪厚度已超过10厘米,据说这是北京近年来罕见的大雪,对遏制疾病流行和冬小麦过冬极有好处。

　　大雪使都市的行道树披上了玉衣银花,也使人们提前裹上了厚厚的冬装。雪使冬日的情趣更为浓厚:二龙路上中午放学回家的孩子们打起了雪仗,什刹海畔的游人纷纷驻足留影,旁边冬泳的健儿在行人围观中跳进冰冷的湖水还直叫"真痛快"。

　　雪使外出的人们心心相通,车辆缓缓驶,路人慢慢行。平素容易拦到的"面的"这天辆辆不空。一位60多岁的老奶奶在街上等了20多分钟才拦至一辆空车。司机真不错,把腿脚不太利索的老人送到武警总医院办完事后,又送到花园村。

　　永安路街口,记者看到许多推车带孩子的母亲。一位小朋友问妈妈:"我们过了路口,怎么还不骑上车呢?"妈妈亲昵地看了孩子一眼:"不是怕摔了你嘛!"

　　一个叫小北的女孩儿身着大红绒衣在雪中分外艳丽。记者问:"小北不怕冻手吗?"小女孩头也不抬地说:"不怕,我玩一会再去上学。"晚上路面已结成冰,不时有骑车人滑倒,大家都报以同情。

　　雪给人们带来了寒意,也带来了温情。

四、经验消息

经验消息是对具体单位、部门成功经验的报道。

五、人物消息

　　人物消息报道人物具有时代感的某种行为、某个侧面,迅速简要,突出一点、不计其余。

六、述评消息

　　述评消息是一种针对事实进行分析评论,边叙边评,既对事实进行报道,也对事实进行评论的消息。

七、综合消息

综合消息针对某个主题进行全局性报道，可以有一定的时空跨度，篇幅较长。

【消息的构成】

消息通常由标题、消息头、导语、主体、背景、结尾六个部分组成。

一、标题

1. 标题的含义

消息的标题是指位于新闻正文之前的对新闻内容加以提示的简短的文字，也就是消息的题目。拟好标题是写新闻的大学问，所谓"题好一半文"反映了标题在新闻写作中的地位和价值。尤其是信息社会，标题的好坏成为读者阅读与否的决定性因素。

好标题反映新闻报道的主旨，是消息的"眼睛"，可以起到"画龙点睛"的作用，所以，必须做到准确，题义相符，反映新闻报道的基本事实。同时，还要力求简练、鲜明、生动。

2. 标题的作用

标题是新闻的"眼睛"，标题本身就是新闻。标题将新闻中最新鲜、最重要的内容提供给受众，使受众很快明白新闻中最重要的信息，比如《中国今天加入世贸组织》这一标题明确告知了这条新闻最重要的三个基本要素：何人、何事、何时。可见，标题可以是新闻重要内容的浓缩。

标题还可以表明新闻的主旨，揭示新闻的本质和原因。例如：

  总理落泪了！
  温家宝赴铜川看望矿难职工家属

用副标题解释总理为何落泪，同时，通过总理这个国家领导人物的落泪进一步反映新闻事件的本质，充满了情感力量。

标题也可以评价新闻内容，表明记者和媒体对新闻事实的态度，反馈采访对象和读者的意见。例如：

  中华民族永载史册的盛事 世界和平正义事业的胜利
  中英香港政权交接仪式在港隆重举行
  江泽民主席庄严宣告中国政府对香港恢复行使主权

3. 标题的分类

消息标题有单一型和复合型两种。除非篇幅太短，否则一般都采用复合式标题。复合式标题一般由引题、主题、副题组成，且各具功能，比单一型标题表意丰富。

（1）单一式标题。单一式标题即单行标题，往往在内容单一，篇幅短小，内容简单的消息中采用，网络新闻信息量大，也多采用单一标题，以便于网民快速搜索。

（2）复合式标题。复合式标题由引题、主题、副题组成。采用复合式标题可以是完全式的引、主、副齐全，也可以是不完全式的引题加主题，或者是主题加副题。

主题即主标题，是标题的主体，表现最重要的内容，位置居中，字号大于引题和副题。主标题应是独立的句子，表达一个完整的意思，通常为一行，也可以两行。

当采用不完全标题时，用引题还是用副题要根据需要而定，如果与主题是引导关系，就采用引、主题搭配。如：

书信一封报上登 离散骨肉喜团圆（背景）
段玉明为养子养女找到亲生父母

如果与主题是补充关系可采用主、副题搭配。例如：

第60届柏林国际电影节闭幕
《团圆》获编剧最高奖银熊奖

二、消息头

新闻媒介刊发的消息，开头部分往往冠以"本报讯""本台消息"或"某社某地某月某日电（讯）"的字样，这就是消息头。

消息头是消息的标志，主要是对新闻发稿单位、地点和时间进行说明。如"本报讯"或"本台消息"是指新闻稿是本报（台）记者或通讯员（撰稿人）采写的，如果在"某社某地某月某日电（讯）"前加一"据"字，则表明对电讯稿进行过删节，为突出新闻的重要性、及时性，在消息头部分，有时还表明"本报（台）记者某日报道""本报（台）记者某地专电"等。

三、导语

消息通常是由导语和主体组成的。导语，是消息体裁的特有概念，是消息区别于其他新闻体裁的重要特征。从形式上讲,导语实际上就是消息的开头部分,它紧接消息头之后,可以是一个自然段,也可以是一句话,还可以是若干个自然段,视内容而定。

消息导语要求用简洁凝练的语言表述最新鲜、最重要、最基本的新闻事实。一个完整的新闻事实通常由五个要素构成:何人、何事、何时、何地、何因,即"5W 要素"。导语通常需要包含这五个基本要素。其中,何人、何事、何时也被称为"3W 要素"。在一些内容简单,篇幅简短的消息当中可以仅包含 3W 要素。

导语有以下几种写法:

直述式导语也被称为概括式导语,即开门见山地把新闻要素中最主要的内容和盘托出,给人以概略、基本、明确而鲜明印象。例如:

【晨报讯】教育部宣布,2006 年硕士研究生招生规模将要有所增加,2006 年,有 127.5 万人报名考研,与 2005 年相比增长 9%。

设问式导语,用疑问句的形式表达消息的主要内容。问句的形式更能引起读者的好奇。例如:

【本报讯】"如果气温突然下降,一些加油站没有足够的 10#、20# 柴油可加怎么办?如果有的加油站出现车队长龙,而有的加油站却无人问津,如何尽快告诉消费者到周围富余的加油站尽快加油?如果有的加油站油品不全,如何让顾客及时加到对号油品?如果我们建立一个及时通报信息的平台,这些问题就会迎刃而解。"

渲染式导语用渲染的方式引起读者阅读兴趣。例如:

【晨报讯】看似普通的钢笔,实际是由废旧报纸制成的;看似普通的淋浴喷头,却能节水 50% 以上……昨天,2005 建设节约型社会展览会在北京展览馆拉开帷幕,展览会上展示了许许多多这样的节约环保项目成果。

引语式导语,用引用的方式表达新闻中最重要信息。例如:

【晨报讯】"中国知识分子预期寿命比全国平均寿命低 17 岁这个结论流传广泛,而且被反复引用。但这个结论是错误的。"中国人民大学人口与发展研究中心主任翟振武昨天在"2005 学术前沿论坛"上表示。

四、主体

主体是消息的中心部分,具体完整的表述新闻事实,是导语的具体化。主体应承接导语,阐述生动、具体的事实。主体是消息的主要部分,字数最多,内容具体完整。主体的写作要与导语相辅相成,内容充实,材料典型,层次分明,手法灵活。

五、背景

背景材料是新闻事实产生的历史和环境、原因和时间、空间条件以及对有关方面作出的说明解释。它是消息的从属部分,具有交代新闻事件的历史环境和客观条件与新闻事件的联系的作用。背景材料运用得恰当、妥帖,可以烘托主题,说明问题,深化认识,增强消息的知识性、趣味性和新闻价值,使通篇消息丰富饱满。背景材料一般安排在主体部分或结尾中,也可以放在导语中。

六、结尾

消息可以没有结尾。如果需要写结尾的话,消息通常可有这样一些结尾方式:点睛式、展望式、呼应式、召唤式、总结式。

【消息的结构】

消息的结构是指一篇消息的材料组合和段落安排的总体设计,也就是写作顺序。新闻写作中对消息的材料结构的总的要求是:简明扼要,层次清晰,能准确地叙述事实,能发挥新闻价值的最佳效果,最有利于表现主题,最能够吸引读者。消息的正文部分通常采用倒金字塔式结构,即将最重要、最关键的信息放在前面表述,按照信息的重要程度来安排消息的层次:重要的居前,次要的继之,再次要的置于末尾。如下图:

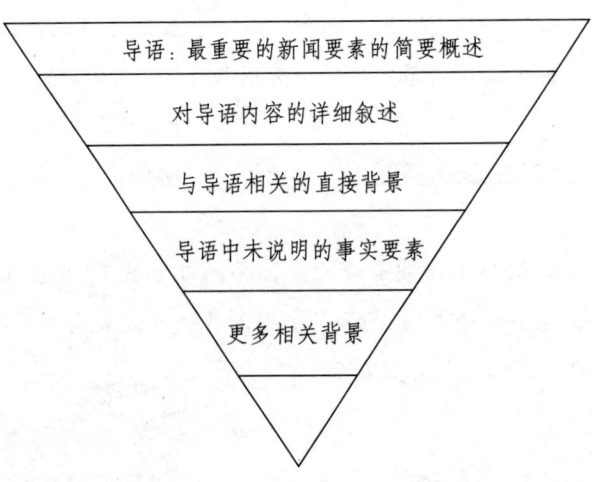

【作品评析】

推荐阅读：董柳、陈虹伶、王静，《告别"同命不同价"》。

该作品获得第三十届中国新闻奖一等奖。该新闻事件意义重大，羊城晚报率先报道了广东将告别"同命不同价"这一"走在全国前列"的重大事件。报道实现了"两个首发"：新媒体稿全网首发、报纸稿全国首发，其中新媒体稿仅在羊城派上3小时内的阅读量就已突破30万。报道被腾讯、新浪、大众网等广泛转载，本报道的标题"告别'同命不同价'"也被《人民日报》、中新社等广泛采用。该消息时效性强、信息量大、言简意赅，在记录广东平等保护城乡居民权利具有里程碑意义的事件的同时，彰显了社会进步，弘扬了"中华人民共和国公民在法律面前一律平等"的宪法精神和"平等"这一社会主义核心价值观，取得了良好的传播效应、社会效果。

【思考练习】

1. 详细分析以上范文的标题、导语和结构。
2. 请将下面新闻改写成一则形式和语言更为标准的消息。

知名作家、编剧张嘉佳在我校设立工作室并举办讲座

"今天在这里，我既不是来卖书的，也不是做广告的，就是来和大家聊天交流的。"5月11日下午，知名作家、编剧张嘉佳来到我校千人报告厅，与师生近距离地分享自己的故事。

"你想拍好，必须发疯"

在讲述刚刚杀青的自编自导的电影《摆渡人》，张嘉佳感到自豪："这部电影历时十多个月，有时候两天睡一次觉，一次四个小时，2015年11月甚至因为心脏问题被救护车送到医院，但我并不抱怨，因为想要好的作品，必须要拼命。我也希望南广学子，只要有时间，就一定把事情做完美。"

"打穿时间的作品"

张嘉佳的此次南广分享会还吸引了南京本地众多其他高校的学生，甚至还有从上海、北京等地专程远道而来的读者。在被众粉丝追问自己的作品时，他说道："我把作品分为三种——上个时代的作品、这一时代的作品、打穿时间的作品。"他表示，自己的书在现在看来是符合这个时代的，也希望自己的作品可以打穿时代。

"我们是朋友，我将努力记得你"

分享会最后，戏剧影视学院院长钱态代表我校向张嘉佳颁发客座教授聘书并举行张

嘉佳南广工作室揭牌仪式。钱态表示，戏剧影视学院众多老师一直强烈推荐张嘉佳，自己也非常看好张嘉佳，希望张嘉佳老师可以尽可能多地走进南广的教室。张嘉佳老师也积极地回应了我校学子的热切期待，并许下了一定再次做客南广的约定。

（本文源自中国传媒大学南广学院网站）

【拓展延伸】

1. 以最近的一次学校或班级活动为题材写一则消息。

2. 假设你是某学院的一名学生记者，你们学院在本届学生运动会上取得了男女团体冠军的好成绩，请为学院网站写一篇消息。

3. 请以近期一次学生社团活动为题材写作一则消息。

【推荐阅读】

[1] 门彻、展江：《新闻报道与写作》，华夏出版社 2004 年版。

[2] 班尼特、杨晓红：《新闻：政治的幻象》，当代中国出版社 2005 年版。

第二节 通讯

【内容概述】

通讯是以叙述、描写为主要表达方式，迅速、具体、生动地反映现实生活的新闻体裁。通讯具有真实性、生动性和评论性三个特点。常见的通讯有：人物通讯、事件通讯、工作通讯、概貌通讯、新闻故事。

【含义和特点】

通讯是以叙述、描写为主要表达方式，迅速、具体、生动地反映现实生活的新闻体裁。通讯和消息一样，都是报纸的主要文体，因为它可以运用形象表现手法，所以可读性较强，有较大社会作用，好的通讯被称为"报纸的明珠"。

一、通讯与消息的区别

通讯同其他新闻体裁一样，都讲究现实性与时效性，都要迅速及时地报道和评述社

会生活中不断产生的新闻事实。消息和通讯两者的区别不很明显,有时很难将它们区分。概括起来其区别有以下几点:

第一,从时间上看,消息特别讲求时效,要争分夺秒,因为错过时机就失去了它可能有的新闻价值,而通讯则要求具体、生动,这就是说它的写作要花时间和力气,因而时间性不如消息强。

第二,从内容上看,消息一般是简练地概括报道新闻事实,通讯在报道事实方面比消息更详细;消息偏重于用事实说话,通讯除了比较详细地描述事实之外,还可以直接表达作者的感受,帮助读者加深对所报道事实的意义的理解。一句话,通讯是充分展开的消息。

第三,从写法上看,消息以叙述为主,而通讯表达方式比较多,除叙述外,还时常采用描写、对话、抒情、议论等方法。

二、通讯的特点

从以上的比较来看,通讯的特点有以下几点:

第一,真实性。通讯的生动形象性,是指它在写作和表现方法上的要求,不能为追求故事性而加入想象成分。在事实的准确性上,它必须服从新闻文体的要求,真实可靠,讲求实效。

第二,生动性。通讯不仅用事实说话,还可以用形象说话,在叙述事件过程中,讲究故事性和趣味性。运用叙述、描写、抒情等多种表达方式和灵活的结构布局,展开情节,描写人物,用形象感染读者。

第三,评论性。通讯不仅叙述事实,作者还可以通过夹叙夹议的手段,揭示客观事物的思想意义,表明自己强烈的思想倾向与感情,而消息则避免议论。但通讯的议论又不同于一般评论文章的议论。通讯是为突出重要事实的意义而简短议论,以叙述为主;而评论文章则主要是从理论上阐明客观事物的内在联系和规律,以说理为主。

【通讯的分类】

常见的通讯有以下几种。

一、人物通讯

人物通讯是一种生动形象地报道先进典型人物的事迹,并揭示其思想性格的通讯体裁。这种通讯在整个通讯体裁中占有相当重要的地位。它以人物为报道主体,对典型人物的成长过程、重要经历作具体深入、生动形象的报道,或者通过描述人物的某一生活侧面或片断来揭示其精神面貌和思想性格。人物通讯的写作对象主要是先进典型人物,也可以根据形势发展的需要写些新闻人物或者群众关心的人物。人物通讯一般有两种:一是写个人的人物通讯,包括写人物的一生和写人物的某一生活侧面或片断两类;二是写群体形象的人物通讯。

人物通讯的写作应注意以下几个问题:一是抓住人物的本质特征,结合时代精神,提炼出深刻的主题;二是把握人物内在心理,围绕人物处理事件;三是在矛盾冲突中表现人物。

二、事件通讯

事件通讯是一种详细、具体而形象地记叙现实生活中发生的有着深刻思想意义的典型事件,以揭示其包含的时代精神的通讯体裁。它以事件为报道主体,或通过对事件的描述反映先进集体,或抓住典型事例,揭露现实中存在的倾向性问题,以引起人们的重视,推动问题的解决。

事件通讯的写作应注意以下几个问题:一是抓住事件本身的矛盾来写,深化主题;二是处理好人与事的关系,以记事为主;三是将事、情、理融为一体。

三、工作通讯

工作通讯是一种报道工作中取得的经验或教训的通讯体裁。它是社会主义国家特有的通讯品种之一,主要报道各种生动典型的事实;推广某个地区或部门在工作中的具体经验;批评或揭露实际工作中存在的问题;对新形势下面临的一些新情况进行探讨、研究等。

工作通讯的写作应注意以下几个问题:一是选择与人们生活密切相关的典型题材;二是要具体分析,实事求是;三是要文情并茂。

四、概貌通讯

概貌通讯是扼要报道某一地区、单位、行业或工种的面貌及其发展变化的通讯体裁,又称风貌通讯或旅行通讯。这种通讯,有的侧重写自然风光,有的侧重写社会风貌,但主要的是把自然风貌和社会风貌结合起来写。它通过作者锐利的眼光、深刻的理解,从普通的社会生活中把那千百万人所会心的、最优美、最典型的东西描写出来,使人们读了如身临其境,而且能透过生活现象认识真正的生活。

概貌通讯写作中应注意的几个问题：一是要反映出直接观感增强现场感；二是抓住主要特征，通过对比写变化，三是寓知识于风情状貌中，做到趣味盎然。

五、新闻故事

新闻故事是一种篇幅较短、情节生动的小型通讯。除具备通讯的一般特征外，还有两个特点：一是容量小，它不要求多方面地反映事物的全貌和刻画完整的人物形象，只要求记叙事物的一个侧面，或描述人物活动的一个片断；二是有故事性，即有生动的故事情节。

写新闻故事应注意：一是要抓住事物的最重要、最生动的一面，通过传神的语言描绘出来；二是选材要精、巧、小。

【作品评析】

推荐阅读：熊丰、任沁沁，《恰似一团星火　2020 年最美基层民警群像》。

人物通讯。作者用形象化的方式生动地为我们呈现了 2020 年最美基层民警群像。文章运用描写、叙述等手法，塑造了一群勇毅果决、无惧无畏，钢多气硬、挑战自我的一线民警的光辉形象，令读者动容。

【思考练习】

1. 简述通讯和消息的区别。
2. 以范文为例，说明通讯的特点。

【拓展延伸】

1. 假设你是校报的一名学生记者，在母校某某周年校庆之际，你的任务是采访本系的一位老校友，并写出一篇通讯上交校报编辑。请说出你的采访经过，并写出通讯稿。
2. 从当地的报刊上找出存在以下问题的通讯：
① 直接表现记者观点；
② 没有故事、细节、引语支撑；
③ 就事论事，不具备时代性；
④ 形容词破坏了报道客观性；
⑤ 结构不合理，材料杂乱无章。
3. 根据学校主页上的新闻，选择合适的内容写一则不超过 1000 字的通讯。
要求：突出一个报道主题，不少于 3 条直接引语，来自 2 至 3 个不同方面或不同角度的与报道主题相关的背景资料，必要的现场场景描写。

【推荐阅读】

[1] [美]威廉·E.布隆代尔徐扬：《〈华尔街日报〉是如何讲故事的》，华夏出版社2006年版。

[2] 李大同：《冰点故事》，广西师范大学出版社2005年版。

[3] 闾丘露薇：《不分东西》，中国人民大学出版社2011年版。

第三节 新闻评论

【内容概述】

新闻评论是与消息、通讯并列的三大新闻体裁之一，但这种体裁的出现比消息晚，是报纸发展到一定阶段的产物。它是媒体解释世界、评判事物、申明观点、表达态度的最主要的形式，是媒体意志的集中体现。新闻评论具有五个特点：新闻性、说理性、针对性、政策性与政治性、鲜明性。近年来，新闻评论的发展具有以下趋势：短评兴起、平民化内容切入、受众百姓走上论坛、亲和活泼的表达风格。新闻评论和其他论说文一样，其构成也有三个要素，即论点、论据和论证。

【含义和特点】

新闻评论是与消息、通讯并列的三大新闻体裁之一，但这种体裁的出现比消息晚，是报纸发展到一定阶段的产物。

新闻评论是媒体树起的一面旗帜，在这面旗上大写着媒体的世界观和价值取向。它是媒体解释世界、评判事物、申明观点、表达态度的最主要的形式，是媒体意志的集中体现。一些主流媒体的新闻评论，还带有强烈的政治倾向，无论是东方还是西方，概莫能外。中国共产党历来申明新闻的党性原则，要求党的报刊、广播、电视，做党的耳目喉舌。毛泽东指示"要政治家办报""党报必须无条件地宣传党的路线和政策""报纸一个时期要有一个方向"（见《毛泽东新闻工作文选》）。这里所说的方向，就是政治方向，报纸的这个方向，明显地体现在新闻评论中。

改革开放30年以来，我国新闻评论也有了显著的变革与发展，其主要表现是：

一、短评兴起

近30年来各种短评如雨后春笋般兴起。各种媒体均有精品小言论面世，尤其是报刊，创出一个个小言论名牌栏目。相形之下，大块头的社论、评论员文章数量减少，虽然它们仍然是新闻评论的主干，但由于受众需求的多元化，导致了其社会影响相对减弱。这样就营造出大言论和小言论社会影响的均势，这正是价值观念多元化的当代中国社会舆论的合理表达。它有益于扩大舆论的影响面和强化舆论的渗透力。

二、大众化内容切入

传统的新闻评论，评论的多是国家政治、经济生活中的大事，鲜有为百姓解难释惑的命题。现在的新闻小言论，比如《中国青年报》的"冰点时评"一类栏目，把视线深入百姓生活之中，表达百姓的声音，引起社会广泛回应，这或许正是短评兴起的原因，这也是受众中心观念回归的重要体现。

三、受众百姓走上论坛

传统的新闻评论，参与评论者，主要是媒体的从业人员，这在国内国外都是一样的。各媒体都有专门的言论写作班子。其次是少量的社会作者。现在的新闻评论，由于平民化内容的切入，由于平民百姓关注的许多社会热点、难点成为言论的重要命题，不仅使社会上各方面的专家学者比较过去更多地走上论坛，还使许多普通百姓，也参与了表达。"冰点时评"类栏目，其稿源主要来自民间。这样，既满足了现代人关注社会生活、希求表达的需要，又把社会上蕴藏的丰厚思想和智慧资源，引进媒体，提高了媒体的品位，增强了媒体与受众、与百姓间的互动，强化了传播效果。

四、亲和活泼的表达风格

传统的新闻评论，多是居高临下，正襟危坐，且都用第三人称表达。当代的新闻评论，注重亲和形象，注重平等交流，体现出现代意识和现代表达。纵然是一些严肃题材的评论，也少见生硬的指令性言语。至于短论类的小言论，更是形式不拘一格，杂文手法，散文笔法，对话方式，第一人称叙议，甚至将个人的见闻、感受、体验也输入作品，娓娓道来，可感可触，既有丰厚的理性精神，又有浓郁的生活气息。比如《中国青年报》的《国旗为谁而降》，《北京晨报》的《为了2008年……》，《人民日报》的《千年举杯》等一大批作品，都表现出这样的风格。

新闻评论具有以下五个显著特点：

（一）新闻性

新闻性是所有新闻体裁的共同特征，也是新闻评论的特征之一。新闻评论虽然属于论说文范畴，尤其和政论体裁相近，但它又不同于其他论说文乃至政论文，它有特定的评论领域或者叫评论对象，正如文学评论、体育评论、史学评论、政治评论等有特定的评论领域一样，它的特定评论领域就是新近发生的事实，包括新事件、新人物、新问题、新倾向，等等。它是时事性的评论，或者叫"时评"。正是这一特点，使它在论说文的范畴里成为一个独立的体裁——新闻评论。

新闻性是新闻评论区别于其他论说文包括政论文的标志。

新闻性要求新闻评论的写作和新闻报道一样，注重时效。许多新闻评论和新闻报道一起发，即报道配发评论，特别是一些重大事件的评论，赢得时间就赢得了主动，对引导舆论有着特殊的作用。不过注重时效，并非一味求快，最重要的是准确把握时机，责在"言当其时"。一些配合报道的评论之所以抢时间发，就是因为报道事件之时，亦是评论事件的最佳时机。

（二）说理性

无论是长篇大论的社论、评论员文章，还是三言两语的编者按或新闻点评，都要表达一个道理，点拨新闻事实的内在意义。好的新闻评论，不论长与短，都仿佛一盏盏理性的明灯，给读者以认识的启示。

（三）针对性

新闻评论所评所论的，是国家生活中的大是大非问题；是引发关注的社会热点、焦点问题；是民众生活中感到疑惑、困惑的问题；是社会生活中出现的新事物、新倾向，包括那些不良倾向。所以评论写作，都有明确的针对性，为什么写作，写给什么人看，要收到什么预期效果，都有明确指向。

（四）政策性与政治性

一些重要的新闻评论，如社论、评论员文章、重要时评等，往往要解释党、国家的路线、方针、政策；总结执行路线、方针、政策的情况；创造贯彻路线、方针、政策的舆论氛围；或在对内对外斗争中，揭露、打击敌对势力，引导舆论。这类评论有很强的政策性和政治性。

（五）鲜明性

新闻评论不像新闻报道，强调事实说话，把观点隐含在事实中，新闻评论一般不采用"微言大义"式的春秋笔法，而是直言大义，拥护什么，赞成什么，反对什么，都坦言相陈。毛泽东同志提倡报纸要办得生动、鲜明、尖锐，用快刀子割肉，而不是用钝刀子割肉。

【新闻评论的种类】

新闻评论，从不同角度，有多种分类法。从说理的方式分，有立论和驳论两种。立论是正面讲道理，证明自己的观点正确。驳论是反驳别人的道理，证明别人观点的谬误；

从署名与非署名角度分，有署名评论和非署名评论。非署名评论，如社论、编辑部文章等；署名评论，如记者述评及报刊上的众多小言论；从评论主体分，有媒体评论、受众论坛、主持人式论坛。

媒体评论，是新闻评论的主干，是媒体树立的旗帜，媒体的导向、价值观，直接体现在媒体自身的评论之中。

受众论坛，是受众作的评论，通过媒体发表出来。它不像媒体评论那样直接申明媒体自身的价值观，但其论题、论点是经过媒体选择的，是媒体导向的间接表达。

主持人式论坛，由媒体主持人和嘉宾类受众共同构建言论主体，体现的是媒体与嘉宾受众共同的意志。

新闻评论按规格区分，有社论、评论员文章、专论、短论、编者按或编后述评、新闻点评等。

社论（电台电视台称作本台评论），是媒体最高规格的评论，一般带有鲜明的政治色彩，主要是评论全局性的、带有普遍意义的新事件、新问题、新形势。比如《人民日报》的社论。

评论员文章，是媒体仅次于社论的高规格评论，包括特约评论员文章，论述的多是重大国内国际问题，或行业、部门、地区性的问题。

专论，多是媒体组织社会上的专家、学者对社会上的热点、难点问题，或者某些带有倾向性的问题，或者一些带有根本性的问题，进行专题评论。有的以专家、学者个人署名的形式刊出或播报；有的以讨论、对话、主持人式节目出现。比如中央电视台的《焦点访谈》就常有这类言论。再比如《北京青年报》2002年3月20日刊出的新浪文化主编侯小强、主持人黎宛冰与河南籍作家刘震云关于河南人形象的"对话"。专论的规格，相当于评论员文章。

述评，是消息与评论的结合体，所述所评的也是社会生活中、国际斗争中出现的新问题、新动向。它轻便快捷，可以说是新闻评论的"轻骑兵"。

短论、小言论，规格较低，属于新闻言论中的小兄弟。但它形式活泼，多姿多彩，百姓参与，深入生活，最受百姓关注。

编者按、编后，电台、电视台称作编后话，是新闻评论更为简短灵活的形式，是对所报道的新闻事实的简要评价、解释、提示，以帮助读者充分认识其意义和社会价值。

新闻点评，是编者按、编后话的新发展，它更为简短、灵活、不拘一格，旨在点拨、评价当条新闻的意义，启发读者的思考。

【新闻评论的写作】

新闻评论和其他论说文一样，其构成也有三个要素，即论点、论据和论证。

论点是从论题中提炼、引发出的观点，是评论者的主观意识与客观实际统一的产物。

对论点的要求是正确、新颖、有针对性。

一些短论及编者按、新闻点评，一般只有一个总论点，而较高规格的评论在总论点下还有分论点。总论点就是评论的总观点，它是评论的灵魂，贯穿评论的始终，支配着评论的各个分论点以及选材、布局。分论点是由总论点派生出来的，是说明、支撑总论点的，是总论点的几个侧面或几个层次。总论点与分论点之间，是主从关系，支配与被支配的关系。分论点之间，或者是并列关系，或者是递进关系。

论据是指证明论点的依据。对论据的要求是真实、充分、精当。论据必须真实，论据失实，论点不攻自破；论据必须充分，论据不充分，以点代面，以偏概全，论点难以成立；论据充分还要求论据和论点间有必然的内在联系，而不是偶然的联系；论据还要求精当，所谓精当指的是与论点有紧密内在联系的、能够以一当十的典型材料。论据按其性质，分为两类：一类是理论性论据，一类是事实性论据。

论证就是用论据说明论点的过程。一些小言论、编前编后及新闻评点虽然没有严密的论证过程，但都要求观点和材料统一，说理合乎逻辑。具体的论证方法参见本教材议论文体一章，此处不再赘述。

【作品评析】

推荐阅读：俞诗逸，《文明旅游"小事"不可"小视"》。

这是一篇短论，即小言论。针对时下的热点问题做出评论，话题亲民，文笔亲切，充满正能量。

【思考练习】

1. 请以范文为例分析新闻评论的特点。
2. 简述新闻评论的种类。

【拓展延伸】

1. 以4—5人为单位组成新闻小组，每天搜集国内外最新发生的新闻，并点评它们。利用课前10分钟，作为"新闻发布会"，每组轮流上台发布搜集的新闻，并点评一篇新闻。

2. 请查阅报刊或新闻类网站，搜集近期热点问题，选择其一，写一篇短论。

【推荐阅读】

[1] 邓科：《后台（第一辑）》，南方日报出版社2006年版。

[2] 杜涌涛、徐百柯：《永不抵达的列车：〈中国青年报·冰点周刊〉特稿精选

(2010~2011)》，中央编译出版社 2012 年版。

第四节　电视新闻

【内容概述】

电视新闻是以现代电子技术为传播手段，以活动图像、声音、文字为传播符号，对新近或正在发生的事实所做的形象生动的报道。广义的电视新闻是电视新闻节目的总称，狭义的电视新闻特指电视媒介所播发的消息。电视新闻是新闻的一种，具备新闻的共性。电视新闻具有现场传真性强和声画配台、感染力强的特点。电视新闻常见的形式有：消息、连续报道、系列报道、专题、评论。

【电视新闻的含义】

电视新闻是新闻的一种，具备新闻的共性，它与其他新闻的根本区别在于传播媒体的不同。它借助电视的光电转换系统，使景物在一定的距离之外连续、迅速地展现，从而实现新闻由点到面的传播。它可以直播，也可以录像剪辑，经后期制作，把图像、音响、字幕、解说等多种符号传递给观众。电视新闻把事物的本来面目生动、形象地呈现在观众的面前，观众可观其像、听其声、思其义，穿透力极强，给人以如见其人、如闻其声的真实感。

电视新闻不仅是对新近发生的事实的报道，而且对正在发生的事实可以进行同步报道，亦即现场直播，这正是电视新闻最具说服和影响力、最能产生传播效果的优势所在。因此，电视新闻可定义为：以现代电子技术为传播手段，以活动图像、声音、文字为传播符号，对新近或正在发生的事实所做的形象生动的报道。广义的电视新闻是电视新闻节目的总称，狭义的电视新闻特指电视媒介所播发的消息。

【电视新闻的特点】

一、现场传真性强

电视新闻有事态现场的纪实形象，现场直观性是电视新闻的一大优势。报纸、广播记者依靠语言文字描绘的功能对所报道的人和事，作生动细致的描写，广播记者还可以借助现场声音，来展示社会生活，从而使受众产生身临其境之感。电视则是运用画面把具体的、可视的形象通过电视屏幕呈现给观众,使观众不用想象就能耳闻目睹,有真正的"身临其境"之感,因而具有极强的现场传真性。

二、声画配合,感染力强

电视是各种符号的综合传播,同时作用于听觉视觉的双通道讯号。构成电视传播形式的视觉、听觉诸元素是丰富多彩的:从视觉画面上看,它有电视摄影摄像记录的人物形象神态和现场环境等;从听觉形象上看,它又有语言对内、旁白解说等,摄影摄像有技巧,画面组接也有技巧,因此造成的强大的感染力,这是电视新闻所以能后来居上,成为影响力最大的大众传播媒介的根本原因。

【电视新闻的种类】

电视新闻以体裁为标准可分出很多类别,这里着重介绍消息、连续报道、系列报道、专题、评论五种常见形式。

一、消息

消息是一种迅速及时、简明扼要地报道新闻事实的体裁。消息类电视新闻是电视新闻节目的骨干。也是最常见的一种新闻报道体裁。其特点是题材广泛、迅速快捷、信息密集、用事实说话。在表达方式上有字幕新闻、口播新闻、图片新闻、图像新闻等多种方式。

1. 字幕新闻

用电子计算机控制字幕发生器,在屏幕上打出文字,以简明的语句,向观众传递最新、最迫切知道的信息。这是最便捷的电视消息播报方式。

字幕的运用按照不同的技术可分为静态和动态两类。静态字幕是指把文字稳定地叠映在画面上,通常用于新闻的标题或同期声讲话中的人物身份介绍或讲话大意的概括,以加深观众的印象。它是对图像的补充、延伸和强调。动态字幕指文字以上下滚动或左右飞动的方式出现,叠映在正常播出的节目的画面上。动态字幕可以报道独立的新闻事实。当有重要新闻发生或收到观众非常关心的消息时,这种方式灵活简便、时效性强,可以多次重复,弥补了电视线性传播的不足。

2. 口播新闻

口播新闻是由播音员或主持人在电视屏幕上对观众口头播报新闻的报道形式。口播新闻为没有画面的新闻填补空白。它以有声的语言为传递信息的主要手段,在没有现场图像或录像来不及送达的情况下,及时传播重要的新闻事实,有效地提高新闻时效和报道的涵盖面，是电视增加新闻的内容量不得已而用之的不可缺少的报道手段。

3. 活动图像新闻

活动图像新闻通常特指有现场画面形象的动态消息，早期称为电视新闻片。是采用摄影或摄像的形式，在新闻现场记录声音和图像，结合文字说明，对新闻进行报道的形式。它以现场生动形象的画面为主要特征，给观众以身临其境的真实感，是电视新闻中最常见的报道形式。

二、连续报道

连续报道是在一个阶段内对正在变动的某一事态进行的及时而持续的报道。连续报道的各个单元联系紧密，互为因果，由于在一段时间连续播出，可以形成浩大的声势和强大的舆论力量；还由于它能针对同一件事情的方方面面进行有针对性的细致剖析，常常作为电视新闻进行深入报道的重要形式。连续报道具有及时性、连续性、递进性、完整性、密集性、显著性等六大特点。

三、系列报道

系列报道是围绕同一新闻主题，从不同角度、不同侧面进行的多次的、成规模的报道。与连续报道的共同点是由多个节元组合而成，而且都是集中在一定阶段密集播出，能够产生轰动的社会效果。不同之处是系列报道不限于一个事件的阐释，而是对一个既定的主题选取多种题材，侧重于事物之间横向联系。各单元之间没有必然的承上启下的联系，改变其播出的顺序不会影响对主题的理解。

四、专题报道

专题报道处综合运用电视表现手段与播出方式，对某一重大事件或某些具有新闻价值，又为广大观众关心的典型人物、经验、新生事物以及某一行业、地区现状考察等题材进行深度报道的一种重要形式。

专题新闻侧重于对新近发生、发现的重大事件进行充分报道。它不仅要报道"是什么"，还要说明"怎么样"和"为什么"，对五个"W"和一个"H"等新闻要素做立体的、全方位的剖析，能够较为详尽地反映事件的全貌及关键场面和典型细节。专题新闻通常是当日或近日重大新闻的动态报道的综合、补充和深化，因而较重视时效性。像党代会、人代会、全远会、亚运会、奥运会举行期间，当天要播出专题新闻；国家重要领导人的出访活动，归来时要及时编播反映出访过程的专题新闻。

另外，电视专访也是专题节目中以人物为主要表现对象的报道形式。专访中的人物谈话必须独立完整，而不是答问的只言片语。电视专访有两类：一类是对大众关心的新闻人物、知名人士的访问；另一类就是政治、经济、社会生活领域的热点问题，请专家或有关负责人对话。

五、评论

电视新闻评论是评论者、评论集体或电视机构对当前具有普遍意义的新闻事件、社会现象发表言论，以表明其意见、态度的新闻节目。评论是电视传播媒介的旗帜，是电视台发挥舆论功能，实行社会监督，引导社会思潮的重要手段。

评论一般不是固定节目，根据需要临时安排或构成其他节目组成部分。可以由评论员、嘉宾、观众发表意见，也可以请特约评论员、嘉宾、观众发表意见。主要形式有评论员评论、电视论坛、电视答问、电视座谈、主持人讨论等、也有本台评论、短评、编后语等形式随消息播出。

【 电视新闻文本的写作要求 】

一、为眼睛而写

电视是视听兼备的传播媒介，人们接受电视传媒的方式是通过屏幕进行收看。首先，观众用眼睛看画面，在看画面的同时接受着声音的传达。正因为这种声画结合的特点，决定了电视新闻文本写作为眼睛而写的基本规则。为看而写，最基本的要求是做到声画对位。声画对位必须根据新闻的整体构思、布局结构及画面内容进行写作。

为看而写当满足如下要求：

1. 少而精当

通常，电视新闻篇幅比较简短，而且要给观众留出看画面的时间，文字必须要少而精。长篇大论对电视显然不适宜，有些新闻压缩文字后反而显得清楚易懂。有时画面表现的内容比较具体，解说就应该尽量减少。文字记者提倡写"视觉新闻"，使文章读起来如闻其声，如见其人。电视记者却不能这样，因为电视画面已经体现了视觉新闻的最大优势。

2. 实而具体

应该根据画面需要，将文字表达的内容写得实实在在，明白具体。无论写什么样的新闻稿，都要求具体。对电视来说，直观可见的画面要有相应的具体解说，才能把事件、思想、观点、人物传达得清清楚楚。例如，当画面出现一个人物在讲话，或者一个场景，文字就要说明这个人是谁，这段场景是哪个地方，不要让观众去猜测。

二、为耳朵而写

记者在写稿时除了考虑画面因素,还要考虑听觉因素。电视新闻节目传播的内容,除画面传递外,还依赖声音传送。因此,为耳朵而写是电视写作的又一个基本准则。

1. 口语化

为耳朵而写,首先面临的挑战之一是要用口语化的语言来写作。口语化不等于不加选择地使用日常用话,口语化写作仍然要求语言艺术和技巧,播报时朗朗上口、收听时娓娓动听。

2. 通俗易懂

为耳朵而写,应该是通俗易懂,避免使用深奥难懂的词语和字眼。有人说,电视写作是看不见的艺术,一流的写作技巧往往隐藏在画面之后,不易引起注意。

3. 朴实自然

电视写作要让观众听起来顺耳,就要具有朴实自然的风格。观众用耳朵接受信息,往往不那么全神贯注,如果拐弯抹角,卖弄文字游戏,观众就会感到难懂。朴实无华、自然顺畅,听起来才易于理解。

4. 简短明晰

电视新闻写作应尽量在一个句子中只表达一种意思或观点,由简短的词语组成的陈述句能够起到这种作用。电视新闻以较快的速度传播信息,要尽可能减少混乱,清晰地叙述一件事,让观众一听即懂。

5. 形象生动

生硬呆板的语言常常不知不觉地出现在电视新闻中,观众听起来感到乏味平淡,毫无兴致可言。因此,应该多选择响亮上口的词语;多用双音节词;尽量将形象内容具体化;尽量不用倒装句、祈使句。

6. 节奏感强

为听而写,应该尽量使语言富有节奏感。节奏感强的语句给人一种和谐的听觉感受,容易记忆,也容易接受。电视新闻传播的优势是传息量大、感染力强、节奏明快。这一优势也要求写作加强节奏感,如果慢条斯理,拖泥带水,观众往往会产生疲倦感,提不起精神,失去收看的耐心。

【范文精选】

为抵达而战

抵达是最容易的,也是最难的。

要抵达受众的眼前、指尖、身边,更要抵达人心。抵达人心,才能温暖人心、凝聚人心、鼓舞人心。

要抵达新闻发生的最前沿，文化的、体育的、时尚的最前沿，生活的最前沿……一句话，只要是时代的最前沿，都是一个国际一流新型主流媒体要随时抵达、持续抵达、有效抵达的站台。

要抵达现象的更深处，把握规律，捕捉趋势，揭示事物之间的内在联系。要抵达传播技术的最前沿、融合传播的最前沿，善于用最先进的传播手段，给丰富的内容，插上有力的传播翅膀。

中央广播电视总台的2020年，始终在为抵达而战。

我们随着习近平总书记的脚步，走过了13个省市，走遍抗疫的"两个阵地""两条战线"。我们抵达重要时政新闻的第一现场，我们捕捉到了领袖与群众交流的真切瞬间。我们准确传播与解读党中央、国务院的声音，抵达了这些声音所抵达的每一处神州大地。

百年大疫袭来。号令出，勇士奔。冲上去，需要勇气；报得好，需要能力；守得住阵地、闯得进红区，拼的是意志。把波澜壮阔的抗疫斗争充分展现给国人与世界，需要带着真诚、勇气和智慧，牢牢把握全局。

脱贫攻坚鏖战。新闻战士们翻山越岭，抵达村庄、农户、地头、炕边，通过镜头、话筒，让那里的顽强努力，越出山岭，抵达亿万关切者眼前。全媒体的传播手段与有益活动，还把大山里孩子的脚步带到外面的世界，把冒着热气儿的山货带到城里消费者的家中。

我们立足"5G+4K/8K+AI"战略布局，大力推动融媒体传播，广泛调动社会资源，也建好用好自己的平台。抵达，既靠渠道，也靠内容，更立足于正确的导向。抵达，发生在传播的供给与需求两端，是技术的，也是精神的。

全媒体时代，对传统媒体最大的挑战之一，就是与受众弱化了关联，甚至失去了关联。危与机同生并存，克服了危即是机。对新型主流媒体最大的机遇之一，就是强化与受众、用户的关联，构建与受众、用户更丰富的关联。

时代的脚步，比我们预料中的前进速度，可能更快。时代的要求，比我们已经做到的水平，一定更高。

在新的一年里，让我们继续为抵达而战。

领袖的高度，世界的宽度，社会的深度，文明的厚度，发展的温度，改革的锐度，时代的鲜活度，受众的关切度……在它们构成的坐标系中，有广阔的空间。每一个抵达处，也是出发处。每一次出发，指向又一个新的站台。

抵达不是盲目的。要抵达哪里，为什么要抵达，抵达了要做什么，要达到什么效果？所有问题的答案，都首先在于要认识清楚，"为了谁，依靠谁，我是谁"。

抵达在变化中实现。要准确识变、科学应变、主动求变，体现识变之智、应变之方、求变之勇，拿出"几把刷子""十八般武艺""大象跳街舞的本事"。

抵达需要不断进取。既要育新机，更要育先机，要时不我待，要抢抓机遇，像计算直播时长那样，把每一分钟掰成两瓣用。抵达之要，在于以攻为守。

抵达需要战胜自我。既发扬常年积累的经验，又虚心向时代学习、向同行取经、向群众求教。既始终坚定自信，又不断强化忧患意识，勇于在游泳中学会游泳。

2021年，历史伟业启新程。时代在向前飞奔。建设一个"以内容建设为根本、先进技术为支撑、创新管理为保障的全媒体传播体系"，建设国际一流新型主流媒体，是光荣、艰巨而紧迫的任务。

中央广播电视总台责无旁贷。

(源自中央广播电视总台 2021.1.)

【作品评析】

这是一则活动图像新闻，即声画配合的新闻。该新闻稿语言生动，清晰易懂，节奏感强，富有感染力。

【思考练习】

1. 和传统新闻相比，电视新闻具有哪些优势？
2. 简述电视新闻的特点。
3. 电视新闻稿在写作上有哪些要求？

【拓展延伸】

1. 以一次学生会干部竞选或班级干部竞选为报道对象，模拟或实际制作一次录音报道。
2. 观看并讨论央视或其他媒体的会议和体育赛事报道。
3. 以一次主题班会或社团活动为题材，模拟或实际制作一次电视新闻报道。
4. 以一次校级运动会或文艺演出为题材，模拟或实际制作一次电视新闻报道。

【推荐阅读】

[1] 奥里亚娜·法拉奇：《风云人物采访记Ⅰ（上、下）》，嵇书佩、乐华、杨顺祥译，译林出版社2012年版。

[2] 约翰·皮尔格：《别对我撒谎：23篇震撼世界的新闻调查报道》，牟磊等译，华东师范大学出版社2015年版。

第五节　新媒体新闻

【内容概述】

进入新媒体时代，传统的写作方式和新闻传播渠道都发生了天翻地覆的变化。新媒体新闻作为一种全新的新闻样态便应运而生。所谓新媒体新闻的写作，即指用新技术手段进行的信息交互性写作。具体来说，就是通过博客、微博、微信等各种手段即时传播新闻的一种写作方式。置身于新媒体时代，人人都是新闻的生产者。因此，新媒体新闻的形式也因此而更加灵活生动，不拘一格。这一文体除了具有图文并茂、声画结合的特点，还更加注重适合短视频、抖音、快手等传播形式的媒介运用。

【含义和特点】

新媒体是相对于传统媒体而言，是报刊、广播、电视等传统媒体以后发展起来的新的媒体形态，伴随新技术和新科技的不断发展，传统的报纸、广播、电视台已经无法满足社会的需求，第四媒体（网络媒体）、第五媒体（手机媒体与网络媒体整合）蓬勃兴起，进一步加剧了媒体的移动化和信息化。同时，新媒体改变了人们接受信息的方式，实现了社会资源的优化配置，进而影响人们的日常生活。新媒体的特征具有交互性与即时性，海量性与共享性，多媒体与超文本，个性化与社群化等。新媒体形态非常丰富，并且随着媒介融合进程的深化，过去相对独立的媒体之间的界限越来越模糊，很多新媒体之间已经出现交叉。

所谓新媒体新闻写作即用新技术手段进行的信息交互性写作，具体来说，就是通过电脑、博客、微博、微信、短视频等各种手段即时传播新闻的写作。

相较于传统新闻写作，新媒体新闻写作具有以下特点：

一、表现形式多样，突破传统文体

与传统媒体写作不同，新媒体写作以视频、音频、图像、文字等为表现形式，甚至几种手法综合运用，它不受传统媒体文体界限束缚，或叙事，或评论，或三言两语，也许没有倒金字塔结构，不分消息和通讯，以传递观点为满足，以参与其中为快乐。这种新技术形式下的表达催生了许多新的新闻文体。

二、传播者与受众共同参与并拓展新闻现场

具有即时互动性和信息共享性。新闻受众不再沉默，他们可以随时拿起手机或键盘参与到新闻现场，表达自己的感受和观点，甚至提供新的信息。受众不再是被动的新闻接受者，而成了公共事件的参与者和亲历者。随着民众参与度的提高，新媒体新闻写作更像是一种活动而不是一种专业。

三、超强的时效性

新媒体新闻的制作与传播速度是极速化，可以实时传递正在发生的新闻信息。传统报刊、广播和电视需要文字录入、编排、组版或拍摄、录音采集及制作，而新媒体新闻仅需轻点鼠标，便将信息及时发布。

当前，新媒体以其自身优势给新闻报道带来了多方面、全方位的改变，在新媒体环境下，新闻报道愈来愈呈现新媒体化态势，同时，制度、机制与运行模式的改变，也使得新闻报道更具个性、更为多元化。当然，随着大量新媒体新闻上线，它的劣势也凸显出来了。比如，新闻报道思想性不强，互动性较弱；新闻报道时效性不强、创新性不足等。新媒体背景下新闻报道存在这些问题的原因是多方面的，需要正确认识。

【具体分类】

一、网页新闻

1. 含义

网页新闻，是指综合运用文字、图片、图像、音响、动画等手段，借助新闻网站平台，在网页上呈现的新闻报道。网页新闻具有交互性，其信息量大，传播迅速快捷。

2. 分类

网页新闻分原创新闻和复制新闻两种。

原创新闻包括几种类型：一是独家的、第一手的、网络记者自己采访写作的新闻报道；二是指通过重组新闻资源、重新编辑改写的新闻报道；三是指该新闻是利用网络传播的特殊优势，制作出的适合网络信息传播规律，与传统媒体的报道方式、方法在形式上有差别的新闻报道。

复制新闻，是指从传统媒体复制来的新闻。各个新闻网站把传统媒体的新闻搬到网络，然后大家再彼此搬来搬去。现在的网络新闻竞争，在某种意义上说，是看谁家的网络新闻搬运得快、全、多。

复制新闻谈不上写作，它涉及的是编辑技巧，其制作过程如下。

（1）编辑从报纸中寻找新闻。

（2）具有新闻价值的稿件被挑选出来。

（3）通常新闻不作改动，只是把长段打开，多划分几段。

（4）改写标题，多为实题。包含新闻基本要素，单行题。

（5）搜索本条新闻的相关链接，敲入与此新闻相关的关键字，搜索出相关的新闻，在发送该条新闻的同时，也完成了对它自身的"合并同类项"的归类。

3. 特点

（1）在信息容量上，网络媒体突破了传统媒体对时空的限制，只要点击鼠标，就可以通过计算机发表更为详尽的深度报道和背景资料。

（2）在时效性上，它采用了24小时连轴滚动式的发稿模式，即时播报世界各地的新闻，或对某一新闻作持续的报道。

（3）在传播方式上，它利用网上传播的交互性特征吸引读者的关注，而不再像以往那样依赖于通讯社提供的各种各样的新闻源，或者有赖于记者在新闻事件或突发事件发生后赶赴现场作报道。

二、微博新闻

微博即微型博客，它继承了博客的一对多互动、超文本链接、动态更新、覆盖范围广等特性，又因本身的技术特性而创造了便捷性、非对称性、极速性等适宜新闻生产、发布与传播的新优势，使信息资源得到最大限度的传播。通过微博这一媒介对典型新闻事件进行传播的形式，就是微博新闻。新闻报道的类型主要有新闻资讯类、观点评论类、生活百科类、历史纪念和节日类、心灵鸡汤类等。

1. 从篇幅上看，篇幅短小，字数少

微博新闻也要求要素齐全，但文字更加简短，大多数微博对博文有字数限制，微博一般不会超过两百字，常常一句或几句话，配上图片就可以成为一条新闻。例如：

【2016江苏高考作文题新鲜出炉】今年江苏省的高考作文题目大致如下：俗话说"有话则长，无话则短"，也有人说"有话则短，无话则长"，无话的时候也要说出自己的见解。在这个时代，是彰显个性还是提倡创新？以此为题材，写800字作文。（《金陵晚报》）

2. 从结构上看，单篇微博结构简单，角度单一

由于微博没有换行功能，无论输入多少段文字，最终发送后都会自动合并为一段。

所以微博新闻的结构极其简单，常常只有几句话。由于篇幅短小、结构单一，微博常常仅仅报道一个事件、一个情景或一个观点。例如：

【"保护高原精灵，就是保护我们共同的家"】因数量比大熊猫还少，普氏原羚被列为"极度濒危野生动物"，只有在环青海湖才能见到。牧民尖木措和3名志愿者，20年来一直默默守护着它们，甚至把自家1800亩草场让了出来。他说，希望儿子能接过接力棒，保护可爱的野生动物！为朴实的牧民点赞（央视记者杨海灵）

这则来自央视新闻的微博，原文配有视频。在结构上由"标题+正文"构成，我们看不到传统新闻中双行、三行标题，也看不到传统消息中的导语和倒金字塔式结构，只陈述了一个事实。

3. 从时效性上看，微博新闻几乎是文字直播，它比网络新闻更迅速

微博新闻的时效性不是以日计算，而是以小时，甚至分钟计算。在智能手机普及的今天，从拍摄现场图片或视频，到编辑文字，到发送，仅需几分钟时间。

4. 从内容上看，微博新闻注重原生态的记录并还原生活的本来面目，例如：

【帮别人很开心】夜里郑州遇暴雨，多车涉水抛锚，他发朋友圈表示能免费帮拖车并留电话。一直干到凌晨两点，他救出6辆车。一位涉水车车主把钱包落他车上，第二天他四处寻人终物归原主。尽管浑身湿透，但他说："帮别人很开心！"为河南25岁小伙王朋忱的善良温暖雨夜点赞（央视记者邱宝华 樊兵山）

这则配有现场图片的新闻所呈现的是凡人小事，细节真实，内容质朴。

5. 从表达方式上看，微博新闻以叙述为主，辅以描写、抒情、议论

如上面那则新闻以叙述为主，最后一句以抒情升华。

6. 从表现手段上看，文字、表情、图片、视频等多种手段融为一体，例如：

以上是截取自环球网和《人民日报》的微博新闻，文字、表情符号、链接、微视频、评论等，形式多样，使得新闻更加形象立体。

新闻文体不是一成不变的，每一次传播媒介的变革，都会对新闻文体造成深刻的影响。新媒体时代，由于移动媒体的普及，微博新闻正以惊人的速度改变着人们对新闻的理解。

三、短视频新闻

移动时代视频应用的普及，带来了一种视频化生存方式，它既是日常生活的媒介化，也是媒介化后的日常生活。视频成为一种粘连生活与媒介的界面，同时影响着人们的现实生存与媒介表达。随着视频化的信息传播走向主流，短视频不断改变着传统的新闻报道与生产方式，重塑媒体格局与舆论生态，并逐渐成为媒体融合重要的推动力与竞技场。

近年来，抖音、快手等综合性短视频平台发展迅猛，资讯类短视频也快速兴起。传统媒体入驻主流短视频平台的同时，也纷纷组建自己的短视频平台。传统纸媒和新闻网站积极调整视频业务，推出"青蜂侠"等短视频品牌。2019年，中央级媒体打造的"央视频""人民日报+"等短视频应用落地，标志着资讯类短视频成为新的竞争高地。

短视频成为日益常见的新闻表达。在互联网信息传播新格局下，短视频作为一种轻量化、移动化、碎片化的信息传播载体，与大众的媒介使用习惯和信息接收需求高度契合，并开始在新闻传播中扮演日益重要的角色，成为常见的新闻呈现和获取方式，也在报道形态、叙事方式、内容来源等方面影响着新闻报道的表达。

1. 拓宽新闻报道渠道 创新新闻传播载体

对传统媒体而言，拥抱短视频是应对去中心化、碎片化传播环境的必然选择，也是开辟融媒体报道新路径的机会。入驻短视频平台已成为传统媒体创新传播形式、抢占话语高地的首要选择。借助短视频平台的传播优势，传统媒体极大地扩展了新闻的传播范围和触达边界，得以创新新闻报道形态和受众连接方式。

同时，主流媒体也积极打造自身的短视频平台。2019年，人民日报社推出短视频聚合平台"人民日报+"，中央广播电视总台推出以短视频为主、兼顾长视频和移动直播的"央视频"。主流媒体加快建设短视频平台的步伐，标志着短视频已成为媒体融合不可忽视的演练场。

2. 改变新闻叙事方式 丰富新闻呈现形态

相比传统新闻报道采用的图文和长视频形式，短视频在信息要素表现力和视觉冲击方面具备优势。同时，短视频的媒介特性也改变着传统新闻报道叙事的节奏、角度以及模式。

短视频移动化、轻量化等特点使报道者可以在任何时间地点上传、观看和分享内容，为报道提供了丰富的信息源和传播节点。"短视频+直播"也大大增强了新闻的实时性、互动性与受众参与性。因此，短视频新闻产品擅长以具有现场感和互动性的表达方式拉近与受众之间的距离，在突发性事件和重大时政活动的报道中，成为各家媒体传递一手信息、"软化"硬新闻的重要手段。

在 2020 年"新冠病毒"疫情的相关报道中，短视频成为众多媒体发布信息的重要渠道。春节期间，"央视频"全天候不间断地直播"火神山"和"雷神山"两家医院的建设情况；封面新闻在快手上发布大量原创深度视频，记录疫情之下武汉的民生民情，尤其是以 Vlog 形式生动地传递出武汉当地的生活面貌，受到广泛关注与好评。

短视频的时长限制也改变了传统新闻叙事的节奏。为了适应短视频的节奏，短视频类新闻报道需要采用"核心信息前置"的叙事模式——在开头将最重要、最精彩的核心内容呈现给受众，再将次要信息以及与新闻相关的背景信息传达出来，从而突出报道重点、在第一时间抓住用户，因而大大强化了新闻内容的冲突性。

短视频具备其他媒介形态所没有的诸多优势，但短视频新闻的生产与传播也伴随着一些问题。例如，短视频以"短"取胜，对事实真相的呈现往往是阶段性和持续性的，对深度报道的探索还在起步阶段；同时，新闻资讯类短视频的技术应用较为单一，报道形式趋于模式化，并未体现出短视频在技术创新和丰富表现力方面的优势；此外，当前短视频新闻还存在主题猎奇化、表达煽情化等问题。在短视频内容整体从泛娱乐转向纵深发展的过程中，短视频新闻的生产还需要恪守新闻专业主义，以高质量的内容和正确的价值观构建产品与品牌的公信力。

此外，微信公众号新闻、小程序新闻、今日头条新闻等新兴崛起的新闻媒介使得新媒体新闻形态和传播形式也越来越多样化。

【新媒体新闻写作素养】

1. 要具备传统新闻采、写、编、评、摄的基本功，新媒体时代传统的新闻要素和职能还在。

2. 积极投入新媒体时代的技术创新和思想创新的时代大潮，学好相应的技术，做一名拥有新媒体意识的时代新闻人。

3. 坚守新闻专业主义，保持新闻敏感度，发现身边的真善美，用新媒体的思维去撰写新闻。

4. 注重不同新媒体新闻的种类特点，量体裁衣，以高度的媒介素养追求有品位、有温度、有价值的新媒体新闻。

【作品评析】

推荐阅读：韩靖，《寒冬守夜人 | 代驾小哥的冬夜惊喜》。

该新闻图文并茂，通过疫情期间一个平凡的代驾司机的人生故事，凸显了疫情对人们生活的影响，普通人之间的理解和温暖，小人物对美好生活的向往和不懈追求，以小见大，文笔质朴，颇有感染力。

【思考练习】

1. 和传统新闻相比，新媒体新闻具有哪些特点？
2. 请举例分析新媒体新闻的"观众进场"这一特点。
3. 微博新闻在写作上有哪些特点？

【拓展延伸】

1. 请注册一个微博账号，并关注新闻类微博。试着以图文并茂的方式将身边发生的事情制作成微博新闻并发布。

2. 从报刊或网络上搜集当日新闻，通过对新闻的标题和内容进行改写，使之符合网络新闻的基本特征。

3. 你平时一般从哪个媒介平台获取新闻资讯，微信？今日头条？微博？请选择一个平台进行研究，分析各种新媒体新闻传播的途径和特点是什么。

【推荐阅读】

[1] 彭兰：《新媒体导论》，高等教育出版社2016年版。
[2] 袁祥：《中国微电影短视频发展报告（2019）》。
[3] 王天婵：《全球语境下的新媒体写作》，浙江农林大学2011年版。

第七章 实用文体

【本章提要】

顾名思义，实用文体就是日常生活工作中出现的具有实际运用功能，具备严格的格式规范的文体，诸如请假条、申请书、解说词、演说词、调查报告，等等。本章结合传媒院校特点，主要涉及解说词、广告文案、调查报告、信函、演讲词等的写作，结合案例分析和实际操作，让学生掌握一些实用文体的运用。

第一节 解说词

【内容概述】

解说词是对具体事物、人物进行解释说明的一种文体。从解说的内容上看，解说词主要有图片展览解说词，影视剧解说词和风景名胜导游解说词等。从形式上看，解说词有书面解说词和口语解说词两种类型。解说词具有指要性、扩展性、清晰性和文学性四个特点。

【基本概念】

解说词是对具体事物、人物进行解释说明的一种文体。产品的展销、文物的陈列、园林胜迹的介绍、图片的展览、影片画面的解说、人物的介绍等都要用到解说词。

解说词往往是配合图画或实物所作的文字或口头说明，它既要便于讲解，读起来上口，听起来顺耳，又要便于观众或读者阅读。因此解说词必须用明确、简洁的语言，把事物的本质特征及有关内容进行明晰解说，使读者或观众借助解说词获得对事物的鲜明、深刻的印象。

【类型特点】

从解说的内容上看，解说词主要有：图片展览解说词、影视剧解说词和风景名胜导游解说词等。从形式上看,解说词有书面解说词和口语解说词两种类型。书面文字解说词多是为展览物品、名胜古迹撰写的说明,着重介绍其历史沿革、自身特色等。这种解说词一般来说文字凝练、富于文学色彩。口语解说词则是供解说员口头讲解所用的说明,着重介绍其过程和意义,意在把无言的静物所体现的种种意境介绍给观众或听众。这种解说词通俗易懂,新鲜活泼,往往用生动的描述和形象的比喻来激发观众的参观热情,使其流连忘返、依依不舍。解说词具有指要性、扩展性、清晰性和文学性四个特点。

【写作技法】

解说词的写作可以把握以下三个特征:

一、指要性

指要性是说在说明具体事物时,要抓住事物的重点和要点进行讲解,让观众对解说对象的本质特征有一个深刻的印象。所谓"要",就是事物的要点、重点。如何简洁、准确地把握说明事物之"要",对解说词的写作有着十分重要的意义。尤其是一些比较复杂的事物,需要介绍的内容多,范围广,要在篇幅短小的解说词中把它们介绍给读者或观众就不能面面俱到,一定要选择事物的精华与关键,提纲挈领,要言不烦地进行说明。例如,电视节目《感动中国——2005年度人物评选》中,对获奖人物刘翔的解说词:

> 12秒91,他实现了一次伟大的跨越,100年来的纪录成了身后的历史,十重栏杆不再是东方人的障碍,因为中国有刘翔,亚洲有刘翔!这个风一样的年轻人,他不断超越,永不言败,代表着一个正在加速的民族。他身披国旗,一跃站在世界面前。

这段解说词抓住了刘翔的主要功绩和影响,即雅典奥运会上夺得划时代的金牌,以及这枚金牌对国人的鼓舞。

那么,在解说词的写作中,如何做到"指要性"?如何抓住重点、要点,提纲挈领、要言不烦地进行解说?一般来说,我们需要从下面三方面来考虑:

1. 充分了解说明对象,抓住事物本质特征

比如,对人物的介绍,应该着重介绍人物主要经历与功过得失,对园林名胜,应着重介绍它的特色与主要风景点;对历史文物,应重点介绍它的价值与历史意义;对新产品,则应着重介绍它的性能与优点……只有抓住解说对象的主要特点,才能令听众或读者有所收获。

2. 了解观众需要，解说深入人心

了解观众需要，也就是针对不同层面的观众，对同一解说对象，要有不同的侧重点，不同的解说词。特别是旅游观光的观众，来自四面八方，不同的职业身份，不同的文化修养，不同的旅游目的，都会有不同的需求。解说词就要在尊重事物本质特征的前提下，对不同层面的观众有所照顾。

3. 弄清解说目的，做到有的放矢

在写解说词之前，要弄清楚自己的目的是什么？同一样事物，我们常常可以从不同的角度观察、阐释、评价、鉴赏，在解说之前我们首先应当明确解说目的。解说目的不同，解说词选择的要点也会不一样。例如纪录片《百年婚恋》以百年来中国名人的婚恋史展现了一个世纪以来中国婚姻制度和婚恋观念的演变。片中在介绍梁启超、鲁迅、郭沫若等著名人物时着重介绍其婚姻生活和爱情经历，对其他方面的成就一带而过，这些解说内容是由整部纪录片的主题所决定的。

二、扩展性

所谓扩展性就是对客观事物进行说明时，做必要的增补和扩充。解说词总是紧扣事物加以解说的，但是在介绍某一事物时，往往需要进行某种扩展，起到增补、扩充的作用，从而帮助观众进一步理解画面或实物本身难以直接表达的意义。

解说词的扩展性包含两个方面：

1. 知识性扩展

比如解说词中常常增补、扩充一些画面或实物有关的背景性、类比性或联想引申性的材料，使观众对被解说对象能够产生超越直观感受的认知，获得更广泛、更深刻的认识。例如央视大型纪录片《故宫——第二集 盛世的屋脊》中的一段解说词：

> 康熙三十六年，太和殿落成，盛大的落成仪式正在进行。这不仅是一座宫殿的庆典，更昭示着一个新的盛世的开端。
>
> 这就是今天我们看到的太和殿。
>
> 坐落在八米多高的汉白玉台上的太和殿是紫禁城的核心，也是紫禁城整体建筑乐章的高潮部分。它的一切设计，都为着一个目的，就是把至高无上的皇权烘托到极致。
>
> 太和殿曾经是北京城最高的建筑，从庭院到正脊高 36.57 米，相当于 12 层楼房的高度。
>
> 太和殿也是紫禁城中最大的建筑。面积达 2381 平方米，相当于半个足球场那么

大。它的长宽比例正好是九比五，代表着九五之尊。

太和殿与身后的中和殿、保和殿一起构成前朝的主体，人们习惯称之为三大殿。

紫禁城的建筑很多地方都与九这个数字有关，九为最大，体现至尊的含义。像大门上的九排九路门钉，房檐上的九个走兽等。

然而，对太和殿来说，连最大数字九都不足以表达它的尊贵，因此，在它的屋顶上出现了十个走兽。多出来的这一个叫行什，在中国所有古建筑中仅此一例。

太和殿是目前世界上最大的木质结构建筑。

在这个号称世界之最的大殿里，布置却相当简单。

在基台的烘托下，皇帝的宝座是唯一的主角。目光所及之处，皇权的威严辐射到每一个角落。

太和殿一共有七十二根大柱子，围绕着宝座的六根被贴上黄金，每根柱子上都有一条巨龙，这是皇权的象征。

从这六根金柱当中向上望去，藻井上有一条蟠龙，蟠龙嘴里倒垂下来的宝珠又叫做"轩辕镜"。

康熙皇帝对太和殿的这次重新修建，改变了它原有的九开间形制，变成了十一开间。可以说，这是此次重修中最为实用的改造。

这段解说词补充介绍了太和殿的形制和其中的寓意，突出了太和殿作为封建皇权的象征的重要地位。

2. 情理性扩展

解说词为加深观众的感受，以引起共鸣，常在解说画面的同时，插入一些精辟的议论或倾注某种感情。如纪录片《故宫——第七集故宫书画》的解说词：

这里是皇帝赏玩书画的私人空间，200多年前，一个名叫弘历的皇帝常常独自坐在这个不足6平方米的小暖阁里，静静地欣赏着三件堪称绝世珍品的书法。它们是王珣的《伯远帖》、王献之的《中秋帖》，还有王羲之的《快雪时晴帖》。弘历认为，这是整个大清帝国汪洋般的宫廷书画收藏中，最精致的三件东西，为此他特意将这间小屋改名为"三希堂"。

正是这位爱好书画的皇帝，成就了整个清王朝的宫廷书画收藏，中国的书画收藏史也因此留下了绚烂的一笔。在这位乾隆皇帝当政的那半个多世纪里，他将这座皇家宫殿变成了中国最大的书画博物馆！

今天，当人们置身其中的时候可能想不到，在这片宫殿里的这样一些地方，都曾经存放过中国历史上最精致的心灵的证明。将近600年的岁月中，就在这些宫殿里，它们传递着华夏文化的审美价值和观念。今天，它们依然深入我们这个民族的内心世界。

……

这片富藏书画的古老宫殿，如今以 21 世纪的节奏运转着。

隋代画家展子虔的这幅《游春图》，是北京故宫博物院现存年代最久远的绘画真迹。我们很难想象，从它问世到今天的 1400 年间，这幅轻薄脆弱的绢本画经历过多少次战火、水患和人祸，但它奇迹般地保全了下来。今天，它结束了千百年来离乱聚散的历史命运，和所有幸存的古书画一起，证明着一个古老民族文明的传承。

中国宫廷藏画是中国传统文化与民族精神气质最生动、最直观的记录者，作者在这段解说中倾注了对传统文化的深厚情感，令观众为之动容。

3. 清晰性

解说词清晰性特点主要体现在语言明确、条理清晰这两个方面。语言明确是指解说词应当措辞准确，语言清楚明白，朗朗上口。条理清晰是指解说时应当根据事物的内在逻辑顺序，理清事物之间的关系，按照一定关系来安排解说词的层次结构，做到条理清晰，主次分明，详略得当。

例如纪录片《西湖》的解说词：

西湖不是纯自然的美景。

她不像黄山、九寨沟，西湖是千百年来人类治理疏浚、依势造景的山水之湖泊；她不像漓江、张家界，西湖是千百年来人们感怀世事、寄托情绪的精神之湖泊。因此说，西湖的美是天造人设的，《西湖》纪录片亦复如此。

西湖不仅是自然美景，更是人文景观。这段解说，用清晰明确、流畅优美的语言介绍了西湖在中国文化中的特殊内涵。

【作品评析】

推荐阅读：《舌尖上的中国第四集：时间的味道》解说词。

纪录片《舌尖上的中国》解说词条理清晰、文辞优美地展现了中国各地饮食的特色以及文化内涵。其中既有知识性拓展，又有情理性拓展。

【思考练习】

1. 解说词有哪些类型？

2. 解说词需要具备哪些特点？

3. 写作解说词时如何做到"指要性"？

4. 写作解说词时如何做到"拓展性"？

【拓展延伸】

1. 请为你的家乡拍摄一部纪录片，并配上解说词。

2. 请拍摄一组表现大学生活的照片，并配上解说词。

【推荐阅读】

[1] 任学安：《〈大国崛起〉—解说词（特辑）》，民主法制出版社2007年版。

[2] 徐舫州：《电视解说词写作》，北京师范大学出版社2001年版。

[3] 任学安：《〈复兴之路〉解说词专辑》，中国民主法制出版社2008年版。

【咬文嚼字】

"剪一个头，送一个头"

夏照强/文　叶珺/画

"五一"长假期间，某理发店为了吸引顾客，大搞优惠活动，在门外打出醒目广告："剪一个头，送一个头"。顾客见此不由发笑："这样的优惠谁敢要？"

（《咬文嚼字》2008年3月）

第二节　广告文案写作

【内容概述】

广告，即商业广告，是一种用于推广货品、服务或理念的付费公告。商业广告的目标在于劝说或告知大众，以引发购买或增加品牌认知，是全部行销策略中的一环。每则商业广告均由讯息与传递讯息的媒介构成。不同媒介的广告文稿有不同的构成因素，但从广告写作上看，一般的广告文稿都需包括以下成分：标题、正文、标语和附加信息。

【基本概念】

广告，是"广而告之"的简称，广义的"广告"泛指一切不针对特定对象的公告，包括公益广告、商业广告等。我们日常生活中所说的"广告"，往往指狭义的"广告"，即商业广告，是一种用于推广货品、服务或理念的付费公告。本文所说的广告取其狭义。商业广告的目标在于劝说或告知大众，以引发购买或增加品牌认知，是全部行销策略中的一环。每则商业广告均由讯息与传递讯息的媒介构成。广告是商品经济的产物，它伴随着人类社会商品交换的出现而产生，并且随其共同发展，日趋兴旺。可以说，我们生活在广告的世界中。因此，懂得广告，学会广告写作，既是工作需要，也是生活需要。

【类型特点】

一、类型

依照不同的标准，广告可以分成很多种类：

以广告的传播媒介分，可分为报纸广告、杂志广告、电视广告、电影广告、幻灯片广告、包装广告、广播广告、海报广告、招贴广告、交通广告、直邮广告、电邮广告、网络广告、互动广告等。随着新媒介的不断增加，以媒介划分的广告种类也会越来越多；

以广告传播对象为标准，可以将广告分为消费者广告、商贸广告、工业广告、农业广告、外贸广告等；

麦当劳街头广告

以手法、内容为标准，可分为资讯式广告和诱导性广告；

以广告的诉求方式分，有理性诉求广告和感性诉求广告；

以广告目的分，有产品广告、企业广告、品牌广告、观念广告等。

二、格式特点

不同媒介的广告文稿有不同的构成因素，但从广告写作上看，一般的广告文稿都需包括以下成分：标题、正文、标语和附加信息。

1. 标题

广告标题是广告内容的凝练，是整个广告文案的总题目。广告标题起着提纲挈领、先声夺人的作用，既要概括广告的主要内容、阐明广告的主要宗旨，又要引起目标受众的高度注意，引发读者进一步阅读的兴趣。好的广告标题有时还能产生即刻打动人心的效果。美国广告俱乐部有一则调查，70%以上的人一般不把一则广告从头看到尾。因此，他们认为一则广告90%的信息量应包含在标题中。所以，我们必须用最短的文字表现出商品最大的特点，并且巧妙运用双关语、俏皮话、警句、格言等语言形式创造出风趣幽默、独具个性的标题。如："梁新记牙刷——一毛不拔"，运用双关的修辞手法，幽默地表达了产品的特点。

广告标题一般有以下几种形式：

（1）直接标题

直接标题就是在标题中直截了当地把广告宣传的内容或诉求告诉目标受众。可以直接在标题中写明商品名称、商标名称、企业名称或服务项目。如"柯达CX6330正式上市""索尼最新间谍DC抢滩鹏城""×××打造全新中端手机""卓别林魔术连锁店招商广告""海尔集团简介""茅盾文学奖获奖者散文丛书""怕睡过吗？请用××牌闹钟""三分钟租车，就是快"。这类标题明了简洁，第一时间将广告诉求告知读者。

（2）间接标题

间接标题一般不直接介绍企业、商品或服务项目，而是采用比喻、借代、夸张等手法暗示广告内容或广告诉求。例如："夏天的绿荫"（防晒霜广告标题）、"从12月23日起，大西洋将缩短20%"（民航广告标题）、"冬天里的一把火"（口红广告标题）、"一毛不拔"（牙刷广告标题）、"入座大自然影院，体验与众不同"（旅游广告标题）。这类标题生动新鲜、有创意，往往能给读者留下较深刻的印象。

（3）复合标题

复合标题往往采用多行标题的形式，常见的有双行标题和三行标题。

复合标题通常将直接标题和间接标题结合起来使用，既直截了当，又生动有趣、富感染力。如"笔的婚姻大事——××多功能笔为你讲述""莫干山生态非醛板——和甲醛说再见""祈福、休闲、度假之旅——尽在广东观音山国家森林公园""秀色可餐——竹叶青"（茶叶广告标题）、"读汉王电纸书——做新读书文化的引领者"。

2．正文

广告文案的正文部分是广告的主体内容，是广告标题和广告口号的具体化。正文部分的写作具有一定的灵活性，内容一般可包括以下几个方面：介绍商品或服务各方面情况；对标题或口号中的许诺进一步阐明；与同类商品的区别或优势；唤起消费者的购买欲。

广告正文的写作应当条理清晰、突出优势、不拘一格、讲求创意。

3．口号

广告口号是一则广告的灵魂，它是为了加强受众对企业、商品或服务的印象，在较长时间内反复使用，集中体现广告阶段性战略或宣传企业文化的一种简短、精练的口号性语句，也称"广告语""广告标语"。

广告口号具有长远性、简明性和特征性，是企业基于长远营销利益，向消费群体传播的一种简明易懂、特点鲜明、长期不变的商品或企业理念。一句成功的广告口号，能使消费者对产品或企业产生稳定的良好印象，进而持续购买。

广告口号的内容，可以反映企业的纲领、方针、宗旨和理念，如"海尔，真诚到永远！"树立了企业的诚信形象，再如"生活可以更美的！"（小家电企业广告）传达了企业力图将美好优雅的生活送进千家万户的理念，又如"我们不生产水，我们只是大自然的搬运工。"（矿泉水企业广告）表达了企业为消费者提供最天然产品的宗旨；"建筑无限生活"（房地产企业广告），传达企业建设城市美好未来的伟大愿景；广告口号也可以突出产品的特点、优势或理念，如"愈崎岖，愈自如！"（越野车广告）突出产品的性能优势；"山风可洗面，小溪浣心境。"（风景区广告）表现了风景区风光秀美、闲逸脱俗的气质；"不走寻常路！"（运动服装品牌）表达了产品崇尚个性的年轻气质；"简约不简单"（男装广告），简单的语言表现了品牌所追求的独特人生境界；"晶晶亮，透心凉！"（碳酸饮料广告）突出了产品的清凉消暑的特点；"有汰渍，没污渍！"（洗衣粉广告）表明了产品的功用。优秀的广告口号，往往朗朗上口、贴切自然、特点鲜明，令人过目不忘。

4．附文

附文，也称"随文"，或"附加信息"，一般位于广告文案的结尾处，用以向广告受众说明广告主的身份、购买商品或接受服务的途径、权威机构的认证标志、公司的电话和网址、品牌名称与标志等信息。如："药店有售。"（药用洗剂广告）"来函请寄：××××××××"等。附文绝不是可有可无，它既是正文的必要补充，也是广告诉求的必需要素。

【写作技法】

一、真实准确，简明经济

广告文案的写作具有完全的功利性。但是如果广告者为了功利的目的放弃了对消费者的道德责任，不仅将有广大的消费者遭殃，而且不利于广告自身以及经济效应的真正发展。广告一旦失去了受众的信任，就成了毫无意义的行为。只有符合真实性原则的广告文案才能得到长久的积极的广告效应。

准确，就是广告中用词、表达要准确，没有可让人误解的歧义。要做到真实准确，首先广告信息必须来源于客观真实的存在，不能任意夸大，甚至无中生有。其次广告信息的表现要全面且准确，也就是说，一方面在表现产品优势的同时，也表现产品的副作用或缺陷，使消费者在消费过程中不致出现问题；另一方面要用合适的语言来准确完善地传递这些信息。因为用语模糊而导致出现歧义、不良引申义最终产生一些消极后果的广告案例不在少数。

简明经济，即要求语言运用简洁、语义含量大。广告是花钱传递信息的活动，而且现代人的阅读习惯基本上是喜欢简单直接，没有耐心。有关研究表明，对一则广告，人的最大兴趣不超过 45 秒，若超过这个时间，人的兴趣就会下降。因此广告语言更需要简洁凝练。

二、求新求变，具有原创性

所谓原创性就是"想人所未想，发人所未发"，是与众不同的首创，是广告作品独特的吸引力和生命力所在。出其不意有个性是广告语言一定要追求的目标。商品有个性，其广告语言也自然应具有个性。即使商品没有个性，广告也得设法体现出商品的个性，从而与其他品牌区别开，树立自己的品牌。

原创的意义包括两方面的内容：

首先是形式上的独创。当已有的方式不能满足广告活动的需要或使人产生厌烦情绪时，新的变异就会随之而产生。在这种需求的驱使下，广告语言中出现了很多"变异"，广告人或者创造新的表现形式，或者化用前人的创造，用现代的形式、现代的理解去重新组合起一种新的形式、赋予新的含义，以期以强烈的新奇感吸引受众注意力。

其次是信息内容的独创。广告文案寻找到独特的信息内容进行表现，寻找到能让产品在同类中跳出来吸引人的新信息，这就是信息的独创。信息的独创，不仅表现在能表现别一产品无法替代的消费利益点、产品生产背景以及产品的附加价值，还表现在能突出强调别人没有注意到的产品特点,更表现在能发现同一产品和服务中的不同的特点和借助心理作用形成或创造出的不同价值。力求找出其"人无我有,人有我优,人优我转"的特点。

三、有效传播,目的性强

广告的有效传播,指的是广告经由表达、传播达到广告目的的过程。商业广告都是以说服和诱导目标消费者产生消费行为作为自己的最终目的。所有的艺术手段都是为这个目的服务的。

针对不同媒体的传播特点采用相应的语言手法。如纸质媒体广告的读者广泛稳定,但受自身的文化素质的影响较大,所以此类广告要充分利用版面空间,用醒目显眼、通俗易懂的文字表现主题。广播广告空间覆盖面广,对象不受文化程度的限制,但播放时间转瞬即逝,所以此类文案必须标题突出,节奏明快,多运用使听众产生联想和想象的语言。

针对不同的广告产品,如药品有其严肃性和特殊性,因此大多数药品广告以药品的有效性、安全性和使用方法为主要诉求点,力求传达企业的信赖感、诚实感,最终增加消费者选择时的倾向性。而时尚产品如运动产品、数码产品则往往以产品的与众不同、新潮前卫为主要诉求点,力求引领时代潮流。

针对不同的受众群。好的广告会根据不同的国家和民族、不同的性别或年龄段、不同的消费水平和消费观念等,进行详细的划分,再有针对性地采取相应的表达方式。这样的广告既可以避免不必要的思想文化冲突,更可以突出广告效果。比如有一美容院的广告说"千万不要和从这里出来的任何妙龄女郎调情,因为她可能就是你的奶奶"。这种西方式的夸张,在欧美也许能取得较好的效果,但在一些保守的地区和国家就极有可能会引起较大争议。就性别来讲,女性消费者容易感情用事,很多购买行为的产生根本就是取决于个人的情感,因而女性用品广告多采用感性诉求方式;而男性消费者相对理性一些,多理性广告。许多年轻人特立独行,新奇优美的广告语言比较符合他们的特殊心理,如 Dr·Martens 鞋系列广告;而中年人踏实稳重,追求品位,有时候可以用一些书面语言来突出其格调。

总而言之,广告以真实性为基础,以功利性为目的,为了达到这个目的运用多种艺术性手段,这就是艺术广告,是它的文体特征,也是对它的写作要求。

【范文精选】

电视

第一次去她家玩

不知道该聊点什么

两个人看了一下午动画片

现在我们睡前的保留节目还是看电视

有电视在，从来不怕尴尬的沉默。就像有人说，电脑是一个人的自嗨，电视是一群人的狂欢。或许你现在已经不常看电视，但没有电视的家却从来不是完整的。Hey，还记得你从小最爱看的那个电视节目吗？

啤酒

天气好的中午

喜欢找个地儿喝点啤酒

每次喝到最后

都会想起当年一起喝酒的那帮兄弟

干了这杯青春，你又会想到谁，有着怎样的故事？只是，在回忆匆匆那年时，别忘记努力活在当下，让现在的每一刻都成为未来值得怀念的过去时。

茶具

周末早上

还没来得及洗脸就先把茶泡上

一杯，一杯

一直喝到茶淡得没味了

一天刚过去一半

应接不暇的人生就像浓墨重彩的图画，总会给人一种莫名的压抑感。有时候，人生也需要一点留白，好让"点睛之笔"来得更为传神，就如一杯喝到淡到无味的茶汤，会让你回味初品时的甘醇，也会令你更期待下一杯的浓酽。

忙碌了一年的你，还记得上一次消磨时间放空自己是什么时候吗？

方便面

凌晨两点

正是方便面最香的时候

热腾腾连汤喝下，打个饱嗝

这世上还有更了不起的东西吗

有时候你想要的幸福，就藏在一碗深夜的泡面里。对吃货来说，那种胃袋充实而温暖的满足感，比任何虚无缥缈的成就感都来得更加实在。你的深夜慰藉又来自何处呢？

被子

十一月，供暖之前

所有的慰藉都来源于被子

那是阳光的味道

是天竺棉的触感

是 1.2KG 鸭绒的踏实感

这个冬天，一万句甜言蜜语也不如一床被子来的温暖。你的被子有什么故事吗？

湿厕纸

翻完整版早报

刷完朋友圈，点了三个赞

最后用它给清晨的马桶时间画上完美句号

一整天人都是柔软的

湿厕纸，你试过吗？据说它已成为很多人早起的动力……So 你早起的动力又是什么呢？

口红

远远看到他进门

我快速从背包掏出口红

薄薄地抹上一层，然后站起身

擦肩而过时我知道他在看我

你包里必备的口红是哪一款？去见谁时，你会特意把它带上？

书

"等到天气凉风，日影飞去的时候，你要转回"

《雅歌》，第 6 章

每次从这里开始读，就不会太想家

你看哪本书最治愈？小说？漫画？杂志？你最喜欢哪个作者？你是否也在一个人的时候，为书里的某个角色哭过？

杯子

那年分手

我沿着四环路一口气跑到家

捧着杯子灌下 6 杯水

然后昏睡了一天一夜

是不是喝水也会醉？

（来源：网络）

【作品评析】

　　以上是来自某电商平台的系列广告文案。这一系列广告文案属于感性诉求广告，受众群是年轻消费者，文案风格清新。

【范文精选】

三毫米，
瓶壁外面到里面的距离。
不是每颗葡萄，
都有资格踏上这三毫米的旅程。
它必是葡园中的贵族；
占据区区几平方公里的沙砾土地；
坡地的方位像为它精心计量过，
刚好能迎上远道而来的季风。
它小时候，没遇到一场霜冻和冷雨；
旺盛的青春期，碰上十几年最好的太阳；
临近成熟，没有雨水冲淡它酝酿已久的糖分；
甚至山雀也从未打它的主意。
摘了三十五年葡萄的老工人，
耐心地等到糖粉和酸度完全平衡的一刻
才把它摘下；
酒庄里最德高望重的酿酒师，
每个环节都要亲手控制，小心翼翼。
而现在，一切光环都被隔绝在外。
黑暗、潮湿的地窖里，
葡萄要完成最后三毫米的推进。
天堂并非遥不可及，再走，
十年而已。

【作品评析】

这则广告文案属于感性诉求广告，是文案中的"文艺派"，在形式上采用诗歌式，在内容上突出了产品取材天然、精益求精的特性。

【范文精选】

这辆甲壳虫没通过测试。

仪器板上杂物箱的镀铬装饰板有轻微损伤，这是一定要更换的。或许你根本不会注意到这些细微之处，但是检查员科特克朗诺一定会。

我们在沃尔夫斯堡的工厂中有3389名工作人员,他们唯一的任务就是:在生产过程中的每一阶段检验甲壳虫(我们每天生产3000辆甲壳虫,而检查员比生产的车还要多)。每辆车的避震器都要测验(而不是抽查),每辆车的挡风玻璃都必须经过详细的检验。大众汽车常因肉眼所看不出的表面擦痕而被淘汰。最后的检查更是苛刻到了极点!大众的检查员们把每辆车像流水一样送上检查台,接受189处检验,再冲向自动刹车点,在这一过程中,被淘汰率是2%,50辆车总有一辆被淘汰!

对一切细节如此全神贯注的结果是,大众车比其他车子耐用,却不需要太多保养(这也意味着大众车比其他车更保值)。

我们剔除了酸涩的柠檬(不合格的车),给您留下了甘甜的李子(十全十美的车)。

【作品评析】

这是一则理性诉求广告,精确、写实,用数据说话,内容上突出了企业在生产的各环节的严苛检验。

【思考练习】

1. 以下是一则出自学生之手的送餐广告,请指出其优缺点,并做适当修改,使其语言更准确,信息更完备。

新闻传播系学生秋季社会实践打响了!!!

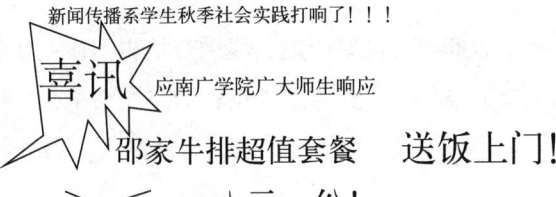

应南广学院广大师生响应

邵家牛排超值套餐　　送饭上门!

原价千元 现价八元一份!

可选种类:牛排饭、鸡柳蛋饭、猪扒饭、红烧肉饭、鱼排饭、辣鸡丁饭……等十五种种类,满足您味蕾的需要!!

另全新推出寿司卷6元一份! 可当正餐或宵夜食用噢!

SOMETIMES 你懒了吧 嘿嘿 JUST CALLME

COME ON 快来尝尝!!

抢订时间:晚餐:4:50

宵夜:9:00　始订!

温馨订餐执热线:

男:×××××　女:×××××

固话:×××××××

南广订餐QQ群:31693410

2. 请为你家乡的土特产品创作一则口头广告，要求短小精悍、即刻打动人心。

【拓展延伸】

1. 请为你的家乡创作一则旅游广告，并配上自己拍摄的图片。要求真实准确、图文并茂、生动丰富、引人入胜。
2. 请为你的学校写作一则招生广告。请在广告中突出学校的特点、优势和专长。

【推荐阅读】

[1] 菲利普·沃德·博顿：《广告文案写作》，程坪、丁俊杰译，世界知识出版社2006年版。

[2] 普瑞根：《广告创意完全手册》，初晓英译，中国青年出版社2005年版。

[3] 丰信东：《小丰现代汉语广告语法辞典》，中国青年出版社2004年版。

第三节 调查报告

【内容概述】

对大学生而言，几乎每个假期都有撰写假期实践调查报告的作业任务，因此，掌握调查报告的写作方法就尤其重要。本节主要介绍调查报告的格式结构、写作环节，并对一些调查报告的案例进行分析，通过布置相应的实践作业，来掌握这一实用文体的写作。

【基本概念】

调查报告就是根据调查研究的成果写出来的正确反映客观事物及其规律的书面报告，它通常反映重大事件、新生事物、突出的典型、重要的经验和严重的问题。具体来说调查报告是对某项工作、某个事件、某个问题，经过深入细致的调查后，将调查中收集到的材料加以系统整理，分析研究，以书面形式向组织和领导汇报调查情况的一种文书。

【类型特点】

一、调查报告的类型

1. 介绍典型经验的调查报告

某一地区、某一单位、某一企业，在贯彻落实党和国家的各项方针政策过程中，或在日常的思想政治、经济建设、科学教育等方面取得了突出的成绩,为了把他们的具体做法和成功奥秘反映出来,可以对他们进行专题的调查,然后写出调查报告,特别注重对调查过程和调查所得数据的叙述和列举。这种类型就是介绍经验的调查报告。例如,北京太阳谷经济信息中心就是长期从事这方面的工作。

2. 揭露问题的调查报告

与上种类型相反,这是针对某一存在问题展开调查,以揭示这一问题的种种现象和深层原因为主要目的的调查报告。它的主要功能是揭露和批判,探究问题产生的原因,分析问题的症结所在,提供解决问题的思路和方法。

3. 反映新生事物的调查报告

这是针对社会现实中某种新近产生或新近有了长足发展的事物而写的调查报告。在现实社会中,新生事物总是不断涌现的。反映新生事物的调查报告的文体功能,就是全面地报道某一新生事物的背景、情况和特点,分析它的性质和意义,指出它的发展规律和前景。

4. 反映社会情况的调查报告

这里所说的社会情况,主要是指社会风气、百姓意愿、婚恋、赡养、衣食住行等群众生活各方面的基本情况。这类调查报告虽不直接反映政治、经济等重大问题,但百姓生活也是跟政治、经济密切相关的。

二、调查报告的特点

1. 写实性

调查报告是在占有大量现实和历史资料的基础上,用叙述性的语言实事求是地反映某一客观事物。充分了解实情和全面掌握真实可靠的素材是写好调查报告的基础。

2. 针对性

调查报告一般有比较明确的意向,相关的调查取证都是针对和围绕某一综合性或是专题性问题展开的。所以,调查报告反映的问题集中而有深度。

3. 逻辑性

调查报告离不开确凿的事实,但又不是材料的机械堆砌,而是对核实无误的数据和事实进行严密的逻辑论证,探明事物发展变化的原因,预测事物发展变化的趋势,揭示本质性和规律性的东西,得出科学的结论。

4. 社会性

调查报告作为时代的镜子,从各个不同的侧面客观地反映社会情况和问题,具有明显的社会功能,调查报告所总结的典型经验,对社会各方面具有指导意义;调查报告所揭露的问题对社会各方面具有警戒作用；调查报告作为一种社会舆论，社会事实的发言人，能够比较客观地反映人民的愿望，能鼓舞人们克服前进道路上的各种困难，信心百倍地争取胜利。

5．典型性

调查报告具有典型性，典型事物最能反映一般事物的本质与规律，是为了解决某个问题，总结某项经验，研究事物的发展趋势而写作的，因此需要恰当地选择典型，解剖麻雀，探索事物的发展规律，寻求解决矛盾的办法。

【写作技法】

一、结构格式

调查报告一般由标题、正文、署名和日期等部分组成。

1．标题

单标题有两种写法。

第一种是公式化写法，就是按照"调查对象＋调查课题＋文体名称"的公式拟制标题。如《关于大学生兼职现象的调查报告》就是这样的标题，其中"大学生"是调查对象，"兼职现象"是调查课题，"调查报告"显示了文体。这样写的好处是要素清晰，读者一看就知道这是写的什么单位，涉及的是哪些问题，文体也很明确。这样写的不足之处是太模式化，不够新鲜活泼。

第二种是常规文章标题写法。具体方式灵活多样。可以用问题作标题，如《儿童究竟需要什么读物？》；可以显示作者自己的观点，如《莘莘打工者，维权何其难》；可以直接叙述事实，如《三个孩子去蛇岛》；可以用形象画面暗示文章内容，如《"航空母舰"逐浪经济海洋》。还有种种写法，不再一一列举。

双标题由正副标题组成，其中正标题一般采用常规文章标题写法，具体手段如上所述。副标题则采用公式化写法，由调查对象、调查课题、文体名称组成。如《校园里的春花秋月——对大学生校园恋爱现象的调查》。

2．正文

正文一般由前言、主体和结语三部分组成。

（1）前言

一般要根据主体部分组织材料的结构顺序来安排，常用的有以下几种类型：

提要式。就是把调查对象最主要的情况进行概括后写在开头，使读者一入篇就对它的基本情况有一个大致的了解。

交代式。在开头简单地交代调查的目的、方法、时间、范围、背景等，使读者在开篇时就对调查的过程和基本情况有所了解。

问题式。在开头提出问题来,引起读者对调查课题的关注,促使读者思考。这样的开头可以采用提问的方式引出问题,也可以直接将问题摆出来。

(2) 主体

这是调查报告的核心部分,是全文的重点。是对调查内容以及调查者对调查结果的认识进行具体分析说明的部分。要求条理清晰,结构合理。其基本结构方式有三种[①]:

纵式结构,即根据事情的产生、发展、结局的先后顺序来安排材料。比较适合内容比较单一的调查报告,体现了事物发展的阶段性,有助于读者更加全面深入地了解事物发展变化的来龙去脉,适用于内容集中,一事一议的小型调查报告。

横式结构,也叫逻辑顺序结构,即根据事物的特点和问题的性质,分几个部分恰当安排材料。各部分之间一般是并列关系或递进关系。具有条理清楚,逻辑关系分明,观点突出的特点,适用于涉及面较广,问题较复杂的调查报告。

纵横结合式结构,就是以结构方式为主,纵横结合,交错运用,适合于头绪繁多,内容丰富的调查报告。

(3) 结语

结尾部分一般带有结论性质,以议论为主,表明作者对调查的认识和观点。常见结尾方式有:总结全文,深化主题;指出问题,启发思考;针对问题,提出建议;展望未来,指明方向等。

3. 署名日期

调查者姓名和调查单位写在结语右下方,日期写在署名下方。

二、写作环节及要求

1. 确定调查项目

选题要有针对性,能解决现实生活中的难点、热点问题;要有可行性,选择有能力驾驭的题材。

2. 列出调查提纲

调查前先制定调查提纲,明确调查目的,选定调查方法,列出调查具体内容,拟出调查日程表。

3. 进行调查研究

这是整个调查过程中最基础的工作,没有调查就没有报告。能否通过深入的调查掌

[①] 张灿贤、徐文明主编:《新编写作教程》,北京大学出版社,2005,第129页。

握详细的第一手资料,直接影响调查报告的质量。只有在充分占有资料,科学分析的基础上,才能写出具有科学价值的调查报告。

需要运用恰当、科学的调查方法,比如发放问卷、口头采访、电话采访、查阅资料等,深入实际获得第一手材料;要善于运用统计数字来说明主题,恰当地运用数字,可以增强调查报告的概括力和表现力,达到直接说明主题的效果。

对这些建立在统计数字基础上的数据材料以及其他资料进行梳理、筛选、分析、概括、研究,并发现事物内在联系和本质特征,找出规律性、普遍性的东西,形成概括性的观点,作为调查结论。

4. 撰写调查报告

这是调查报告的写作行文阶段。要符合调查报告的格式规范,条理清晰,结构合理,语言流畅。不仅要报告调查所得的材料,而且要通过对材料的分析,得出结论,通过叙议结合的表达方式,做到材料和观点的结合和统一。

5. 修改调查报告

报告起草好以后,要认真修改。从整体上进行增、删、改、调。最后才能定稿。

【范文精选】

关于"白色污染"的研究性调查报告

一、调查计划

塑料袋,这个我们每天都会接触到的物品,似乎已经成为我们生活中的亲密伙伴。红的、黑的、蓝的、紫的,五颜六色的塑料袋给我们的生活增添了许多色彩,也给我们的生活带来了许多便利,但是您是否知道这些塑料袋或许正是在和您的亲密接触中一步步侵蚀着我们的健康?同时这些白色垃圾也逐步破坏着我们的家园,但生活中如果真少了它们,又会给我们带来很多不便。于是许多市民们都发出了这样的感慨:塑料袋,少你不便,有你添乱。为了了解塑料袋这个和我们每天都亲密接触的"伙伴",我们组做了一次社会调查,通过查资料和实地观察的方法来真正了解我们这位伙伴。

二、白色污染的危害

白色污染存在两种危害:视觉污染和潜在危害。

视觉污染指的是塑料袋、盒、杯、碗等散落在环境中,给人们的视觉带来不良刺激,影响环境的美感。前几年,有人戏称我国有两座万里长城:一为古长城,二为白色长城,指的是我国铁路沿线到处是白色的饭盒、塑料袋,这就是视觉污染。在我们学校,随处可见一次性饭盒、各色塑料袋。起风时,塑料袋到处飘扬,严重影响校园的美观。

白色污染的潜在危害则是多方面的。

1. 一次性发泡塑料饭盒和塑料袋盛装食物严重影响我们的身体健康。3月20日,北京市消费者协会发布××年第1号消费警示:当温度达到65℃时,一次性发泡塑料餐具中的有害物质将渗入食物中,对人的肝脏、肾脏及中枢神经系统等造成损害。因此,××年4月23日,国家经贸委发布了《关于立即停止生产一次性发泡塑料餐具的紧急通告》,要求停止生产一次性发泡塑料饭盒。

我们现在用来装食物的超薄塑料袋一般是聚氯乙烯塑料。早在四十年前,人们就发现聚氯乙烯塑料中残留有氯乙烯单体。当人们接触氯乙烯后,就会出现手腕、手指浮肿,皮肤硬化等症状,还可能出现脾肿大、肝损伤等症。1975年,美国就禁止用聚氯乙烯塑料包装食品和饮料。在我国,更为严重的是,我们用的超薄塑料袋几乎都来自废塑料的再利用,是由小企业或家庭作坊生产的。中央电视台《新闻调查》节目组曾经暗访了塑料袋的生产厂,这些生产厂所用原料是废弃塑料桶、盆、一次性针筒等。生产时,首先用机械把原料粉碎成塑料粒子,再把塑料粒子放在一个水池里清洗(名曰消毒),取出来晒干,再用机械把它压成膜,制成各种塑料袋。记者问老板,这种塑料袋用来装食物,是否对人体有害,该老板毫不遮掩地承认这类薄膜未经消毒,肯定有害于身体,他本人从不用这种塑料袋装食物。每次吃饭时,就有不少同学用塑料袋装饭菜,他们不知道这种行为不仅危害环境,还危害自己的身体健康。

2. 使土壤环境恶化,严重影响农作物的生长。我国目前使用的塑料制品一般是不可降解的,其分子量在2万以上,只有分子量降为××以下时,才能被自然界中微生物所利用,而这一过程至少需2××年。农田里的废农膜、塑料袋长期残留在田中,会影响土壤的透气性,阻碍水分的流动,从而影响农作物对水分、养分的吸收,抑制农作物的生长发育,造成农作物的减产。若牲畜吃了塑料膜,会引起牲畜的消化道疾病,甚至死亡。

3. 填埋作业仍是我国处理城市垃圾的一个主要方法。由于塑料膜密度小、体积大,它能很快填满场地,降低填埋场地处理垃圾的能力;而且,填埋后的场地由于地基松软,垃圾中的细菌、病毒等有害物质很容易渗入地下,污染地下水,危及周围环境。

4. 若把废塑料直接进行焚烧处理,将给环境造成严重的二次污染。塑料焚烧时,不但产生大量黑烟,而且会产生迄今为止毒性最大的一类物质:二噁英。二噁英进入土壤中,至少需15个月才能逐渐分解,它会危害植物及农作物;二噁英对动物的肝脏及脑有严重的损害作用。焚烧垃圾排放出的二噁英对环境的污染，已经成为全世界关注的一个极敏感的问题。

三、白色污染调查问卷

1. 是否知道"白色污染"的危害性？
是 80%　　　否 20%

2. 是否知道国家在 2010 年 6 月 1 日颁布了"限塑令"？
是 23%　　　否 77%

3. 是否注意平常所使用的塑料袋、饭盒等一次性用品是否可降解？
是 16%　　　否 84%

4. 在超市购物时，是否使用环保袋？
是 14%　　　否 86%

5. 周围的人使用环保袋居多还是购买塑料袋居多？
环保袋 32%　　　塑料袋 68%

6. 周围农贸市场、早点摊、私营小店等地是否还在使用一次性塑料袋？
是 11%　　　否 89%

7. 自己每天使用的一次性塑料袋、一次性餐盒大约有多少？
没有 73%　一个到两个 26%　三个到四个 1%　五个以上 0%

8. 选择购买塑料袋的原因是：
自备购物袋太麻烦 32%
忘记带购物袋 38%
纯粹是一直以来的习惯 6%
塑料袋很便宜，不在意 21%
买来的塑料袋用完后还可做其他用途 3%

四、结论

通过这次调查活动，我们了解到：随着工农业生产的迅速发展，在为人类创造了前所未有的巨大物质财富的同时，也使环境付出了沉重的代价。生态破坏、环境污染对人类生存和发展已经构成了严重威胁。每当大风刮起时，空中就弥漫着黄色的粉尘，有时在空中还飞舞着白色塑料袋。使人们出门十分狼狈。因此，解决环境问题已成为刻不容缓的重大任务。我们海盐县武原镇，虽然每天都有 300 多名环卫工人日日夜夜与"白色污染"作着斗争。但是,改变这种状况,光靠环卫工人的努力是远远不够的,还必须提高我们大家的环保意识。环境的污染和破坏不是一个人造成的,所以保护环境应该是全社会的行为。我们每个人都有保护环境的义务。

同时,我们也懂得了:我们就是社会的主人,改善地球环境,是我们这代人义不容辞的责任和义务。我们应该努力增强环保意识,节约资源。如果全球人人破坏,天天破坏,地球就会变成垃圾场;如果全球人人环保,天天环保,就能创造一个美好的世界。让我们携起手行动起来,共同努力保护好地球——我们共同的家园。

为此,我们建议从我们自己做起,从一点一滴小事做起,要做到:

1. 不乱扔垃圾及废弃物,将垃圾放到指定的垃圾箱内。
2. 我们学校早已经设置了"垃圾分类存放处",我们就要积极参与和宣传。
3. 不要浪费,包括不浪费一张纸、一滴水、一分钱。
4. 尽量不用、少用塑料袋,要积极使用可再生利用的用品,减少白色污染。
5. 发现身边有破坏环境的行为时要及时提醒和制止。

【作品评析】

这则由大学生撰写的调查报告重点调查并表述了大众对"白色污染"问题的认知,以及人类频繁使用一次性塑料制品的严重危害,作品数据翔实,条理清晰,表达流畅。

【思考练习】

1. 调查报告的结构格式是什么?
2. 调查报告的写作环节有哪些?

【拓展延伸】

1. 调查报告最基础的工作就是进行实际调查,想一想,可以使用哪些方法开展调查?
2. 请以"大学生网络使用状况调查"或"大学生阅读习惯调查"为主题,以问卷调查为主要方法,撰写一篇数据翔实、分析合理的调查报告。

【推荐阅读】

[1] 刘丽敏:《公文写作格式与范例大全》,红旗出版社 2010 年版。
[2] 张灿贤、徐文明:《新编写作教程》,北京大学出版社 2005 年版。
[3]《现代实用文体写作》,清华大学出版社 2009 年版。

【咬文嚼字】

大学生上网状况的社会实践调查报告（节选）

  作为新时代的生存方式，网络生活正变得普及，它让我们置身于信息的海洋，随时参与社会的变迁。而作为时代的骄子，未来社会的主人，大学生是如何运用网络，如何在寒假这段时间享受网络生活的呢？这两种新势力的碰撞又将给社会带来怎样的希望与担忧呢？了解大学生的网络生活状况对更加准确地把握时代前进的方向十分重要，所以我们在此将其列为实践报告的主题，调查了寒假期间部分大学生的上网情况。现将此次实践活动的有关情况报告如下：

  一、关于上网频率和用途的调查（略）

  二、关于网上联络的调查（略）

  三、关于网游态度的调查（略）

  一些看法与思考

  通过此次调查，我们对信息时代这个大潮流下大学生的网络生活作了初步了解。这其中有意料之外的结果，也有情理之中的答案；有令人担忧的滞后，也有使人欣慰的进展。总体来说，网络生活之于大学生利大于弊，大学生对待网络生活的态度积极向上。网络还在继续地发展与完善，就像当代大学生还在不断地学习和进取。虽然他们都还不够成熟，但他们都在走向成熟。或许现在还看不到他们开出娇艳的花朵，但不久后一定能品尝到他们结出的饱满果实。

  有人曾这样反驳那些害怕甚至敌视飞行的人，"不是人人都会碰上空难，乘坐飞机比大多数运动更为安全，汽车和火车也并不是你想象得那么安全，而是常常只有空难才能'荣登'媒体的头条"，于是说乘坐飞机其实很安全，那么我至少可以在这里肯定上网比乘飞机更加的安全！调查的结果应该也说服了不少网络威胁论者，此次的调查如果能增加大家对网络的信心，也是我们乐于看到的。

结语

  此次大学生网络调查的目的在于了解大学生对网络的关注程度、喜好取向、欣赏程度，总体上勾勒出大学生的网络生活状况，发觉某些存在的问题，以便更好规范大学生网络生活。这次活动时间仓促，人手不足，样本带有局域性，且参照了相关数据资料，调查方面具有片面性，而评论难免具有推测性质，见谅。

  请认真阅读这篇调查报告，并分析结尾处语言的不足之处。

第四节　讲话稿与演讲词

【内容概述】

演讲是一种使用范围非常广的言语活动，写好演讲词就显得非常重要。本节主要介绍讲话稿以及演讲词的类型、特点、写作注意事项，要求掌握讲话稿的写法。

【基本概念】

讲话、发言、演讲都是指在某个公开的场合说话，但这三者间又有细微差别。"讲话"和"发言"本可以通用，是同义词，但由于约定俗成的原因，现在一般把重要人物如领导或嘉宾的发言称为"讲话"，其他活动参与者发表个人看法称为"发言"。演讲则偏重在较为隆重的仪式上或某些重大的场所发表自己的见解。讲话稿、发言稿、演讲稿则是为在公开场合的讲话准备的书面文稿，有了稿子，讲话时既可以节省时间，避免错误，减少遗漏；又可以使讲话可以有效地围绕话题展开，内容更集中。

讲话稿是一个统称，涵盖面较大，适用范围广。换句话说，凡写出来供宣讲或宣扬的书面材料都叫讲话稿。从这个角度看，演讲稿可以说是讲话稿的一种。演讲稿也叫演说辞，是人们在工作和社会生活中经常使用的一种文体。它可以用来交流思想、感情，表达主张、见解；也可以用来介绍自己的学习、工作情况和经验；等等；演讲稿具有宣传、鼓动、教育和欣赏等作用，它可以把演讲者的观点、主张与思想感情传达给听众以及读者，使他们信服并在思想感情上产生共鸣。

【类型特点】

一、讲话稿的类型

讲话稿的种类很多，按不同的标准划分，可以有不同的类型。

1. 从形式上分

（1）即兴式讲话稿。讲话者事先没有准备，临时被指派或现场受到别人讲话或会场情绪的影响，引发了自己对某个问题的看法、感受，临场准备并阐述。

（2）要点式讲话稿。指讲话人事先有所准备，明确列出主要观点、关键性问题等，即先列出讲话提纲，更为具体的内容，则靠临场发挥，现想现说。

（3）宣读式讲话稿。这种讲话稿，是指讲话人事先已经做了充分的准备，甚至讲话稿经过反复修改调整，已成定文，讲话时原文照读。

2. 从用途上分

（1）开幕词。开幕词是指在大型的集会上，党政机关、社会团体、企事业单位的领导同志代表组织的发言，内容包括：宣布活动名称、出席活动的单位和人员；说明活动的背景、意义、中心议题、指导思想、宗旨；表示讲话人对活动的期望和祝愿。不论召开什么重要会议，或开展什么重要活动，按照惯例，一般都要由主持人或主要领导人致开幕词，这是一个必不可少的程序，标志着会议或活动的正式开始。

（2）闭幕词。闭幕词是指在较为大型的会议或活动结束时，领导同志所做的最后讲话。所以，闭幕词也称"总结讲话"或"结束时的讲话"。闭幕词的内容包括：回顾活动的主要内容；表明对活动的评价；概略分析活动决定的主要问题；对贯彻活动精神提出意见。

（3）欢迎词。是在比较隆重的会议上或欢迎来宾的集会上的讲话。内容通常包括：代表个人或组织对会议表示祝贺，对来宾表示欢迎；对会议或来访的意义进行充分估价；自己的感想，预祝会议、来访成功。

（4）会议发言稿。相关领导或与会人员为会议发言所做的发言稿。有围绕中心议题重点阐述的主旨发言，也有结合会议某一方面所做的辅助发言。

二、讲话稿的特点

1. 内容的针对性

讲话稿的内容是由活动主题和讲话者身份来决定的。因此在准备讲话稿之前，必须要了解活动的主题、性质、议题，讲话的场合、背景，领导者的指示、要求，以及听众的身份、背景、心理需求和接受习惯，了解听众的愿望和要求等，有的放矢，才能取得最佳的讲话效果。

2. 篇幅的规定性

讲话一般是有时间限制的，即使活动方没有给出明确的时间限制，讲话者也不能不顾具体情况长篇大论，滔滔不绝，俗话说"话不在多而在精"，因此对讲话稿而言，篇幅上要有特定要求。一般来讲，表彰、通报、庆典等会议上的讲话稿篇幅不宜过长，以免喧宾夺主。

3. 起草的集智性

为了提高行政效率，领导讲话稿经常由秘书代笔，然后经领导审核后决定是否采用。有的部门还专门设有起草小组，领导一般先将写作的目的、背景、写作要求等对起草小组交代清楚，然后由起草小组分工协作，集体撰稿，并在起草的过程中反复讨论、修改，最终定稿后，才提交给领导使用。即使讲话稿由讲话者自己写作的，为达到最佳效果，也可以请人帮忙给出修改意见。

4. 语言的得体性

文章是写给人看的，讲话则是讲给人听的，讲话稿的语言既要便于讲话者表达，又要易于听众理解和接受。因此，在准备讲稿及讲话时，要做到语言得体，需要注意以下几个方面：第一，语言应尽量通俗化、口语化。通俗易懂，明白如话，坚决抛弃拗口的晦涩难懂的词语；多用短句，少用长句；语言节奏感强。讲着顺口，听着入耳，听者自然易于接受，乐于接受。第二，语言要准确、简洁。讲话稿不能像日常说话、聊天那样随意，它是去掉啰唆、重复等疙疙瘩瘩的东西，经过加工了的富有逻辑性的规范口语。第三，语言如能包含讲话者的情感，语言生动形象，幽默风趣，适时与现场听众互动交流，讲话会更有吸引力，更容易实现讲话的预期效果。

【写作技巧】

讲话稿具有一般文章的共性，写作时只要符合一般文章写作的共同要求，同时再注意它自身的特点就可以了。

一、了解听众，有的放矢

讲话稿的写作首先要了解听众，做到有的放矢；有人说讲话稿写作的原则是一切从听众出发，一切为听众需要，一切替听众着想，一切为听众服务。这么说不算夸张，因为讲得好与不好，最终是由听众评判的。因此讲稿首先要考虑听讲的是什么人，这些人有什么特点，怎样才能说服他们；同时，事先要尽可能估计到，可能有人产生什么样的怀疑，提出什么样的问题；或有什么不同的议论，以便能够及时予以回答。这就要求演讲者吃透两头，把想和讲有机地统一起来。一方面了解活动主题安排，另一方面了解听众需要，讲什么不讲什么，什么是人们最关心的问题。这样讲起来，有针对性，听众也会觉得受益匪浅，听得全神贯注。

二、确定主题，选好材料

写讲话稿和写文章一样，要先确定主题，主题定下来，再来安排讲话稿的内容结构。对主题的提炼，要做到正确、深刻、新颖。所谓正确是观点要准确，积极向上，有益于人们进步，有利于社会向前发展，不偏激、不片面；深刻是指能揭示事物的本质和规律，不浮于表面；立意既要"深"也要"新"，老话新说，破旧立新、由此及彼等，都能让人感到耳目一新；同时要有时代性，能与时俱进，跟上时代的节拍。好的材料，好的事例就是典型的、有代表性的，而且能对听众的情感有影响力的材料。材料不在多，重在精，能以一当十，且能证明中心又有说服力和感染力的材料就是好材料。

三、写好开头，引人入胜

讲话稿的开头，也叫开场白，它在讲话稿的中处于显要的地位，具有重要的作用。俗话说好的开头是成功的一般，讲话稿的开头尤其如此。瑞士作家温克勒说："开场白有二项任务：一是建立说者与听者的同感；二是如字义所释，打开场面，引入正题。"好的开头可以在最短的时间，用最简洁的语言，把听众的注意力和兴奋点最大限度地吸引过来，达到出奇制胜的效果。

好的开头方式有很多，讲话稿通常使用的有：

1. 开门见山，交代主题

这种开头是一开讲就进入正题，直接提示演讲的中心。如宋庆龄《在接受加拿大维多利亚大学荣誉法学博士学位仪式上的讲话》的开头："我为接受加拿大维多利亚大学荣誉法学博士学位感到荣幸。"运用这种方法，必须先明晰地把握演讲的中心，把要向听众提示的论点摆出来，使听众一听就知道讲的中心是什么，注意力马上集中起来。

2. 奇谈妙语，石破天惊

如：马云的演讲《爱迪生欺骗了世界》，开篇就说："世界上很多非常聪明并且受过高等教育的人，无法成功。就是因为他们从小就受到了错误的教育，他们养成了勤劳的恶习。"标题和开头都很另类，让人诧异。随后马云列举了世界上很多聪明的懒人，因懒而致富或成功的例子。最后得出结论"懒不是傻懒，如果你想少干，就要想出懒的方法。要懒出风格，懒出境界。"

3. 提问开篇，引人关注

这种方法是根据听众的特点或演讲的内容，提出一些激发听众思考的问题，以引起听众的注意。如《我说演说家》节目中选手林欣蓓的《搭建一个斜坡》，讲演一开始，林就指着她旁边的一个道具斜坡问现场的观众："首先，我想要请问现场的观众朋友，你们知道我旁边这个东西它是什么吗？斜坡。那你们对它有印象吗？有吗？"随后很自然地过渡到自己要讲的话题。

4. 故事开头，顺水推舟

将故事作为开头容易吸引听众，便于以故事延伸到演讲的具体内容，更好地向听众传达自己的观点。曾被中央宣传部、国家发展改革委授予"诚信之星"、获得2015年《超级演说家》年度亚军的崔万志在一次演讲中，就以其投身电商，几经挫折，永不言败，创造1分钟卖掉4000件旗袍的极其励志的创业故事作为开头，然后从跌宕起伏的故事叙述自然过渡到抽象哲理的总结,让"只要有梦想,就一定有希望"的主题得到升华,有了情感的依托。

5. 制造悬念,激发兴趣

2012年12月8日,诺贝尔文学奖获得者、中国作家莫言在瑞典学院发表主题为"讲故事的人"的演讲,其是这样开头的:"通过电视或者网络,我想在座的各位,对遥远的高密东北乡,已经有了或多或少的了解。你们也许看到了我的九十岁的老父亲,看到了我的哥哥姐姐,我的妻子女儿和我的一岁零四个月的外孙女。但有一个我此刻最想念的人,我的母亲,你们永远无法看到了。我获奖后,很多人分享了我的光荣,但我的母亲却无法分享了。"一下吸引观众的注意,也让听众心生疑惑。

四、主体环环相扣,层层深入

这一部分是讲话稿的主体。文稿内容较多时,最好分项说明,行文中要处理好层次、节奏和衔接的问题,使层次分明,节奏适当,衔接自然,便于听众理解掌握。一般来说,一次讲话最好集中阐述一个中心,切忌事无巨细,面面俱到。

结构层次是演讲者思路展开的步骤,反映了讲话者对事物的认识过程。但讲话稿不同于文章,结构层次无法看出来,这就要求讲话者在讲述过程中,树立明显的有声语言标志,并适时诉诸听众的听觉,从而获得层次清晰的效果。演讲者在演讲中可以反复设问,并根据设问来阐述自己的观点,就能在结构上环环相扣,层层深入。此外,演讲稿可用过渡句,或用"首先""其次""然后"等语词来区别层次,也是使层次清晰的有效方法。

节奏,是指演讲内容在结构安排上的起伏变化。演讲稿结构的节奏,主要是通过演讲内容的变换来实现的。演讲内容的变换,体现在讲述过程中,适当地插入故事、幽默、诗文、轶事等内容,以便听众的注意力既保持高度集中,又可以得到适当放松,避免因疲劳而厌倦。总之,讲话稿的节奏既要鲜明,又要适度。

衔接是指把讲稿中的各个内容联结起来,使之浑然一体,完整统一。由于演讲需要适时地变换演讲内容,容易导致讲稿的结构松散。而衔接恰恰是对结构松紧、疏密的一种弥补,它使各个内容层次的变换更为巧妙和自然,使演讲稿富于整体感,有助于演讲主题的深入人心。

五、结尾简洁有力,余音绕梁

古人用"凤头""猪肚""豹尾"比喻文章的开头、主体和结尾。顾名思义,好的开头,像凤头那样美丽、精彩；主体，像猪肚子那样有充实、丰富的内容；结尾，像豹尾一样有力。言简意赅、余音绕梁的结尾能够使听众为之振奋，并不断思考回味；而松散拖沓、枯燥乏味的结尾则只能让人厌倦，难以让人印象深刻。那么，怎样才能给听众留下深刻的印象呢？美国作家约翰·沃尔夫说："演讲最好在听众兴趣到高潮时果断收束，未尽时戛然而止。"这或许是讲话稿最为有效的结尾方法。研究表明，当大脑皮层高度兴奋时，注意力和情绪都会达到最佳状态，如果在这种状态中突然收束，那么保留在听众大脑中的最后印象就特别深刻。

讲话稿的结尾，还要能够总结全文，再次点明演讲的主旨，起到"收口""收束全篇"的作用。为了使听众对全部讲话内容有清晰、完整、深刻的印象，在讲话的结尾一般要把主要的内容加以概括，做个简要的小结。结尾的具体形式则灵活多样，既可以风趣幽默作结，也可以哲理式语言作结，或提出建议、希望，发出号召等。

【作品评析】

推荐阅读：《后浪》《看见》。

这是 2020 年 5、6 月份，B 站和快手平台推出的两个红极一时的宣传片的演说词，文案都很精彩，用词、句式丰富多样，配合嘉宾慷慨激昂的语气，向观众展现了一个个鲜活的生命、不屈的灵魂。或许每一位个体拥有迥然不同的人生，但每个生命背后所体现的积极向上的态度、追求幸福的努力以及所有热爱生活、向往美好的人，都应该被认同、都值得被赞美的理念引起大家的共鸣。

【思考练习】

1. 请每位同学推荐一个自己看过的精彩演讲？并列出 3 条推荐理由。
2. 假如你要为大学生活做个总结，你打算从哪几个方面展开？
3. 请从以下选题中任选一个，准备一个 3—5 分钟的即兴演讲。
   A. 消逝的青春　　B. 我最喜欢的人　　C. 心中的顽石
   D. 性格真的决定命运吗？　　E. 关于旷课　　F. 成长的代价
4. 自己设定岗位，如班长、文艺委员或体育委员等，为自己准备一个 3 分钟左右的简短演说稿。

【拓展延伸】

1. 选择 5 篇时常为 5 分钟以内的年终演说，试比较分析演讲词的结构特点。
2. "演讲的核心是'以讲为主，以演为辅'，它考察的不仅仅是外在的表达能力，更是一个人的思想深度和思维逻辑。"谈谈你对这句话的理解。

3. 有人说"好的演讲家需要丰富的肢体语言",弗洛伊德认为"手指尖会说话"。结合辩论节目《奇葩说》,说说肢体语言在演讲中的作用。

4. 请以学长的身份,为新生开学典礼准备一份讲话稿,800字左右。

5. 2020年"五四"青年节,《后浪》刷屏,也引起了巨大的争议,大多数网友都持讽刺的态度。许多人认为这个短视频说的是一小部分青年,但是太多生活中真实的"后浪"却从来没有得到鼓励,在视频中可以明显看到,许多人体验高空跳伞、出国旅游,甚至一些年轻人的背景全部都是在国外拍的,要知道直到今天仍然有超过90%的人没有出过国。关于《后浪》和《看见》谁更成功的话题也火热一时,请对比观看这两个短视频,然后谈谈你的看法。

【推荐阅读】

[1] 姬瑞环:《讲话稿写作方法与技巧》,中国人事出版社2009年版。

[2] 卡耐基:《魅力口才与演讲的艺术》,中国华侨出版社2011年版。

[3] 李赟:《领导干部值得一读的实用讲话稿写作规范与例文》,中国纺织出版社2012年版。

[4] 彼得·迈尔斯、尚恩·尼克斯著:《高效演讲:斯坦福最受欢迎的沟通课》,马林梅译,吉林出版集团有限责任公司2013年版。

【咬文嚼字】

这是一篇学生习作,为参加演讲比赛所写的初稿,有些地方不够恰当,请修改。

等爱回家

尊敬的各位评委老师,各位观众,大家好。

我是来自××学院的×××。今天我演讲的题目是《等爱回家》。

"世上只有妈妈好,有妈的孩子像个宝。"小时候,每当想起爸爸妈妈时,我就会唱起这首儿歌,唱给自己听,也唱给远方的爸妈听,希望他们能够寻着我的声音踏上回家的路。

在我7岁时,他们就去了遥远的北京打工,将我留给了爷爷奶奶抚养。也许小孩子是健忘的,在爸妈刚走的那个月,我还总会向爷爷奶奶哭着喊着要爸爸妈妈。但半年过后,当别人再问我想不想他们时,我会盯着地面沉默了一会儿后,说了句:"不想,总看不见就不想了。"不想,不想,我就真的不想了吗?那为什么他们总会出现在我的梦里呢？为什么小时候我的图画本里画的都是他们？又为什么每当开家长会，看着同学们身边都坐着爸爸妈妈，而我的身边却只有爷爷时，心里总感觉一阵发空、发酸呢？

13岁那年，我半夜里发起了高烧，但又不忍心吵醒爷爷奶奶，只能自己抱着被子熬到了天亮。整个晚上我的脑子全都是爸爸妈妈。想象着如果他们在我身边该会是怎样，也许爸爸会骂我几句："让你不多穿点衣服，生病难受的还是自己吧。"妈妈肯定会将我搂在怀里，边哄我吃药，边对爸爸说："孩子都生病了，你就不能少说几句。"想着想着枕头不知在什么时候已经湿了。第二天输液时，我埋在奶奶的怀里，哭得像一个不懂事的小孩。爸妈，我哭，不是因为我在耍小性子，也不是因为我害怕疼，仅仅只因为我想自己能够像旁边的那个小孩一样睡在妈妈的怀里，仅仅只因为我想自己能够像同龄的孩子一样跟妈妈撒一次娇，哪怕仅仅只是在生病的时候。爸爸妈妈，我想你们了，你们知道吗？

一直以来车站是我最喜欢也是最害怕的地方。每次我都是在这儿期盼着他们的归来，而每次也都是在这儿，我又看着那份爱随着列车渐渐地远去。对我来说离别是沉默的。没有唠叨，只有一沓钱，一句话："你要好好学习。"没有泪水，因为我根本就不敢哭，我怕我一哭，你们会更伤心，我怕我一哭，就再也停不下来了。爸妈，我能感受到你们的牵挂和无奈，我一定会照顾好爷爷奶奶和这个家。

如今我已渐渐地长大了，我才知道原来曾经的我还有另外一个名字，叫做"留守儿童"，一个同属于5800万儿童的名字。如果我们问普通的小孩"你的梦想是什么？"他们也许会说我想当医生，我想当是科学家。但如果问留守儿童"你的梦想是什么。"他们却会说："我想去北京，我想去深圳。"因为爸妈就在那儿。我在想，如果我的眼睛会说话，爸爸妈妈，你们是会听到什么？如果这5800万留守儿童的眼睛会说话，我们这个社会又会听到了什么？是对渴望一次又一次变为幻想的失望，是对父母拥有各种难处而无法实现梦想的无奈，还是那永远不变的一家团聚的梦想。

童年是人生最宝贵的回忆，而留守儿童却要伴随着缺憾成长。没有哪一位父母愿意抛家弃子，背井离乡，也没有哪一位远在他乡的父母不思念着自己的孩子。但城乡之间的贫富差距又使他们不得不选择，这条充满着泪水的"奈何路"。户籍制度像一个鸿沟般，阻断了孩子们的进城梦。学校对留守儿童关爱的淡薄，使孩子们一再被刻意掩盖的童真又走向了一个更加孤僻、敏感的方向。

面对着这些泪水和无奈，我们应该行动起来。我梦想着有一天，国家会出台一项专门保护留守儿童的法案；我梦想着有一天，留守儿童在社会大家园中不会再感到孤单；我梦想着有一天，每个家庭都不再残缺。让我们等爱回家！

谢谢大家！

第五节 信函

【内容概述】

在信息时代媒介高度发达的今天，人们越来越感觉书信似乎在逐渐远离我们的生活，实际上仔细想想，只是传统的书信写作和寄送方式发生了很大的变化，各种信函本身并没有消失，它仍然发挥着自身不可替代的作用。如我们所熟悉的求职信、感谢信、证明信、邀请函等，依然活跃在我们周围，扮演着各自作为信息沟通交流使者的角色。

【基本概念】

信函是指以套封形式按照名址递送给特定个人或单位的缄封的信息载体，不包括书籍、报纸、期刊等。而信和函在本质上有着不同的定位，各自所包含的类型不同，写法也有区别。

【信的类型特点及写作格式】

信，亦称书信，有一般书信和专用书信两种：

一般书信主要是指人们在学习、工作、生活以及社会交往中所用的普通信件，如家信、网络信件等。

专用书信则是在特定场合使用的具有专门用途的书信。常见的有介绍信、贺信、证明信、求职信、慰问信、咨询信、推荐信、投诉信、感谢信，等等。

一、一般书信

一般书信通常是由信封、信笺两部分组成。在互联网出现之前，这种书信很常用，一般写完后装进信封，通过邮局寄送的方式送达收信人。家人、朋友、同学等相熟或不相熟悉的人之间，均可通过这种方式完成信息沟通和情感的交流，当然前提是你必须要能清楚准确地在信封上写出对方的地址，否则很难顺利到达对方手中。

一般书信写作主要包括两部分：信封和信笺。

1. 信封

信封的格式相对固定，一般包括这几个方面：邮编、贴邮票处、收信人的地址和姓名、发信人的地址及邮编。特别提示：关于信封上的收信人姓名这一项，写清姓名即可，不要求写出寄信人对收信人的称呼,最好不要写成这样"刘畅叔叔(收)",因为信件是由邮政工作人员发送的,要称呼的话在信笺称呼处写明即可。

2. 信笺

书信历史悠久,其格式也几经变化。如今,按通行的习惯,书信格式主要包括5个部分:称呼、问候、正文、结尾、署名和日期。

(1) 称呼

称呼是对收信人的称呼,在信纸第一行顶格写起,后加冒号,独占一行。称呼和署名要对应,明确自己和收信人的关系。称呼可用姓名、称谓,如刘洋、小刘、刘洋叔叔等,姓名前还可加修饰语或直接用修饰语作称呼,如尊敬的王老师、敬爱的爷爷奶奶等。因写信人和收信人关系亲疏不同,尊卑有别,称呼也应视具体情况来定,一般是平时口头怎么称呼,书面上就怎么写。

(2) 问候

第二行空两格写问候语,长者多问候身体,其他人则问候学习、工作、节日等。一般运用礼貌语言,使对方感到亲切、安慰和被尊敬。如"您好!""你们好!""近好!""福体近安!"等。

(3) 正文

信的主体部分。一般写法分为三个步骤:首先向对方表示问候和想念,使对方感到亲切、温暖;如果之前收到过对方的来信,则可以简述上次收信的时间,没有及时回复的原因等。其次,另起一段,围绕写信的目的展开,讲述自己想要说的话。如果要说的事情较多,则重要的事情先说,次要的事情放在后面,注意条理要清晰。最后,临近结束,可以说一些自己生活的近况,生活中的趣事,也可以表达自己希望彼此多多联系,加强感情一类的话语。

(4) 结尾

结尾部分的写法一般有两种:正文写完后,另起一行空两格或四格写此致,转一行顶格或空两格写敬礼;或者不写此致敬礼,而是另起一行,空两格写一些祝福的话,例如祝您身体健康,生活愉快,工作顺利,等等。

(5) 署名和日期

信写完后,在右下方写上自己的姓名和写信的具体时间,姓名在上,日期时间在姓名下一行。署名多种多样,可以根据写信人与收信人之间的关系来定,一般同学、朋友,可以写姓名或只写名字;关系较亲近的,也可以写昵称、爱称、绰号等,或者之前加上修饰语;亲属之间可以写上亲属称谓。对长者或尊者,在署名之后,有时还要加上恭呈、谨上等,以示尊敬。不管使用哪种署名方式,都要和信首的称谓相吻合。

二、求职信

求职信是求职者向有关企事业单位，介绍自己的基本情况，提出供职请求，并要求对方考虑、答复的文书。

1．求职信的内容

（1）概括介绍自己的基本情况，不必像流水账一样面面俱到，选择要点简要介绍。

（2）表明自己的求职意向，要尽量明确，有针对性。

（3）表达对用人单位的了解和希望被录用的愿望。

（4）介绍自己的实践经历，例如在哪些单位或部门实习或工作过，具体从事哪方面的工作，业绩如何，通过具体实践掌握了什么技能，具备了哪些能力。最好能结合求职单位的具体情况，落到实处，要有明确性和针对性。

（5）对用人单位表达问候。

2．求职信的格式及写法

（1）称呼

通常写给国有企事业单位时，称呼写单位名称或单位的人事部。如：中国传媒大学南广学院人事处、南京市江宁区国资委等。信写给民营、私营或合资独资企业时，称呼一般写公司老板或人事部负责人个人姓名。称呼个人时一般用尊称，知道对方具体职称或职务的，一般也要在姓名后附上。例如：尊敬的领导、尊敬的李经理等。

（2）正文内容

首先，要侧重说明你能为招聘单位做些什么事，你在个人能力、专业或经验方面有什么优势。一般要说清楚，你求职不只是考虑在经济上有大的改善，你更注重的是这个职位或这家企业或单位更适合你发挥个人的才能，为企业的发展作出贡献。

其次，介绍个人的基本情况，如学历、年龄、个人简历、健康状况，或写自己成长的家庭、学校背景等；或附上有关业绩材料。

最后，写上对该单位的祝语，表达希望能被录用的愿望等。

（3）结尾及落款

这两项与一般书信无异，可以按照上文一般书信的写法来写。有些学者认为在求职信结尾处应写上求职者的地址、电话等通联信息，我们认为这些信息在求职简历中都已明确给出，求职信中也可以不写。

当然，求职信的写法也不是固定不变的，求职者可以根据具体情况，灵活运用。

3．求职信写作的注意事项

求职信与一般书信不同，它带有很强的针对性、自荐性和求实性，因此在写作时，需注意以下几点：

（1）要表现出对岗位的兴趣，重点介绍自己与该工作有关的长处和优点。应届毕业可透过介绍在课外活动、暑期工、义工等方面所取得的经验，来凸显你的优点和长处。

（2）态度要自信、诚恳，措辞得当，既尊重对方，礼貌而又不卑不亢。

（3）介绍自己的基本情况，要符合实际，切忌使用浮夸的字眼去形容你的专长。

（4）语言要简洁、集中，文面要整洁，切忌错别字。字数最好不要超过一页。

【范文精选】

范文一　求职信

尊敬的领导：

您好！

感谢您在百忙之中批阅我的简历。

我是×××大学×××专业的一名学生，即将面临毕业。

四年来，在师友的严格教益及个人的努力下，我具备了扎实的专业基础知识，系统地掌握了人力资源六大模块等有关理论；熟悉涉外工作常用礼仪；具备较好的英语听说读写译等能力，能熟练操作计算机办公软件。同时，我利用课余时间广泛地涉猎了大量书籍，不但充实了自己，而且培养了自己多方面的技能。

此外，我还积极地参加各种社会活动，抓住每一个机会，锻炼自己。大学四年，我深深地感受到，与优秀学生共事，使我在竞争中获益；向实际困难挑战，让我在挫折中成长。我热爱贵单位所从事的事业，殷切地期望能够在您的领导下，为这一光荣的事业添砖加瓦，并且在实践中不断学习进步。

收笔之际，郑重地提一个小小的要求：无论您是否选择我，尊敬的领导，希望您能够接受我诚恳的谢意！

祝贵单位事业蒸蒸日上！

×××
2019 年 7 月 8 日

【范文评析】

这是一份大学应届毕业生的求职信。正文首先礼貌地表达感谢，随后开始介绍自己的基本情况，最后提出要求。全文语言简洁，显示出了自己的自信，态度恳切，礼貌而又不卑不亢。

范文二　求　职　信

×× 公司董事长：

　　您好！

　　贵公司是一所闻名遐迩的中外合资企业，董事长知人善用，不知有否空缺？我是××××学院人文系商务秘书专业即将毕业的学生，渴望加盟贵公司，为贵公司服务。

　　在校学习期间，我注重思想品德的修养，严格要求自己，积极参加社会实践活动，努力提高思想政治水平。学习成绩优秀，两次获得优秀学生奖学金。在校期间，我系统地学习了秘书学、应用写作、管理学、公共关系学和经贸基础等20多门专业课程，熟习应用写作和公文处理知识，曾获本校征文比赛一等奖。我还熟练地掌握了中英文打字和电脑操作技术，拥有国家秘书职业资格四级证书，能适应现代化办公的需要。

　　我性格开朗，热情诚实，通晓普通话、粤语，会听懂一些潮州话、客家话，日常英语的听力和口语也较好。在校期间历任班长、学生会宣传部长，工作积极肯干，涉猎广泛，也曾利用假期做过社会调查和社会兼职工作，积累了一些实践经验。我的爱好广泛，特别喜欢文娱、体育活动，课余时间多次参加文艺演出，曾获本校第二届"卡拉OK"歌唱大赛第二名，还多次代表班级参加篮球比赛。

　　我对福利、待遇没有过高要求，按国家及贵公司规定办理即可。若能录用，即可上班。敬请函告或电话约见。我期盼佳音。

　　即颂

大安！

　　附件：

1. 本人简历及近照一张
2. 毕业证书复印件
3. 外语过级合格证书复印件
4. 国家秘书职业资格四级证书复印件
5. 办公自动化考试合格证书复印件

通信地址、电话、邮政编码（略）

××× 敬上
×××× 年 × 月 × 日

【范文评析】

　　这封求职信语言得体，内容丰富，积极主动，礼貌有加。称呼是针对个人，后有问候，随后表达自己的意愿。接着详细介绍了自己在校的学习及获奖情况，自己的能力及特长。结尾部分谦虚有礼，态度诚恳。尤其是最后还附上自己的详细资料，可以供对方做进一步了解，准备充分，考虑周全。这些对初出校门的应届毕业生来说，可以称得上是上佳之选。

范文三　致米兰大公书

显贵的大公阁下：

　　我对那些冒充作战器械发明家的人所进行的试验作了观察和思考，发现他们发明的东西与平常使用的并无两样，故此斗胆求见阁下，以便面陈机密，但对他人不抱任何成见。

　　一、我能建造轻便、坚固、搬运便利的桥梁。可用来追逐和击败敌军；也能建造坚固的桥梁，用以抵御敌军的炮火和进攻，这种桥梁装卸非常方便，我也能焚毁、破坏敌军的桥梁。

　　二、在围攻城池之际，我能从战壕中切断水源，还能制造浮桥、云梯和其他类似设备。

　　三、一个地势太高，或坚不可摧，因而无法用炮火轰击的据点，只要它的地基不是用石头筑的，我能摧毁它的每一个碉堡。

　　四、我还能制造一种既轻便又易于搬运的大炮，可用来投小石块，犹似下冰雹一般，其中喷出的烟雾会使敌军惊惶失措，因而遭受沉重损失，并造成巨大混乱。

　　五、我能在任何指定地点挖掘地道，无论是直的或弯的，不出半点声响，必要时可以在战壕和河流下面挖。

　　六、我能制造装有大炮的铁甲车，可用来冲破敌军最密集的队伍，从而打开一条向敌军步兵进攻的安全通道。

　　七、在必要情况下，我能建造既美观又实用的大炮、迫击炮和其他轻便军械，不同于通常所使用者。

　　八、不能使用大炮时，我能代之以弹弓、投石机、陷阱和其他效果显著的器械，不同于通常所用者——总之，必要时我能提供不胜枚举的进攻和防御器械。

　　九、倘若在海上作战，我能建造多种极其适宜于进攻和防守的器械，也能制造可以抵御最重型火炮炮火的兵船以及各种火药和武器。

　　十、在太平年代，我能营造公共建筑和民用房屋，还能疏导水源，自信技术绝不次于他人，而且保君满意。

　　此外，我还善于用大理石、黄铜或陶土雕塑；在绘画方面，我也绝不逊色于当今任何一位画家。

我还愿意应承雕塑铜马的任务,它将为您已故的父亲和声名显赫的斯福乐尔扎家族增添不朽的光彩和永恒的荣誉。

如果有人认为上述任何一项办不到或不切实际的话,我愿随时在阁下花园里或您指定的其他任何地点实地试验。谨此无限谦恭之忱,向阁下问安。

达·芬奇
×年×月×日

【范文评析】

米兰大公收到达·芬奇的这封信后不久,就召见了达·芬奇。在短暂的面试后,正式聘用达·芬奇为军事工程师,而且待遇十分优厚。达·芬奇这封短短的求职信为何能够产生这样好的效果?他的求职信有以下几个优点:首先,了解对方的需要,目标明确,详略得当、针对性强。米兰大公当时的处境可谓强敌环伺,他要击败意大利的敌对城邦和消除来自北欧和西亚的威胁,就不得不大力发展军事制造业,因此急需这方面的人才。达·芬奇深切地了解他的需要,于是有针对性地设计了求职信。达·芬奇是个多才多艺的人,在绘画、歌唱、医学、哲学和其他领域都拥有卓越的才能,但在这封求职信中,他只详细描述了自己在军事工程方面的技能。而对自己的其他能力,则一笔带过。其次,语气充满自信。在求职信中,达·芬奇连续使用了多个"我能",一项一项,有条不紊地列举自己军事工程方面的才能,语气坚定,这份自信当然来自对自己实力的清醒认识,而且显然也感染了见多识广的大公,既激起了他的求贤若渴之意,也引发了他的好奇之心。大公很可能会这样想:此人既然敢口出豪言,想来有些真才实学,给他个面试机会又何妨?

范文四 求职信

尊敬的新东方老师:

您好!

我是××大学应届毕业生××,我来自安徽省××县的一个农村,父母都是下岗工人,但他们凭借辛勤劳动,让我们这个三口之家的生活得以维持,虽然有些清贫,但有一种自食其力的快乐。为了让家里的生活更好一些,2003年,父亲改行从商,然而,天有不测风云,2006年(正值我高三),父亲从商受挫,欠下几十万元债务,我因此险些辍学,在亲人的资助下我顺利地读完了大学。这样的经历让我从小就懂得生活的艰辛,懂得如何为理想而奋斗。

由于高考的失误,我进入了一所艺术类二级院校,入校后发现,即便我高考发挥失常，我的成绩仍然比我周围的同学高出 100 多分。另外，我所在的学校几乎没有学习氛围可言，大家每天做的就是穿衣打扮，每天想的是怎么玩更有意思，没有人邀你一起去自习室、图书馆，没有人在一起谈论理想、畅想未来，在这样的环境中，我一度陷入彷徨，我曾反复问自己：难道这就是大学，这就是我所追求的大学生活么？我无法改变这样的大学环境，但我可以改变我自己，虽然没有进入一流大学，但是我可以用一流大学的标准来要求自己，可以像一流大学的学生那样奋斗。每天早晨，无论春夏秋冬，无论刮风下雨，我都准时六点起床读英语，每天晚上去自习室学习到十点。通常，自习室只有我一个人，但我却一点都不孤独，因为在自习室结束一天的学习生活让我感觉无比充实。这样的生活一过就是四年，虽然有些枯燥，但却是有价值的。当我一次性通过英语四六级时，我知道我的付出是值得的；当我复习 TOEFL 时，身边的同学还在为四级担心，我知道我的努力是值得的；当我背 GRE 时，身边的同学依然挣扎四级，我知道我的坚持是正确的。

2007 年的暑假，一个很偶然的机会，我结缘了北京新东方，在中国矿业大学住宿班学习英语，我被老师的激情打动，被他们的经历感动，被和我一样的有着梦想的年轻人激励，从此，我决定每个寒暑假都要来北京新东方学习英语。大学期间，我在新东方共接受了五次培训，英语水平得到了全面的提高，同时被新东方精神和新东方文化感染，深深地爱上了新东方，所以，当我因为经济原因放弃出国时，决定加入新东方，献出我的绵薄之力，去帮助更多的人圆出国之梦。

××
×年×月×日

【范文评析】

这是一位应届毕业生的求职信，该生所学的专业是电视编导，但却在毕业时成功且顺利地成为北京新东方的英语老师，她应聘的职位是托福的阅读老师，但这封求职信并没有按照一般求职信的写法来写，而是整篇都在谈个人生活的艰辛，学习氛围的不够浓厚，但这些也恰恰突出和强调了求职者个人的坚持、耐力，目标的明确，能吃苦的精神。这在某种程度上打动了招聘方，也和招聘单位在某些层面实现了共通。求职信的写作目标明确，就是为了进一步向招聘单位推荐介绍自己，实现应聘成功的目的。但具体写法是灵活多变的，能成功获得应聘单位的赏识，吸引对方，打动对方，就是一封成功的求职信。

三、感谢信

感谢信是机关、团体、单位或个人在获得有关方面和人员的关心、支持、帮助、慰问、馈赠后，向对方表示感谢的事务书信。感谢信在公务活动及日常生活中有较广泛的使用。

1．感谢信的类型

感谢信据内容的不同可分为两类：

一类是普发性感谢信，即对与本单位有过交往的众多单位表示谢意，内容要求概括些，使之适合所有的感谢对象；另一类是专用感谢信，专为某事向某单位或个人表示感谢，内容应写得具体些，使之适合个别感谢对象。

2．感谢信的写法

一般所说的感谢信多为专用感谢信，格式和写法如下：

（1）标题

可直接以文种"感谢信"为标题；也可以由受文单位和文种组成标题，如"致××××学院的感谢信"；还可由发文单位、受文单位及文种组成，如"中共中央致各民主党派中央、全国工商联的感谢信"。

（2）称呼

在标题下一行顶格写所感谢的单位名称或个人姓名。个人姓名后可写"同志""先生""小姐"等相应的尊称，称谓后加冒号。

（3）正文

一般写以下两个方面内容：一是简述感谢的原因，对方的事迹，说明效果。应交代清楚人物、事件、时间、地点、原因和结果，并简要叙述在对方帮助下所产生的客观影响和社会效果。二是颂扬品德，表示感谢。同时，表示向对方学习的态度和决心。颂扬的适度是写好感谢信的难点。如果是感谢单位或新闻单位，还可以写上建议对方单位给予表扬的建议。

（4）敬语

写上"此致""敬礼""表示衷心的感谢""致以最诚挚的谢意"一类敬语。

（5）落款

在感谢信的右下方署名，单位名称或个人姓名；署名下一行写上发信的具体日期。

【范文精选】

范文一　感谢信

××公路局：

我院秘书系×××等四名学员，前不久在贵局毕业实习两个多月，得到了贵局领导和办公室人员政治上的热情关怀，业务上的耐心指导，生活上的悉心照顾。同学们实习的时间虽然不长，却取得了很好的成绩，达到了预期的实习目的。

贵局领导和工作人员热心支持教育事业的精神使我们深受感动，为此，特向贵局表示衷心的感谢！并决心以你们为学习榜样，忠诚党的教育事业，为党和国家培养更多优秀的人才。

此致

敬礼！

××××学院
×年×月×日

【范文评析】

这篇感谢信，篇幅不长，但内容齐备，格式规范。正文概述了事由、对方的事迹，说明了我方的收获，表达了我方的感激、感谢之情，对对方的品德做出了适当的评价颂扬，最后，表示了向对方学习的态度和决心。

范文二　给所有合作伙伴们的一封感谢信

尊敬的各位合作伙伴：

一年一度的"双11"全球狂欢节再次落下帷幕。

在刚刚过去的24小时里，阿里巴巴创造了912.17亿元交易额的崭新纪录。这份成绩单离不开合作伙伴的努力，我们由衷感谢你们对阿里的支持，是我们共同支撑起这场全球消费者和商家的饕餮盛宴。

积石成山，非斯须之作。为了让消费者在11·11井喷式压力增长下，获得更好的购物体验，几个月前阿里技术保障部就在基础架构的系统稳定、性能提升方面投入重兵，不断夯实技术基础，力保万无一失。

"双11"备战期间，各方合作伙伴始终与阿里技术保障部肩并肩背靠背，齐心协力，共保运营。全球数亿用户的流畅购物体验，是对各方合作伙伴与阿里技术保障部最好的肯定与褒奖。

回首16年，我们一同见证了电子商务的飞速发展，共同推动了中国互联网的高速变革。阿里人始终坚守"让天下没有难做的生意"的使命，愿与各方合作伙伴携手"服务全球20亿消费者"，一起开拓崭新的未来！

感谢有你，"双11"更精彩！

阿里巴巴集团首席风险官 刘振飞
阿里巴巴技术保障部事业部总经理 周明
2015年11月11日

【范文评析】

　　这封感谢信是两位阿里巴巴的高管在"双11"活动结束的当天写就的,面对创纪录的交易额,他们的激动心情溢于言表,当然这样的成绩背后是各方携手合作的结果。感谢信内容条理清楚,语言简洁流畅,自然得体,是一篇不错的感谢信范文。

【病文例析】

感谢信

尊敬的宜川县人民医院理疗科全体人员:

　　您们好!我是李文浩,我在理疗科15天后的效果非常明显,作为患者,我首先在这里对你表示感谢,感谢你在这15天里对我的精心照料和无微不至的关怀。

　　由于得到贵医院理疗科袁军宏医生用心的治疗和精心照顾,他每天在查房时都要信息询问有什么不适、检查身体康复情况,教我以后怎样做功能恢复等,我的身体逐渐好转,是的我顺利恢复在七月十八日出院,在我院前袁军宏医生分别再三叮嘱我注意休息,适量的锻炼。我很感动并感谢他!不仅治愈了我的病,还温暖了我的心,我的感激之情无以言表。

　　为了表达我的感激之情谨以此信,向医院领导反应他:请你们弘扬他的精神,并请你们理疗科袁军宏和张丹丹转达我的谢意,此时,也感谢医院同时培养了优秀的医务人员。从他们身上充分体现了宜川县人民医院医护人员的良好的医风医德。

　　在此,我在此感谢理疗科全体医务人员。同时祝医院蒸蒸日上越办越好。为更多的人代去希望:祝愿和我一样在医院的病友们早日康复!

患者:李文浩
二〇一五七月二十一日

【病文评析】

　　这是一位患者为了感谢为他治疗的医生及医院所写的,从信中我们能感受到医生们尽心尽力地救治患者,因此患者的感激之情真实且强烈。但这封感谢信最大的不足是文句的问题,称呼语不统一,表述对象不够清晰,多处语句表达不够准确,存在语病,需要学习者引以为戒。

【函的类型特点及写作要求】

　　函适用于不相隶属机关之间相互商洽工作、询问和答复问题,向有关主管部门请求批准、答复审批事项等。函是公文中唯一的平行文,有时它也可用于有隶属关系的上下级机关之间。比如上级机关向下级机关询问有关情况、催办有关事宜，或要求下级机关呈报有关报表或材料时，用别的文体不太合适，这时可以用函，但下级的答复最好用报告。

一、函的类型

函的使用范围广、频率高，且灵活性强。按照不同的分类标准，可以把函分为多种类型。

1. 按照文面规格

可以分为公函和便函。公函是正式的公文，涉及的事项一般比较重要，撰写制作比较慎重，发文时严格采用正式公文格式。便函不属于正式公文，格式比较灵活、自由、简便，可以没有文件头、发文字号，甚至可以没有标题。落款处一般要有机关署名、日期和公章。

2. 按照行文方向

可以分为发函和复函。主动制发的函为发函，也称来函或去函；回复对方来函的函称为复函。

3. 按照内容和目的

可以分为商洽函、询问函、答复函、请批函、告知函、邀请函等。

（1）商洽函：机关或部门间用于商洽工作的函。

（2）询问函：询问有关问题或事项的函，一般是政策性的、问方不清楚或难以解答的问题。上下级之间或平级之间均可使用。

（3）答复函：答复对方来函所询问或请求事项的函。上级机关对下级机关请示的一般性问题，也可用函答复。

（4）请批函：就某事项请求无隶属关系的主管部门同意或批准的函，与请示的性质不同。

（5）告知函：平级机关或不相隶属单位之间互相告知有关事项的函，不是告知对方非办理不可的事项，与通知的作用不同。

（6）邀请函：是指活动的主办方（单位、团体或个人）邀请有关人员（亲朋好友、知名人士或专家等）参加某项活动时所发出的请约性的书面函件。

二、函的格式特点

1. 标题

函的标题通常由发文机关、事由和文种构成，如《国务院办公厅关于羊毛产销和质量等问题的函》；有时可省略发文机关，如《关于请求解决我县枯水期用电指标的函》。如果是回复问题的函，则在"函"字前加"复"字。如《国务院办公厅关于安徽合肥经济技术开发区的复函》。公函一般要有正规的发文字号，写法与一般公文相同，由机关代字、年号、顺序号组成，如"国办函〔2000〕××号"。

2. 主送机关

收函的机关名称，一个或多个。

3. 正文

正文一般包括三部分：缘由、事项、结语。

（1）缘由

主要交代发函的依据、背景、目的等。如果是复函，要先引用来函的标题、发文字号，如"你（贵）处于×年×月×日来函（电）已悉"或"（贵处）〔××年〕××号来函收悉"等，然后再说明缘由。最后用过渡语转入事项部分。

（2）事项

事项是函的主体部分，要具体说明发函要办理的事务，商洽、询问、请批、回答、批准等具体内容；如果是复函，要针对发函的内容给予确切答复，表明态度，说明理由，或提出具体的处理办法，切忌发表无针对性的空泛议论。

（3）结语

结语要根据发函、复函等不同情况，选用不同的结语。发函，常用"特此函商""特此函告""特此函询""请即复函""请函复""可否，请函复""特此申请""为盼""为荷"等专用语结束。回函常用"特此复函""特此函复"或"此复"结束。

4. 落款

一般包括署名和日期，署名机关单位名称，写明成文时间，年、月、日，并加盖公章。

三、写作注意事项

1. 格式正确

函是正式公文，虽然使用广泛，行文格式仍要注意正确规范，不可过于随意，也不可把函与其他文体混淆。

2. 一函一事

函的内容要集中、单纯，便于处理，不可一函数事。

3. 简洁明了

不管是哪种类型的函，语言一般都很简洁明确，开门见山，直截了当。

4. 语气谦和

函多用于平行机关或不相隶属机关，用语要平实得体，讲究分寸和礼节，态度要谦和诚恳，体现平等和沟通的特点，不能使用告诫、命令性语句，也不必曲意逢迎，客套恭维。

【范文精选】

范文一　省教育厅办公室关于全面排查职业院校使用 APP 情况的函

苏教办职函〔2019〕1 号

各市教育局、各高等职业院校：

根据教育部职成司《关于全面排查职业院校使用 APP 情况的紧急通知》（教职成司函〔2019〕1 号）精神，请各地、各校迅速组织对职业院校师生在校园管理、学生管理、教学教材、实习实训、生活服务等领域使用的 APP 进行全面排查，一旦发现违规情况，要立即妥善处置。请各市于 2019 年 1 月 29 日前，将排查情况、处置情况和有关举措函报我厅职教处，电子版发指定邮箱；高等职业院校自查情况函报我厅高教处。

联系人：省教育厅职教处彭召波，电话：025-83335667，邮箱：pengzhb@ec.js.edu.cn；

省教育厅高教处徐冰，电话：025-83335559，邮箱：jsgaozhi@126.com。

附件：关于全面排查职业院校使用 APP 情况的紧急通知 .pdf

省教育厅办公室
2019 年 1 月 23 日

【范文评析】

这是一则商洽函，由江苏省教育厅发出，商议全面排查职业院校使用 App 情况的事宜。标题由发文机关、事由和文种构成，主送机关是各市教育局、各高等职业院校，正文交代发函缘由，阐明具体事项及要求，并有附件供查阅。最后是落款和发文日期。

范文二　工业和信息化部办公厅 应急管理部办公厅关于同意西安高新区创建国家安全产业示范园区的复函

工信厅联安全函〔2019〕163 号

陕西省工业和信息化厅、陕西省应急管理厅：

《陕西省工业和信息化厅关于西安高新技术产业开发区创建国家安全产业示范园区的请示》（陕工信字〔2017〕78 号）收悉。按照《国家安全产业示范园区创建指南（试行）》（工信部联安全函〔2018〕213 号）规定的评审程序和评价标准，经评审和公示，同意西安高新区为"国家安全产业示范园区创建单位"。有关事项函告如下：

一、国家安全产业示范园区创建工作要以习近平新时代中国特色社会主义思想为指导，按照《关于加快安全产业发展的指导意见》（工信部联安全〔2018〕111号）确定的产业发展方向和任务要求，进一步优化发展规划、聚焦发展方向、突出园区特色、提升建设标准、强化试点示范，引领西部地区安全产业发展。

二、陕西省工业和信息化厅、应急管理厅等单位要强化政策引导，在产业规划布局、重大专项、技术改造、公共服务平台、示范工程、产业基金等方面，集中资源予以重点支持，并及时总结经验，加强宣传推广。

三、按照《国家安全产业示范园区创建指南（试行）》要求，工业和信息化部、应急管理部将对示范园区创建工作开展评估，实施"有进有出"的动态管理。

特此函复。

工业和信息化部办公厅 应急管理部办公厅
2019年7月20日

【范文评析】

这则函的标题已表明是复函，标题下方有发文字号，是工信部和应急管理部办公厅的正式公函，正文引用了陕西省工信厅的来函标题和发文字号，事项按照条款式有针对性地答复了来函，首先表明态度，并提出了具体的要求和希望。最后是落款和日期。

范文三　关于请求解决我县枯水期用电指标的函

×府〔2005〕××号

××市供电局：

1995年以来，我县利用本地水利资源发展小水电，每年丰水期输入国家大电网的电量达3000万—6000万度，每度电价0.50元。而枯水期我县则严重缺电，以每度电价0.45元购进1500万度电，仍然不能保证城镇居民生活用电。几间水泥厂、糖厂或因缺电或因电价过高用不起电而停产。为此，我县请求从2000年起每年11月1日至次年3月31日的枯水期内，每天配给我县基数电10万度。

可否，请予函复。

××县人民政府
2000年×月×日

【范文评析】

这是一则请批函,格式和一般函的格式无异。

范文四 ××市卫生局便函

××市×人民医院:

你院×月××日来函收悉,所谈准备派人来我市人民医院学习用醋离子渗透法治疗骨质增生一事,经与该院联系,他们同意接收2—3人,时间可安排在9—10月份。关于该院使用的醋离子渗透机产地及性能,现寄上一份说明书,如需购买,可直接与厂家联系订购。

××市卫生局

××年×月××日

【范文评析】

以上前三篇都是正式的公函,而这一篇为便函,标题和内容都比较简单,有主送机关和落款。

【邀请函】

一、邀请函的概念

邀请函是指活动的主办方(单位、团体或个人)邀请有关人员(亲朋好友、知名人士或专家等)参加某项活动时所发出的请约性的书面函件。在国际交往以及日常的各种社交活动中,邀请函的使用都很广泛。如会议邀请函、辩论赛邀请函、宴会邀请函,等等。

请柬又称请帖,是单位或个人为邀请有关人员出席会议、典礼、活动而制发的一种礼仪性专门信函。与邀请函接近,但两者也有区别:

1. 邀请函的使用范围比请柬广泛

邀请函涉及国家元首互访、大小会议、庆典、报告等社交生活的各个方面,而请柬多用于喜庆之事、开业典礼、宴会等,而且多为个人使用。

2. 邀请函的内容通常比请柬复杂,信息容量更大

邀请函除了要像请柬一样写明活动的主题、主办方、主办时间、地点外,还包括介绍举行活动的背景、意义、有关要求和注意事项等,有更详细的邀请内容,因而一般采用书信体格式,通常是写在信纸上。请柬一般内容简单。

3. 邀请函的制作比请柬更朴实

在印制形式上，请柬用纸、用色非常讲究，并配有精美的图案装饰，制作精美；邀请函可以有艺术性的装饰，但大多是一张普通的礼仪信函。

二、格式特点

邀请函由标题、称呼、正文、落款几部分组成。

1. 标题

标题的写作有三种情况，单纯由文种构成，如"邀请函"；或者由活动名称加文种名组成，如"2015桐油行业市场分析及贸易洽谈会邀请函"；标题中还可包含个性化的活动主题标语，如"网聚财富主角阿里巴巴年终客户答谢会邀请函"，其中"网聚财富主角"可以体现举办方特有的企业文化特色，是活动的主题标语。

2. 称呼

在标题下的第二行，顶格写上被邀请人的姓名和称谓，一般用尊称，如："尊敬的×××先生/女士"或"尊敬的×××总经理（局长）"。被邀请者的姓名应写全，不应写绰号或别名。

3. 正文

一般包括前言、事项、结尾三部分内容。开头可向被邀请人简单问候，前言简要写明活动的缘由、目的、时间、地点，和对被邀请者的感谢、期盼之情的邀请语。然后用过渡语"现将有关事项通知如下"引入事项部分。事项部分则要详细说明活动的内容，分项列出有关要求或注意事项。大项可分小项，每项交代一件事情。结尾一般要写常用的邀请惯用语，如"敬请光临""欢迎光临""请届时出席"等。有些邀请函可以用"此致敬礼""顺至节日问候""顺祝健康"等敬语。

4. 署名和日期

邀请单位的全称写在最后一行的右下方，单位名称下一行写上邀请时间，即成文日期，然后盖章。

三、写作要求

邀请函既有一般函的写作格式，也有自己的写作特点。

（1）"邀请函"是文种名称，不可拆开。如"关于邀请×××出席×××活动的函"这种写法是不规范的。

（2）严格遵守邀请函的格式要求，邀请的事由、内容、时间、地点、联系方式、落款等是必不可少的信息,不能遗漏。

(3) 邀请事项要完整,邀请函尽量提前发送,使邀请对象有足够的时间准备、安排。

【范文精选】

范文一　邀请函

尊敬的×××教授:

　　我们学会决定于××年×月×日上午8:00在南京市×××宾馆举办民间文学理论报告会。恭请您就有关民间文学的现状与发展发表高见。务请拨冗出席。

　　顺祝

健康

×××省文学研究会

联系人:×××

联系电话:×××

××年×月×日

【范文评析】

　　这篇邀请函格式规范,内容简洁明确,用语恰当得体。

范文二　网聚财富主角阿里巴巴年终客户答谢会邀请函

尊敬的××先生/女士:

　　过往的一年,我们用心搭建平台,您是我们关注和支持的财富主角。

　　新年即将来临,我们倾情实现网商大家庭的快乐相聚。为了感谢您一年来对阿里巴巴的大力支持,我们特于2016年1月10日14:00在青岛丽晶大酒店一楼丽晶殿举办2015年度阿里巴巴客户答谢会,届时将有精彩的节目和丰厚的奖品等待着,期待您的光临!

　　让我们同叙友谊,共话未来,迎接来年更多的财富,更多的快乐!

阿里巴巴

2015年12月10日

【范文评析】

标题增加了主题标语，显得新颖活泼，不那么刻板；由于是商业合作伙伴，邀请函的开头是对过去一年的总结，结尾是对未来的展望，希望将来更好的合作；称呼使用尊称，称谓是统称；活动缘由、具体事项、时间、地点清楚明白，语言简洁。整个邀请函短小精练，首尾呼应，又都与标题呼应，结构紧凑。

【病文例析】

邀请函

刘飞先生：

　　经企业家协会理事会研究决定，拟于 2002 年 12 月 12 日至 19 日在广州市举行企业家协会 2002 年年会。有关事项通知如下：

　　一、年会的中心议题是：中国加入 WTO 后我省的经济发展的趋势及对策。若有论文或发言提纲，请打印 100 份后送来。

　　二、报到时间：2002 年 12 月 11 日

　　三、报到地点：广州市友谊宾馆一楼大厅。

　　四、接此通知后，请将回执撕下，寄回大会秘书组。如五天内不见寄回，即视为不出席会议，不再安排食宿。

某省企业家协会理事会
2002 年 11 月 20 日

　　这篇邀请函存在多处毛病，主要表现在以下几点：第一，前言部分语气强硬，不够尊重礼貌，全无"邀请"的热情；第二，从上下文得知，会议的会期长达 8 天，但具体的议程如何安排却没有写出，无法给受邀者提供参考；第三，没有明确论文递交方式和递交时间；第四，没有说明会务费是多少，住宿费、餐费等经费应由谁负担，受邀者无法提前准备；第五，没有说明具体的联系人、联系电话；第六，署名处邀请单位没有加盖公章，显得不够慎重。

【思考练习】

1. 请简述信与函的异同以及主要类型。
2. 在"教师节"来临之际，请以校学生会的名义，给全校教师写一封感谢信。
3. 假定学校将于 2020 年 6 月 20 号晚举办毕业晚会，现要邀请知名校友×××参加

毕业晚会，请模拟情境，写一份邀请函。

【拓展延伸】

1. 请结合自己的实际情况，模拟情景，写一封求职信。

2. 有些同学认为现在找工作关键看能力，有些公司招聘也不要求写求职信，所以写不写或能不能写好求职信并不重要。你怎么看待这个问题？

3. 十多年前，书信是我们生活中不可或缺的交流方式，和亲人朋友道别，常把"写信联系"挂在嘴边。而今，这句话似乎已经慢慢沉寂，取而代之的是"打电话"或是"微信""QQ"联系。"烽火连三月，家书抵万金"的情景再难出现。信息时代，作为情感依托、记录历史变更的书信，正从人们的生活中逐渐淡出，并且渐行渐远。鸿雁传书，是否成为正在消失的历史？针对这种现象，在班级组织一个小型讨论会。

【推荐阅读】

1. 肯·欧奎恩著，高勤译：《商务信函写作一本通》，人民邮电出版社2013年版。
2. 赵华等：《怎样写公务信函》，中国民主法制出版社有限公司2011年版。
3. 夏蓉、何仲光：《商务信函合作——技巧 案例与文本》，立信会计出版社2011年版。

【咬文嚼字】

指出下文的问题并修改。

公函

××大学校长办公室：

　　首先，我们以××省财经学校的名义，向贵校致以亲切的问候。我们以崇敬和迫切的心情，冒昧地请求贵校帮助解决我校当前面临的一个难题。

　　事情是这样的：最近，我们经与某某学院磋商，决定派×位老师到该院进修学习。只因该院恢复不久，在"文革"中大部分房屋遭到破坏，至今未能修盖完毕，以致本院职工的住房和学生的宿舍及教室破旧拥挤。我校几位进修教师的住宿问题，虽几经协商，仍得不到解决。然而举国上下，齐头并进，培养人才，时不我待，我校几位教师出省进修学习机会难得，时间紧迫，任务繁重，要使他们有效地学习，则住宿问题是亟待解决的。

　　为此，我们在进退维谷的情况下，情急生智，深晓贵校府高庭阔，物实人齐，且具有宽大为怀，救人之危的美德。于是，我们抱着一线希望，与贵校商洽，能否为我校进修教师的住宿问题提供方便条件。但不知贵校是否有其他困难，如有另外的要求和条件，我校则尽力相助。若贵校对于住宿一事能够解决，我校进修教师在住宿期间可为贵校教学事务做些义务工作，如辅导和批改作业等，这样可以从中相得益彰。我们以校方的名义向贵校表示深深的恩谢。

以上区区小事，不值得惊搅贵校，实为无奈，望谅解。并希望尽快得到贵校的答复。

此致
敬礼

××省财经学校（公章）
××××年×月×日

第六节 求职简历

【内容概述】

大学生都会面临就业求职，一份合格的求职简历就像一块叩门砖，成为敲响单位大门的关键。所谓求职简历即为应聘某个职位所提供的个人简要经历。本节主要介绍求职简历的种类、结构、内容及写作要求。

【基本概念】

所谓求职简历即为应聘某个职位所提供的个人简要经历。主要内容包括求职目标、个人基本概况（年龄、性别、民族、户籍、地址等）、学历层次、能力专长、外语水平、业务实践和科研成果等信息。

【类型特点】

一、常见的求职简历主要有三种形式

1. 纸质简历

纸质简历一般用电脑制作，A4纸打印，装订成册。一份纸质简历通常由封面、求职信、个人简历、附件四个部分构成。一般用于招聘会或各种现场应聘形式。是目前最常用的简历形式。

2. 电子邮件简历

电子邮件简历指通过电子邮件形式发送的个人求职简历。内容较纸质简历更为简略，但和纸质简历相比具有快速、方便、节约纸张的优势，是很多单位网络招聘时所采用的形式。

3. 多媒体主页简历

有些求职类网站会提供一定的平台，求职者可将自己的求职简历制作成个人主页，以供招聘者浏览。

目前，纸质简历和电子邮件简历仍然是求职者最常用的形式，求职者可根据招聘单位的要求准备相应形式的简历。

二、格式特点

1. 纸质简历的格式特点

纸质简历通常包括封面、求职信、个人简历、附件四个部分。

封面部分一般需要标明求职者的姓名、毕业院校、专业、学历层次、联系方式，并配上与内容相关的图片。封面是求职者留给招聘单位的第一印象，排版应简洁、美观，并突出自己的学校、学历和专业等，这些是求职者作为一个应届毕业生求职者最重要的信息。

求职信是求职者为应聘某个职位专门写作的信件，应包含以下内容：介绍自己，表达求职意向，表述自己所具备的各种能力和特长，表达希望加入对方单位的诚意。下文是一篇格式标准、内容齐备、措辞得体、语言流畅的求职信。

求职信

尊敬的领导：

您好！很荣幸您能在百忙之中翻阅我的求职信，谢谢！

我是一名××管理学院人力资源管理专业的学生，将于20××年7月毕业。自从进入大学之后，高考后的轻松、获知被录取的喜悦随风而逝，因为我得重新开始，继续努力奋斗，迎接新的挑战。大学四年是我思想、知识结构及心理、生长成熟的四年。惠于××学院浓厚的学习、创新氛围，融入其中的我成为了一名"德才兼备"的复合型人才。时光飞逝，我将怀着童年的梦想、青年的理想以及人生的激情离开我的母校，走上工作岗位。

在理论学习上，我认真学习专业知识理论，阅读了大量计算机书籍。同时对法律、文学等方面的非专业知识我也有浓厚的兴趣。大学期间的学习、生活使我培养了责任心和吃苦耐劳的精神，让我学到了很多知识，同时在团队合作方面有了很大的提高。

在专业知识上，精通visualbasic、sqlserver、asp，熟练使用linux、windows9x/me/

nt/20xx/xp 等操作系统。熟练使用 office.wps 办公自动化软件。自学 html、frontpage、dreamweaver.fireworks、flash 等网页制作相关软件。对常用软件都能熟练使用。

  在工作上，曾担任院学生会主席、班长等职。多次组织系部、班级联欢会、校外体验等活动，受到老师、同学们的一致好评。

  在思想修养上，品质优秀，思想进步，笃守诚、信、礼、智的做人原则。在校期间，更光荣的加入了中国共产党。

  在社会实践上，四年的大学生活，我对自己严格要求，注重能力的培养，尤其是实践动手能力更是我的强项。

  现在，我以满腔的热情，准备投身到现实社会这个大熔炉中，虽然存在很多艰难困苦，但我坚信，大学生活给我的精神财富能够使我战胜它们。希望贵公司能给我一个发展的平台，我会好好珍惜它，并全力以赴，为实现自己的人生价值而奋斗，为贵公司的发展贡献我的力量！

  随信附上个人简历，我真诚地希望热忱的心能得到贵单位的青睐！我相信：热忱开朗伴随着人生不断奋进中，一定会越来越精彩！

  此致

敬礼！

×××敬呈
××年×月×日

  个人简历部分通常用表格形式展示个人简要经历。个人简历是整份简历中信息含量最大、内容最全面、信息最集中的部分。在这部分我们要用尽量简短的篇幅（一页 A4 纸）全面地反映真实的自己，同时也要突出自己的专长和优势，排版要求简洁明了。个人简历的主要内容一般包括：个人概况、求职意向、教育背景、实践经验、英语、计算机水平等。如下例所示：

个人简历

姓名		性别		出生年月		
民族		身高		政治面貌		
学制		学历		籍贯		
专业		毕业学校				
个 人 履 历（学习和实践）						
时间		单位			经历	

个 人 技 能		
外语水平		
计算机水平		
其他		
奖励与成绩		
求职意向		
特长与个性特点		
联系方式		

这张表格清晰而全面地展现了求职者的概况、经历和特点，求职者可根据自己的特点对表格中的内容做一定的增删，确保在全面的同时，突出自己的优势和特点。

最后，附件部分，我们一般附上影印的相关证书、奖状、证明和自己的作品。为节省篇幅，我们可以采用缩印的方式。

2. 电子邮件简历的格式特点

电子邮件简历与纸质简历在内容上基本没有太大差别，只是通过电子邮件的方式，将个人资料的电子版本发到对方邮箱，一般应包括求职信和个人简历两部分。

3. 多媒体主页简历的格式特点

多媒体主页简历主要包括个人简历、附件材料等内容。我们可将自己的个人简历制成主页，将求职信、扫描的附件材料和其他内容制成链接，以供招聘人员浏览。由于近年来招聘市场一向严重供大于求，这种简历的形式并不常用。

【写作要求】

求职简历是我们应聘的敲门砖，因此求职者应重视简历的写作，力求尽善尽美，给招聘人员留下良好的第一印象，将一个真实、全面、优秀的自我以简历的形式展现在招聘人员面前。求职简历的写作一般要注意以下几点：

一、求职目标清晰、明确。简历中的所有内容都应有利于所应征职位，无关的甚至妨碍应征的内容不要叙述。这就要求求职者在求职之前即对自己的目标有明确的认知。假如求职目标有两至三个，你也可以制作两至三份侧重点不同，风格不同的简历。

二、突出你的过人之处，并注意与求职目标一致。如范文（见范文精选），这位同学突出了自己在传媒领域的实践和学习，这是她的特点与优势，同时与她的求职目标是一致的。

三、用事实和数字说明你的强项。不要只写如"富有团队精神"这些空洞的字眼。例如：

  自我评价：有高中三年班长工作经验，有较强的组织协调能力，多年的工作中陪养出了极大的耐心，及与人沟通的经验，工作富有激情。在大学一直做着班级组织委员的工作，经常参与组织班级活动，每次独立制作班级各项申报材料（ppt、word、html），培养了工作的细心及工作思考的全面性，有较强的适应能力。

这位同学简历中的这段"自我评价"表述啰唆，条理不清，空洞混乱，并出现多个病句和别字。这样的简历不仅不能为自己的求职加分，反而会给对方留下马虎、不踏实、语言表达能力差的印象。

四、自信但不自夸。在简历中我们充分准确地表达才能即可，无须过分浮夸。否则可能会给招聘者留下浮躁、自夸的印象。

五、适当表达对招聘单位的关注及兴趣，以引起招聘人员注意和好感。在简历中，特别是求职信中，我们可以表达对招聘单位的关注，充分表达希望加入对方单位的意愿。

六、排版简洁美观。美观大方的排版会给招聘单位留下认真负责的第一印象。在排版上我们要注意版面匀称平衡，字体字号统一，表格比例和谐，尽量做到完美。

【范文精选】

电子邮件简历

尊敬的领导：

  您好！我是中国传媒大学2015级广播电视艺术学专业的硕士毕业生。步入传媒事业是我的梦想，大学的几年历练为我实现梦想打下了坚实的基础，专业特长更使我明确了择业目标：做一名优秀的传媒工作者。久闻贵单位是传媒行业的重要单位，重视能力，上下团结一心，对此，我十分仰慕。现把一个真实的我以求职简历的形式展现给您，望贵单位给我一个展示才华的机会，为贵单位出力争光，同时也圆我成为一个传媒工作者的梦想。

                ××敬呈

                ××年×月×日

个人简历

个人概况

求职意向：媒体和出版行业的企事业单位

姓名：××

性别：女

出生年月：1990年8月19日

健康状况：良好

学历：艺术学硕士

毕业院校：中国传媒大学

专业：广播电视艺术学

联系方式（为保护隐私此处具体内容省略）

电子邮件：

手机：

通信地址：

邮编：

教育背景

2015年—2017年 中国传媒大学 广播电视艺术学专业 攻读艺术学硕士

2009年—2013年 中国传媒大学 广播电视编导专业 本科毕业

实践经验

2004年 中央电视台一套《大风车》栏目 节目策划和编导

2003年 北京电视台一套《特别关注》栏目 新闻节目采访和制作

英语水平

大学英语六级

能熟练进行英语的听、说、读、写

计算机水平

熟练操作 photoshop / flash 等图像图形编辑软件

特长爱好：绘画、音乐

个性特点：开朗、自信、擅长与人沟通

相信您的信任与我的实力将为我们带来共同的成功！希望能为贵公司贡献自己的力量！

【作品评析】

　　这是一份内容齐备、表述清晰、格式规范、目标明确的求职简历。求职信内容简洁、措辞谦虚得体；个人简历求职目标明确，信息完备，优势突出。相信这份简历会为这位求职者争取到更多的面试机会。

【思考练习】

1. 什么是求职简历？制作求职简历时需要注意哪些方面？

2. 结合你所学习的专业、未来职业发展以及简历制作的要求，简要列出自己的优势与不足，并在以后的学习生活中努力发扬优点，弥补不足。

3. 请你为自己制作一份电子简历，有条件的可以制作多媒体简历。

4. 谈谈你对未来的择业目标有怎样的设想。

【拓展延伸】

1. 查看招聘类网站及相关企业招聘信息，了解求职流程，明确招聘方关注的重点，并思考求职过程中如何更好地展现自己的优势。

2. 如果条件允许，可以走进招聘现场，提前感受招聘的氛围，也可以与本专业正在求职或已经谋取职位的师哥师姐多多交流，倾听他们的求职故事，你的心得和启发可以与同学们分享、交流。

3. 假设你现在已临近毕业，正在找工作，请制作一份内容明晰、格式正确、突出自己专长的求职简历。

【推荐阅读】

[1] 陈国强：《面试礼仪与口才》，中国经济出版社 2008 年版。

[2] 吴燕：《商务礼仪与口才实例》，广东经济出版社 2008 年版。

附　　录

范文精选列表：

《快手刘》

《破街》

《一语双关说"联想"》

《大雨如注》（节选）

《职业》

《职业》自赏

《讲故事的人》（节选）

《杨村的一则咒语》

《人间有味是清欢》

《简朴生活回忆录》（节选）

《找枯露菌的甲虫》

《"云时代"话"云××"词语》

《爱怕什么》

《地球上的王家庄》

《四姐妹》

《夏河的早晨》

《黑暗中的阅读与默诵》（节选）

《咬文嚼字》（节选）

《霸王别姬》电影剧本（节选）

《告别薇安》（节选）

《悟空传》

《美食剧如何成为一种独特的日剧门类？》

《观众懒得动脑，作者懒得费心 警惕影视创作的低智化倾向》

《小众与冷门文化缘何受综艺节目热捧》

《破碎的女人讲不出完满的故事》

《告别"同命不同价"》

《恰似一团星火　2020年最美基层民警群像》

《文明旅游"小事"不可"小视"》
《寒冬守夜人丨代驾小哥的冬夜惊喜》
《劝君少做诳人语》
《舌尖上的中国第四集：时间的味道》解说词
《呜呼，青春岂是"莽蔓"》
《后浪》
《看见》
《致歉信》

后 记

这本教材从 2015 年启动编写到 2017 年第一版出版,从 2020 年启动再版修订到 2022 年第二版出版,历时 6 年之久,编写老师们几经商讨,几易其稿,各种辛苦,个中滋味,尽在不言中。

作为传媒艺术类院校的通识基础课程,写作课程的教学改革一直在路上。教材内容和体例的变化更新也是写作课教师不断探索教学改革、积累教学经验的体现。教材第一版因反馈良好,许多兄弟院校也使用了该教材,为了体现教材的时代性,在出版社的大力支持下,在编写老师们加班加点的努力下,教材再版修订工作得以顺利开展。

教材修订编写分工如下:三江学院郑燕芳副教授负责第三章、第四章、第六章部分内容的修订、网络文学和新媒体部分的增补以及全书的统稿、审稿和外联工作;南京传媒学院程爱侠副教授负责第一章、第五章部分内容、第七章部分内容的修订和审稿;南京传媒学院季蓉副教授负责第二章、第四章、第五章、第七章部分内容的修订;河北大学彭翠副教授负责新闻文体部分的审定。

要感谢学校领导对教材编写工作的大力支持,感谢徐丹晖、时煜华、路宝君等老教授们为写作课程建设付出的心血,感谢常州工学院王振军副教授对教材编写提出的诸多宝贵建议。可以说,本教材是在前人研究基础上完成的。本书也参考了有关专家学者的论著,因篇幅所限,不一一列出。中国广播影视出版社余潜飞、冯岩等编辑严谨细心,认真负责。对以上所有玉成此书出版的领导、老师、朋友,一并深表谢意。

因教材编写仓促,讹误舛错在所难免,恳请专家读者批评指正,以期不断修正完善。

编者

2021 年 8 月